ELLA MAILLART

FLÜCHTIGE IDYLLE

Zwei Frauen
unterwegs nach Afghanistan

Aus dem Englischen von Carl Bach

Mit einem Nachwort
über Annemarie Schwarzenbach
von Roger Perret

WILHELM HEYNE VERLAG
MÜNCHEN

HEYNE SACHBUCH
Nr. 19/2049

Titel der englischen Originalausgabe:
THE CRUEL WAY
Erschienen 1947 im Verlag William Heinemann, London

Flüchtige Idylle ist die überarbeitete Neuausgabe
des 1948 im Orell Füssli Verlag, Zürich,
erschienenen Buches mit dem Titel
Auf abenteuerlicher Fahrt durch Iran und Afghanistan
in der Übersetzung von Carl Bach.
Die Originalausgabe erschien 1947 unter dem Titel
The Cruel Way im Verlag William Heinemann, London.
1952 wurde es von der Autorin ins Französische übertragen,
bei Jeheber in Genf herausgegeben.
Flüchtige Idylle erschien in spanischer, schwedischer
und holländischer Übersetzung. Neuausgaben
wurden 1986 von Virago Press, London, und 1987 von
Editions 24 Heures, Lausanne, besorgt.

Ungekürzte Taschenbuchausgabe
im Wilhelm Heyne Verlag GmbH & Co. KG, München

Printed in Germany 1995
Umschlagillustration: Silvestris Fotoservice, Kastl
Umschlaggestaltung: Atelier Adolf Bachmann, Reischach
Druck und Verarbeitung: Ebner Ulm

ISBN 3-453-08761-5

Inhalt

»Du suchst eine ›neue Welt‹. Ich kenne eine, die stets neu ist, weil sie ewig ist. O ihr Abenteurer, ihr Eroberer Amerikas, mein Abenteuer ist schwieriger und heroischer als all die euren. Ich muß durch tausend Leiden gehen, schlimmer als die euren, ich muß einen langen Tod erdulden, ehe der körperliche kommt, ehe ich jene Welt erobern werde, die ewig jung ist. Wagt es, mir zu folgen, und ihr werdet sehen.«

HEILIGE THERESIA VON JESU (1515-1582)

»... die Seelenärzte haben jene Wahrheit erkannt: man lindert Leiden, indem man dem Denken kundtut, was im Herzen liegt. Ich glaube, daß dies ein Teil des kosmischen Vorganges ist, der den Bedürfnissen der Seele dient, für die das Universum geschaffen wurde, eines Vorganges, durch den wir uns klarer erkennen können und den Tiefen in uns und der Wahrheit des Seins nähergebracht werden. Jeder Schritt, so schmerzhaft er auch sein mag, durch den wir eine tiefere Selbsterkenntnis gewinnen, bringt eine Weisheit mit sich, die ein Ausgleich für unseren Kummer ist, und deren Erwachen, wie ich wahrhaft glaube, die Vergebung unserer Sünden bedeutet.«

Æ (Vorwort zu Mors et Vita)

1

Die Idee

»Hoffentlich ist es morgen wärmer, wenn ich dich zum Bahnhof bringe, sonst kann's passieren, daß der Wagen zusammenkracht, denn diese Kälte wird er nicht mehr aushalten.« Christina sagte das ganz beiläufig, ich hörte es kaum, denn ich war mit meinen Gedanken noch immer in Prag: sie hatte gerade die Seele jener Stadt beschrieben, das Leben ihrer tschechischen Freunde, deren völlige Verzweiflung und Hilflosigkeit, da Hitler erbarmungslos, unaufhaltsam näherrückte.

Wir blickten aus dem kleinen Fenster ihres Bauernhauses im Engadin. Es war tiefster Winter. Wolken verhüllten die gegenüberliegenden Hänge des Fextales, wo wir am Morgen zwischen schimmernden rotbraunen Lärchen Ski gelaufen waren. Ein niederer, düsterer Himmel drückte auf das Tal – schattenlos lag es da, tot. Trotz der hohen Gebirgslage sah das Land flach aus und weit, denn das Haus stand am Ufer eines Sees, der jetzt unter einer dicken Schneeschicht fest zugefroren war. Nur diese trostlose, weite Fläche lag zwischen uns und dem Horizont im Süden, wo der Malojapaß nach Italien führt.

Christina hatte wohl hinzugefügt: »Der Wagen ist ausgeleiert, Vater hat mir aber einen Ford versprochen.« Ich hörte nur den letzten Namen, und dadurch kam alles.

Dieses eine Wort genügte – herumflatternde Gedanken vereinten sich zu richtiger Folge, vage Wünsche kristallisierten sich zu einem festen Plan. Wie ein langgezogenes Echo hörte ich eine Stimme sagen, die die meine zu sein schien:

»Einen Ford! Das ist der Wagen, mit dem man die neue Hasarejdschatstraße in Afghanistan hinauffahren sollte! Auch Persien sollte man im eigenen Wagen durchqueren. Vor zwei Jahren bin ich in Lastautos von Indien nach der Türkei gerattert – diese Reise werde ich wohl nie vergessen, mit all dem Staub und Dreck, den vielen Pannen, der Inbrunst der Pilger, dem Übernachten im Freien neben der Straße oder in überfüllten Karawansereien, den

Polizeikontrollen in jedem Dorf und – das schlimmste – dem Zwang, bei den Camions zu bleiben, statt nach Belieben umherziehen zu können.«

Ein diffuses Licht in den Wolken über dem Malojapaß schien den Weg zu weisen: nach einem Abstieg von fünfzehnhundert Metern in die Wärme der Lombardei würde er sich durch den Balkan winden und uns zum Bosporus führen, dem Tor zur Unendlichkeit Asiens – mein Geist befand sich bereits in Persien.

»Im Osten des Kaspischen Meeres werden wir zum alten Turm Gumbad-i-Kabus fahren und unter den persischen Turkmenen campieren; möglicherweise haben die noch ihre alten Sitten und Bräuche bewahrt, die ich bei ihren von den Sowjets modernisierten Stammesbrüdern vergebens gesucht habe. Wir werden die goldene Kuppel des Grabmales von Imam Reza sehen – eine kompakte, glatte, kostbare Schale, die zum Himmel ragt. Dann kommen wir zu den riesigen Buddhas im klaren Bamiantal und zu den unwahrscheinlich blauen Seen des Bend-i-Emir. Danach geht es weiter die Nordseite des Hindukusch hinunter, das Tal des mächtigen Oxus hinauf, wo wir in den Bergen verschwinden werden, bevor uns ein Verbot aus Kabul daran hindern kann. Dort leben in einer Gegend, in der ich mich glücklich fühle, die Menschen, die ich studieren möchte: Bergbewohner, die nicht durch künstliche Bedürfnisse versklavt sind, freie Menschen ohne den Zwang, ihre tägliche Produktion zu steigern. Läßt man uns nicht nach Kafiristan, können wir durch Indien fahren, die Burmastraße nehmen und bei den Lolos in Osttibet bleiben. Wenn ich neues Material über diese Stämme gesammelt habe, werde ich endlich in die Gemeinschaft der Ethnologen aufgenommen werden. Dann wird alles gut sein: Ich werde einer wissenschaftlichen Organisation angehören, es wird mein Beruf sein, in der Welt umherzuziehen, ich werde nicht mehr Bücher schreiben müssen, um mir mein Leben zu verdienen.« Eine Macht, die unter meinen Worten schlummerte, hatte einen Plan geboren, der bereits so reif war, daß er sich von selbst aufdrängte; es war wie das Zauberkunststück des Mangobaums.

Schließlich kam Christina zu Wort: »Als ich in Teheran war, hatte ich mir immer gewünscht, weiter nach dem Osten zu kommen, wo die Menschen ihre alte traditionelle Lebensweise noch nicht aufgegeben haben.«

Ihre Stimme brachte mich in die Gegenwart zurück. Prüfend blickte ich sie an; obwohl sie sich von einer monatelangen, höchst anstrengenden Kur noch nicht ganz erholt hatte, war der Ausdruck ihrer Augen gesund und entschlossen. Um diese neue Strömung mit den erstbesten Steinen, deren ich habhaft werden konnte, einzudämmen, sagte ich:

»Christina, ich hab ja Unsinn geredet! Bevor du nicht zehn Kilo zugenommen hast, ist gar nicht daran zu denken, solche Strapazen durchzumachen. Außerdem, wer würde uns finanzieren? Und der Krieg wird sowieso bald losgehen... Und wenn nicht, muß ich wohl eine Vortragstournee durch die Staaten machen.« Mein Hauptargument brachte ich gar nicht vor: angenommen, sie wäre bald wieder hergestellt, wie lange könnten wir es miteinander aushalten?

Obwohl sie wahrscheinlich meine Gedanken erriet, erwiderte sie nichts – nichts! Ihre zarte Hand hielt eine Zigarette, die Haut spannte sich dünn wie Seidenpapier über den gelben Knöcheln. Sie saß auf der Bank – die Brust eingefallen, ihr knabenhafter Körper lehnte sich an den großen Ofen in der Zimmerecke, die Knie hielt sie umklammert. Ohne die Spannung, die von ihr ausging, wäre es in diesem Bauernhaus (die rötliche Maserung der Zimmertäfelung aus Arvenholz mit den mandelförmigen Astmasern wirkte wie Moiréseide) sehr geruhsam gewesen, während draußen der Sturm heulte. Tisch und Wände fühlten sich, fuhr man mit der Handfläche darüber, glatt und wohltuend an.

Obwohl scheinbar gelassen, war Christina mit Unruhe geladen. Äußerlich ruhig wie gewöhnlich, war ihr farbloses Gesicht ein Symbol, das ich zu deuten suchte: es spiegelte nichts vor, es war ein ›einfaches‹ Gesicht, es war offen, ungekünstelt, nicht von sich selbst eingenommen. Unter der Fülle des kurzgeschnittenen Haares schien der Kopf zu groß zu sein, zu schwer mit Gedanken befrachtet für ihren so gebrechlichen Hals. Die Stirn war nicht hoch, aber fesselnd durch ihre Breite, ihre Entschlossenheit – zuweilen fast Starrköpfigkeit.

Ich wußte, daß sich hinter dieser Stirn oft Gedanken zu einem hohen Flug aufschwingen konnten, sowie sie eine Besessenheit überwunden hatten, die mir noch nicht ganz klar war. Die weit auseinanderstehenden Augen zeigten unter Brauen, die viel dunkler als ihr Haar waren, wechselnde Schattierungen von dunkelblauem Grau. Diese Augen gehörten zu einer Seele, die Schönheit liebte und oft vor einer unharmonischen Welt zurückschreckte; sie konnten strahlen vor Begeisterung, vor Liebe, sie konnten einen anlächeln, aber lachen sah ich sie nie. Wenn man die Nase genau betrachtete, stellte man fest, daß sie fleischiger war als man zuerst annahm; sie deutete darauf hin, daß Christinas Konstitution vielleicht doch nicht so schwach war, wie sie zu sein schien. Um den bleichen, unregelmäßig geschnittenen Mund lag Melancholie – die Lippen inhalierten mit stummer Gier Rauch. (Ihre Zähne nahmen stets eine dunklere Färbung an, wenn ihre Vitalität nachließ, hatte sie mir erzählt.) Das kleine Kinn wirkte besonders jugendlich und erinnerte an ein versonnenes Kind, das Schutz sucht. Ihre Hände glichen denen eines geduldigen Künstlers, der mit seinem Meißel eine klare Linie zu ziehen versteht. Ich habe gesehen, wie sie nacheinander sieben Bogen in die Schreibmaschine spannte, bevor ein bestimmter Satz die Vollkommenheit erlangt hatte, die allein sie befriedigen konnte. Schreiben war der Gottesdienst ihres Lebens, er beherrschte sie ganz und gar.

Ihr ernster Ausdruck gehörte zu ihrem Streben nach Einhaltung der Formen. Mit einem unordentlichen Gesicht wie dem meinen würde sie sich nie gezeigt haben. Auf diesen merkwürdigen, gespannten Ernst war es hauptsächlich zurückzuführen, daß sie von einem gemeinsamen Freund der ›gefallene Engel‹ genannt wurde. Die Anmut ihres zarten Körpers, die blassen Schläfen, die die Nachdenklichkeit ihres Gesichtes betonten, wirkte ungemein stark auf jene, die von der tragischen Größe der Androgynie angezogen werden. Um meine Furcht zu zerstreuen, erwiderte sie schließlich energisch:

»Kini – ich muß fort von hier! Ich bin erledigt, wenn ich in unserem Land bleibe, wo ich keine Hilfe mehr finde, wo ich zu viele Fehler begangen habe, und wo die Vergangenheit zu schwer auf mir lastet ... Ich hatte daran gedacht, nach Lappland zu gehen, aber viel lieber möchte ich mit dir nach Afghanistan fahren. Weißt du ... ich habe noch nicht gelernt, allein zu leben! Bei deinen ethnologischen Forschungen im Gebirge brauche ich dich ja nicht zu begleiten. Du bist ja mit den Hackins befreundet, und vielleicht könnte ich ihnen bei ihren Ausgrabungen behilflich sein. Du weißt ja, daß ich schon mit Archäologen in Syrien und in Persien zusammen gearbeitet habe.«

Nach kurzer Pause fuhr sie fort: »Du machst dir Sorge wegen meiner Gesundheit, und ich gebe zu, daß ich noch schwach bin. Aber du kennst meine Konstitution nicht. Du brauchst nur die Ärzte zu fragen; denen ist es ein Rätsel, daß ich mich immer wieder erhole. Ich verspreche dir, jetzt jeden Tag Ski zu laufen statt so viel zu rauchen; dann bekomme ich mehr Appetit, esse mehr und nehme zu. Und was das Geld anbelangt, so müssen unsere Verleger einspringen. Ich bin gerade mit meinem letzten Buch fertig geworden und kann einen Vorschuß auf eine Geschichte über Afghanistan bekommen. Auch das ›Geographical Magazine‹ wird uns helfen.« Mit noch verhaltenerer Stimme fügte sie hinzu: »Ich bin jetzt dreißig. Es ist die letzte Chance, mich in die Hand zu bekommen. Diese Reise wird keine himmelhochjauchzende Eskapade werden, als wären wir noch zwanzig – das ist unmöglich, da die europäische Krise von Tag zu Tag zunimmt. Diese Reise muß uns endgültig auf die Beine bringen; wir können uns gegenseitig dazu verhelfen, vernünftige, verantwortungsbewußte Menschen zu werden. Mein blindes Herumtappen im Leben ist unerträglich geworden. Was ist der Grund, der Sinn dieses Chaos, das Menschen und ganze Völker vernichtet? Und ich muß doch etwas mit meinem Leben anfangen können, es muß doch etwas geben, wofür ich froh leben oder sterben möchte! Kini ... wie lebst du?«

»Also hör mal. Wir wollen praktisch sein. Wir haben schon lange ausgemacht, daß wir uns erst selbst besser kennenlernen müssen, bevor wir etwas anderes wissen können. Wir haben auch festgestellt, daß das Chaos um uns mit dem Chaos in uns im Zusammenhang steht. Aber vor allem mußt du kräftiger werden, darfst nicht mehr deiner Gesundheit auf Gnade und Ungnade ausgeliefert sein. Bist du gewillt, in den nächsten Monaten deine wunderbare Energie dazu zu verwenden, einen neuen Körper für deine wiederhergestellten Nerven zu schaffen? Wirst du aufhören, dir den Kopf über Probleme zu zerbrechen, die du doch noch nicht lösen kannst? Sag nicht einfach ›Ja‹, um mich zu beruhigen, sondern mache dir klar, was du dir selbst schuldig bist. Du hast zum Beispiel oft gesagt, du würdest mit deinen ganzen Kräften gegen Hitler kämpfen, wenn der Krieg ausbricht; aber wie willst du das tun, wenn du nur ein Schatten bist?«

Ich sprach so kategorisch wie möglich, aber ich wußte, welche Qual sich hinter Christinas einfachen Worten verbarg. Und tief im

Innern, wo das Leben geheimnisvoll und ruhig dahinfließt, sprach ich ein stilles Gebet: »Hätte ich doch nur die Möglichkeit, dir zu helfen, ungeduldige Christina, die du so gequält wirst von der Unvollkommenheit der menschlichen Natur, so bedrückt von der Falschheit des Lebens, von der Parodie der Liebe um uns herum. Möge es mir, wenn wir zusammen reisen, vergönnt sein, dich nicht zu enttäuschen, mögen meine Schultern so stark sein, daß du dich auf sie stützen kannst. Ich werde mit dir auf der weiten Erde auf denselben Straßen wandern, auf denen ich schon gewandert bin – in meinem Innern habe ich schon längst begonnen, mir Fragen zu stellen, die den deinen gleichen; möge das Geringe, das ich habe erkennen können, dir helfen, das zu finden, was jeder von uns allein finden muß!«

2
Der Start

Wenn unsere Gedanken nach den großen Wasserscheiden Asiens schwebten, so war Silvaplana im Engadin das Sprungbrett gewesen. Der wirkliche Startplatz aber war der felsige Simplonpaß, von dem aus wir holterdipolter die Gebirgsstraße hinunter und durch die dunkle Schlucht nach Italien fuhren.

Schneefetzen, die in dem milden Wind unsichtbar tauten, betupften die grauen Berghänge. Kein Verkehr, kein Lärm störte uns auf dieser Straße, die noch immer von schmutzigen gefrorenen Schneemauern eingefaßt war. Tausend Meter unter uns bahnte sich wahrscheinlich gerade ein Zug seinen Weg durch den fast zwanzig Kilometer langen Tunnel – wir waren hier oben glücklicher, zwischen der Ebene und dem Hochgebirge, zwischen Süd- und Mitteleuropa, zwischen dem Zauber lateinischer Herzlichkeit und der Schwere germanischer Zurückhaltung, und wir bewunderten diese natürliche Grenze, die keine Politik ändern kann.

Hier wollen wir einen Moment verweilen, bevor wir zum letztenmal zur Schweiz blicken, wir wollen uns ins Gedächtnis zurückrufen, was wir damals, im Jahre 1939, hinter uns gelassen hatten. Unsere Abschiedstour hatte uns nach Paris, London und Berlin geführt, diesen Stadtungeheuern, die betrieb- und lärmerfüllt wie stets waren. Sie bildeten den Hintergrund unserer Welt, einer Welt, die wir dem Untergang geweiht wußten. Bis ›es‹ geschah, mußten wir unseren Weg verfolgen, weil wir ihn für weniger nichtig hielten als jede andere Betätigung.

Paris – vom Konsulat zum Verleger, von der Schneiderin zum Museum, von der Bank zum Ratschläge erteilenden Journalisten, vom Autohändler zur Redaktion, vom Anthropologen zum Kameramann, vom Arzt zur Bibliothek rasend, fand ich mich eines Tages auf den Champs Elysées. Die Blüten der Kastanien schienen in der Morgenluft zu funkeln, der Himmel war hellblau, heiter, klar. Ich bog in die Avenue Montaigne ein, um in mein stilvolles Zimmer im Haus meiner Freunde am Seineufer zu gehen. Ich war glücklich, doch trotz des schönen Augenblicks schnürte sich mir die Kehle zu. Tränen flossen meine Wangen hinunter, unaufhaltsam; tief bewegt, halb geblendet, mußte ich mich auf eine Bank setzen, um mich wieder zu sammeln.

Ganz langsam formte sich dieses übermächtige, unpersönliche Gefühl zum Gedanken – ich litt um Paris. Es kam mir vor, als würden Körper und Geist der Stadt gemartert, verstümmelt, in Stücke gerissen, und als sei ich eine Masse von Mitleid geworden, groß genug, um die ganze geistreiche Kapitale, die ich so gut kannte, einzuhüllen. Was konnte ich angesichts dieses Elends anderes tun als weinen – weinen mit einer Intensität, über die ich selbst staunte.

Nach einer Weile begannen sich normalere Gedanken zu formen; ›Es‹ war noch nicht geschehen, und selbst wenn es geschehen sollte, würde es vielleicht nicht ganz so entsetzlich werden ... Jetzt wußte ich nur, daß ich von Paris Abschied nahm. Ich mußte mit Inbrunst daran denken, denn ich fühlte, daß ich die Stadt nie wieder so sehen würde, wie sie jetzt war.

Dieses erschütternde Gefühl war durch nichts zu erklären. Noch am letzten Abend hatte mich Blaise Cendrars eingeladen, den Sommer in den Ardennen zu verbringen – er behauptete, es würde keinen Krieg geben. Da er so viel Zeit in der Redaktion des *Paris Soir* verbrachte und besser Bescheid wissen mußte als gewöhnliche Sterbliche, hatte mich das aufgerichtet. Der charmante, aber schwankende Robert, der im Begriff war, in aller Ruhe ein Bourgeois zu werden, gab vor, er mache sich keine Sorgen um die Zukunft. Hackin war gerade vom Musée Guimet fortgegangen und nach Afghanistan aufgebrochen, als sei das Leben in Europa ganz normal. Wir hatten ausgemacht, ihn im Juli in Begram zu treffen, wo er Ausgrabungen vornehmen wollte, und er hatte sich bereit erklärt, Christina bei sich arbeiten zu lassen.

Mein Freund, Professor Rivet, wurde in gewissen Häusern nicht mehr empfangen, weil er aktiver Sozialist war – ein kleines Zeichen dafür, daß eine böse Kluft breiter wurde, daß die Weltanschauungen nun auch im persönlichen Verkehr eine Rolle spielten. Politische Flüchtlinge waren ausgewiesen worden, Jeans Linkszeitung war verboten, einige seiner Freunde hatte man verhaftet. »Der Faschismus wird lange Zeit herrschen«, erklärte er. Und beim Abschied verkündete er: »Diesmal, das versichere ich Ihnen, steht der Krieg vor der Tür!« Aber das hatte er auch vor Hitlers Einmarsch in Wien gesagt. Was Paul Valéry und Lucien Fabre anbelangte, war ich überzeugt, daß sie sich nicht aus der Fassung bringen ließen, was auch immer geschehen möge. Fabre schien mein unbestimmtes Suchen zu verstehen. »Die rationale Erklärung der Welt führt zu nichts«, sagte er. »Wir bedecken sie mit einem Netzwerk von Meridianen und Breitengraden, aber die umfassen nicht alles und erklären nichts. Gehen Sie und schauen Sie sich noch mehr vom Orient an, da er Sie so sehr anzieht. Vielleicht gibt es in Indien, wo so viele an ein geistiges Leben glauben, ein für Offenbarungen günstiges Klima.«

In London herrschte eine ganz andere Atmosphäre – viel einmütiger, viel frischer als bei meinem letzten Aufenthalt. Es sah aus, als hätten die Engländer die Gewohnheit angenommen, zum Frühstück einen Löwen zu verzehren. Aber ich mußte daran denken, wie im September 1938 sowohl Hilary St. George Saunders als auch Denison Ross den Kopf verloren hatten, als es schien, England könnte bombardiert werden. In der Wut und Verzweiflung ihrer Überraschung hatten sie damals nach dem Leben von sechzig Millionen Deutschen geschrien. Jetzt gestand jeder der beiden ein, daß er, überrumpelt, damals in einem schlimmen Zustand gewesen sei, daß aber nun er und sein Land bereit seien, wieder auf Leben und Tod zu kämpfen.

Steve King-Hall hatte einen klaren Blick für die Geschehnisse, und mir gefiel seine einleuchtende Darlegung, daß moderne Kriege Sintfluten darstellten, die aber eine dauerhafte Regelung der Weltordnung lediglich verzögern könnten. Die Probleme mancher Leute könnten einfacher werden, wenn sie wüßten, daß sie für ihr Land kämpfen müssen, aber die Leiden, die ein Krieg mit sich bringt, wären nutzlos, wenn die Überlebenden nicht wüßten, wofür sie leben.

Frere-Reeves fand Zeit, einmal mit mir im Savoy zu lunchen, obwohl er im Arbeitsministerium beschäftigt war und auch weiterhin bei meinem Verleger arbeitete. Er hat sich eine große Überlegenheit erworben und ist weise geworden – schwatzen oder Witze reißen gehören der Vergangenheit an. Er ging so weit zu behaupten, daß die Krise Europas durch geistige Probleme bedingt sei.

Die ›Royal Geographical Society‹ hatte aufgehört, erhaben und majestätisch zu sein; in geschäftiger Atmosphäre wurden kostbare Bücher und Dokumente verpackt, um auf dem Land in Sicherheit gebracht zu werden. Als ich die Landkarten für unsere Reise aussuchte, traf ich Eric Shipton und Campbell Secord, die am nächsten Tag nach dem Karakorum aufbrachen. Falls die Afghanen meine Reisepläne vereitelten, sollte ich zu Shipton in sein abgelegenes Tal gehen, dort bei den Schimschalis überwintern und deren Frauen studieren, während er sich mit den Männern beschäftigte. (Zur Zeit unseres geplanten Treffens ereignete sich lediglich, daß ihre Expedition infolge des Krieges zurückkehrte; aber einer von Shiptons Kameraden verkleidete sich und gab sich für mich aus, und ›meine‹ Ankunft wurde in Gilgit gespielt; der dortige politische Agent ließ sich auch für eine Weile täuschen.)

Während der Londoner Tage wohnte ich bei Irene, die Christina im Jahre 1935 in Teheran kennengelernt hatte. Sie hielt es für unklug, eine solche Reisegefährtin mitzunehmen – sie prophezeite, daß wir niemals nach Kabul kommen würden, nicht einmal nach Persien. Ich versicherte ihr, daß sie sich irre, und versuchte sie zu überzeugen, daß ich den ›Gefallenen Engel‹ besser kenne als sie. Tief im Innern hatte ich ein unerschütterliches Vertrauen zu Christina und war sicher, daß ich mein doppeltes Ziel – Kabul, und ihr zu helfen – erreichen würde.

Als ich aber mit Audrey in London herumschwirrte – auf der Suche nach einem Schlafsack, der mich warmhalten sollte, wenn ich in Pamir im Schnee nächtigen müßte –, erkannte ich, was für ein Vergnügen es ist, in witziger, von Lebensfreude übersprudelnder Begleitung herumzuziehen. Und ich war nicht mehr so fest überzeugt, daß unsere Unternehmung ein Erfolg werden würde.

Von London flog ich nach Deutschland, um Dr. Herrlich zu sprechen, dessen Buch über Kafiristan (jetzt Nuristan genannt) gerade erschienen war. Die afghanische Regierung hatte seiner Expedition eine Eskorte von einundzwanzig Soldaten aufgezwungen – sie wollte unbedingt verhindern, daß ein Deutscher ein Eingeborenenhaus betrete. Die Soldaten sollten dafür sorgen, daß nichts passiere, was der Welt zeigen könnte, daß der ›Fortschritt‹ noch nicht die höchstgelegenen und verlorensten Täler erreicht hatte. Aber jedesmal, wenn ein Paß zu überschreiten war, gingen die Deutschen als gute Bergsteiger los, ließen die Soldaten hinter sich und gewannen so eine halbe Stunde, in der sie die Kafiren zu studieren vermochten! Jene blondhaarigen Menschen verehrten noch immer den Gott Imra und seine Gemahlin Nurmelli. Einer der Einweihungsriten bestand darin, dem Kriegsgott Gisch eine Ziege zu opfern. Jünglinge und Mädchen tanzen Arm in Arm um das Feuer und singen im Chor. Die Frauen kommen im ›Nurmellihaus‹ nieder, wo sie zwanzig Tage bleiben. Ehe das Abbild eines toten Mannes errichtet worden ist, darf der Hohepriester das Haus des Verstorbenen nicht betreten. In Kafiristan sind auch die Hähne heilige Tiere, die Männer melken die Kühe, und die Leute benutzen Schemel – außer den weit entfernt wohnenden Chinesen sind sie die einzigen Asiaten, die nicht auf dem Fußboden sitzen.

Ich erfuhr, daß Dr. Herrlich die Erlaubnis zur Erforschung Kafiristans zu einer Zeit erhalten hatte, als die afghanische Regierung von Deutschland zu günstigen Bedingungen Maschinen zu erhalten suchte. Da mir solche Tauschmöglichkeiten fehlten, waren meine Aussichten gering, in jenen Tälern behördlich zugelassen zu werden. Dennoch kaufte ich als trotzige Geste Greifzirkel, um die Schädel jener Bergmenschen zu messen!

Die hölzernen Kunstgegenstände, die die Expedition zurückgebracht hatte, fand ich bezaubernd und hochinteressant – Helden zu Pferd, die auf den Friedhöfen die dicken Särge aus Zedernholz bewachen, geschnitzte Figuren mit starren Gesichtern unter spitzen Helmen; Näpfe mit geometrischen Mustern, die an die Südseekunst erinnern.

Auf der Rückfahrt nach Genf machte ich in Zürich halt, wo Christina die Unterstützung eines Museums zugesagt erhalten hatte.

Ich besuchte C. G. Jung in der (sehr törichten) Hoffnung, von ihm Aufschluß über die Mentalität der sogenannten Primitiven zu erhalten. Ich gab ihm eines meiner Bücher – er betrachtete es und fragte: »Warum reisen Sie eigentlich?« Als Antwort kam mir sofort auf die Lippen: »Um Menschen zu begegnen, die friedlich zu leben verstehen.« Aber der große Mann sah mich mißtrauisch an. Machte ich den Eindruck einer ruhelosen Verrückten, die geheilt werden möchte?

Mir wurde ganz schwindlig von dem Wissen, das er an den Tag legte: er analysierte die geheimen Hintergründe dessen, was er den ›Geist des alten weisen Mannes‹ nannte, und beschrieb das Überbewußte, das er systematisch durchforschen wollte. Ich fragte, ob solche Forschungen nicht gefährlich seien. Jahre später, als ich in Indien Yogis kennenlernte, erinnerte ich mich an seine Antwort und den Blick seiner durchdringenden kleinen Augen: »Ja, es ist gefährlich. Aber der, der Wissen erlangen will, muß mit der Möglichkeit rechnen, verrückt zu werden.«

Gebadet im Licht, das der See widerstrahlte, war Zürich in festlicher Stimmung; eine wogende Menschenmenge war begeistert von der klug aufgebauten ›Schweizer Landesausstellung‹, die am Vorabend eines neuen Weltkrieges die Eidgenossen daran erinnerte, wofür die Schweiz eintrat, und die jede Fiber ihrer verschiedenen Charaktere zum Schwingen brachte. Blitzartig erinnerte ich mich, daß während der Fête de Juin, dem Festspiel, das 1914 in Genf stattfand, eine ähnliche Atmosphäre geherrscht hatte. Ich sah im Geiste das riesige Freilichttheater, dessen große Bühne als natürlichen Hintergrund den Genfer See hatte; der Chor besang das Leben freier Menschen; besonders herzbewegend wirkte die Szene, in der riesige Barken zur Bühne fuhren, angefüllt mit Schweizer Soldaten in historischen Uniformen, die Genf von Napoleon befreien sollten.

Hatte es vielleicht eine Bedeutung, daß zwei großartige Schaustellungen den Geist der Schweizer vor den beiden Welttragödien anfeuerten? Weshalb, zu welchem Zweck sollte die Schweiz zweimal verschont bleiben? Aber hat das Leben überhaupt einen Zweck? Und wenn ja, wie können wir es wissen? Jeder Gedankengang brachte mich zur gleichen Frage zurück, die ich 1918 zum erstenmal stellte, als ich sah, wieviele Menschenleben irrsinnigerweise verschwendet wurden.

In Genf sagte ich Freunden: »Ich fahre morgen nach Kabul«, so ruhig, als hätte ich gesagt: »Ich gehe nach Paris.« Bedeutete das, daß ich mich von nun an im Orient zu Hause fühlen würde? Ich war auch ganz ruhig, als ich meine Mutter auf dem Flur vor dem Lift zum Abschied küßte, und sie mich noch einmal fragte: »Hast du auch nichts vergessen?«

Aus der Höhe unseres vierten Stockes sah unser Roadster, der auf der dunklen Straße zwischen zwei weißen Felswänden moderner Mietshäuser bewegungslos dastand, klein, kompakt und leistungsfähig aus: vorn an der Motorhaube schmal, hinten breit – er war das Schiff, das uns in weitgespanntem Bogen während vieler Monate Europa und Asien erschließen sollte.

Wir waren unterwegs – wir rollten auf den seidenglatt asphaltierten Straßen, die ich so gut kannte, fuhren über den Pont du Mont-Blanc, folgten den Quais, wo rote Tulpen auf ihren Beeten in der blauen Brise des Sees tanzten.

Es war der 6. Juni 1939.

Obwohl wir ganz und gar auf ein ungeduldig ersehntes Ziel eingestellt waren, fuhren wir langsam von zu Hause fort. Wir sehnten uns nach der öden Weite der persischen Wüste und den scharfen Winden des Hindukusch, und doch waren unsere Augen empfindsam für das ›Pays Romand‹. Wie sehr rührte mich dieses Land, das so abwechslungsreich ist, ein Land, in dem es keine Übertreibung gibt, in dem die Felsenberge so stolz sind, die Gletscher, die von vorüberziehenden Wolken geliebkost werden, so strahlend, wo das hohe Gras mit Gänseblümchen duftet, wo das Wasser so klar, das flüsternde Blätterwerk der Gärten und Parks so dicht ist, die Giebel der alten grauen Häuser so klassisch wirken. Wie unglaubhaft wird einem all das vorkommen, wenn man in den monotonen Ebenen Persiens daran denkt! Eidechsengleiche Städtchen unter den braunen Schuppen ihrer Dachziegel, Gasthöfe, deren beschattete Tische hinter Mauern stehen, die von durchsichtigen kleinen Wellen bespült werden, Terrassen mit goldenen Weinbergen, die die Sonne anbeten! Das ganze Ufer, ein Amphitheater, das den Alpen gegenüber, der flüssigen Arena des Genfer Sees entlang emporsteigt – welcher Überfluß, welche Vollkommenheit, welche Ruhe atmete es aus, als gäbe es unter dem Himmel Deutschlands keine wahnsinnigen Menschen!

Aber wie eine gesättigte Katze, die mit geschlossenen Augen scheinbar in Wonne vergeht, war das Land dennoch auf der Hut; seine zerklüfteten Berge verbargen Wagen, seine Antennen standen bereit, das geringste Omen aufzufangen.

Leb wohl, du sauberes Land, leb wohl, du gewaltiges Rhônetal mit den zitternden Pappeln, wo jeder herunterstürzende Gebirgsbach, an dem wir vorüberkommen, an Orte voller Schönheit erinnert – Arolla, Zermatt, Saas-Fee! Ich drückte mich an einem Wasserfall unter dem Vorwand herum, Probeaufnahmen mit der Kinokamera zu machen, mochte aber nur den Zauber brechen, den die vielen Meilen der glitzernden Straße unter unseren singenden Rädern hervorriefen. Ich wollte deine Erde noch einmal berühren!

3

Italien

Das erste Nachtlager war angenehm.

Als wir aus unseren Schlafsäcken krabbelten, glitzerte unser blaugraues Zelt unter dem diamantenen Puder des Taues. Zart wie gelber Satin zitterten neue Blätter, begierig darauf, von der jungen Sonne bemerkt zu werden. Sogar das Wasser unseres Flüßchens war neu, schneegeboren in den Bergen über Domodossola.

Weder ein Carabiniere noch der Besitzer des Ackers hatten uns festgenommen – wie uns das ein aufgeblasener Jüngling, der sich vor völlig schwarzgekleideten Bauernfrauen wichtig machte, gestern abend prophezeit hatte. Schüchtern hatten sie zugesehen, wie wir unseren Primuskocher anzündeten. Das köstliche Aroma unseres Nescafés rief die Bemerkung hervor, daß es in ihrem Land keinen Kaffee gebe – Kaffee, das Lieblingsgetränk Italiens! Aus seiner Faltenschürze zog ein Mädchen eine Handvoll gerösteten Weizen hervor: »Das ist unser Ersatz dafür!«

Zu Mittag aßen wir am Gardasee. Meine Gedanken wanderten über das Wasser zur ›Villa delle Rupi‹, wohin mich Cecil Lewis für den Sommer eingeladen hatte. Ich zog einen Vergleich zwischen der unsicheren Unternehmung, zu der wir uns aufgemacht hatten, und der friedlichen Arbeit, die ich während einiger Monate an jenem idyllischen Fleck hätte vollbringen können. Liebte ich vielleicht Schwierigkeiten?

Ich fahre nicht gerne Auto, und Autostraßen hasse ich – Autofahren stumpft mich zu einem Automaten ab, der nur noch auf das Surren des Motors zu lauschen vermag. Wir mußten bereits in der Nähe Mailands sein, doch von unserer Billardstraße aus konnten wir nichts sehen, nicht einmal die Felder. Wir begegneten nur wenigen Autos, alles deutsche; die Frauen darin trugen Kopftücher um ihre dicken, von zu viel Wind geröteten Gesichter.

Wir machten an einer Tankstelle halt, die ich wiedererkannte. Vor zwei Jahren waren wir aus der Türkei nachts hierhergekommen, wir hatten kein Benzin mehr und kein Geld; wegen der verrückten Devisenvorschriften war es uns nicht möglich gewesen, Lire zu kriegen. Bedrückt fragte ich mich: »Welcher Engel wird uns helfen?« Gegen Mitternacht gab es kaum Verkehr. Als daher ein anderer Wagen vor der Pumpe hielt, wandte ich mich kühn an den Besitzer und machte den Vorschlag, ihm das Geld von Genf aus zu schicken. Er traute uns und kaufte uns Benzin. Als er mir seine Visitenkarte gab, sah ich, daß sein Vorname *Angelo* war!

Christina saß die meiste Zeit am Volant; entweder litt ihr geübter ›Straßensinn‹ unter meiner Ungeschicklichkeit, oder sie traute mir nicht, solange der Motor unseres neuen Ford noch nicht eingefahren war. Da der Wagen zu ihrem Pflichtenbereich gehörte, erhob ich keine Einwände.

Wir mußten halten, um eine lange Prozession vorüberziehen zu lassen: die Männer in Schwarz, die kleinen Erstkommunikantinnen in Weiß, die Geistlichkeit in leuchtendem Rot, die heiligen Statuen vergoldet auf ihren tragbaren Podesten, dahinter schüchterne Frauen; zertretene Blumen lagen sterbend auf der Straße. Das Bild kam mir sehr orientalisch vor mit diesen müden Menschen, die wie im Traum dahinwandelten; es erinnerte mich an ähnliche Zeremonien, die ich in Indien und in China gesehen hatte.

* * *

Die Zufahrt zum bezaubernden Triest war noch immer entstellt durch riesige Inschriften DUCE, die jeder Mauer an der Küstenstraße aufgepinselt waren.

Wir aßen Eis am Quai, wo braune Fischernetze am Ufer der grünen Adria hingen. Jene beflaggte Piazza wird mir stets in Verbindung mit Worten Christinas in Erinnerung bleiben. In Triest hatte sie sich seinerzeit nach dem Nahen Osten eingeschifft, wo sie Francis heiraten sollte. »Ich hatte das Gefühl, als führe ich in ein Gefängnis. Ich weiß nicht warum«, sagte sie mit verlorener Stimme, »aber ich war zu schwach, meine Freiheit zu retten, als es noch möglich war.« Ich konnte mir vorstellen, wie schwierig es für diese beiden Menschen gewesen sein muß, ein Paar zu werden. Solange man allein ist, unverheiratet, spielt es keine Rolle, ob man sehr ichbezogen ist, aber in einer Ehe ist es fast unausbleiblich, daß der eine für den andern leben muß. Christina lebte nur für ihre Schriftstellerei. Während Francis gelernt hatte, einen Kompromiß zwischen seinem Privatleben und seinem Diplomatendasein zu schließen, vermochte Christina niemals auch nur den Versuch zu solch einer Kraftanstrengung zu unternehmen: sie wußte, daß Gesandtschaften nur Schaukästen des Lebens sind, nur für den Moment angenehm. Francis hatte ihr daher versichert, daß sie ihre Gewohnheiten überhaupt nicht zu ändern brauche.

Sie hatten einander in Teheran kennengelernt, wo er Sekretär bei der Gesandtschaft war und sie mit Archäologen in Ray in der Nähe der Hauptstadt arbeitete. Sie waren gern zusammen, und ihre Diskussionen dauerten oft bis spät in die Nacht. Die Leute begannen zu klatschen; die Frau des Gesandten, bei der Christina wohnte, wenn sie in der Stadt war, riet ihr: entweder Ehe oder Zurückhaltung. Es schien verrückt, ihre Freundschaft aufzugeben, die erstgenannte Lösung schien die einfachere zu sein, obwohl beide entschlossen waren, in jeder Hinsicht weiterhin so unabhängig zu leben wie bisher.

Nach ihrer Heirat war Francis Geschäftsträger geworden – als die Gattin von Nummer Eins mußte sie nun bei Empfängen erscheinen. Ungeschickt, mit ungeheurer Anstrengung, versuchte sie – oder glaubte ihr Äußerstes zu versuchen – mit diesem verhaßten neuen Leben fertig zu werden. Sie gab ihre Arbeit auf – wenn der Koch grobe Böcke schießt, verliert das Land, das man vertritt, für lange Zeit an Ansehen! Sie glaubte, daß Francis ihr zunehmendes Elend nicht bemerke, daß er kein Mitgefühl, keine Ermutigung, kein Verständnis zeige, während sie in ihrem Schaukasten keuchte.

Das Leben schleppte sich in einer Atmosphäre latenter Krisen hin. Ein Ausweg wäre vielleicht gewesen, über sich selbst zu lachen, aber diejenigen, die mit großer Intensität leben, sind mit dem Leben so stark beschäftigt, daß sie keine Muße für das Heilmittel des Humors besitzen. Sie lehnte sich auf, erlitt einen Nervenzusammenbruch. Wie sie mir erzählte, hatte sie durch ihre Heirat mit Francis vor allem bezweckt, sich von ihrer Mutter freizumachen. Ich stelle mir vor, daß dieser schlummernde Antagonismus zum Teil auf die Liebe zurückzuführen ist, die Christina in ihrer Kindheit für die großartige Reiterin, ihre Mutter, empfand. Mit den Jahren war dieses Gefühl komplizierter geworden, und es schien, daß weder Mutter noch Tochter sich je an einen anderen Zustand gewöhnen könnten.

»Mutter prophezeite mir eine Katastrophe, wenn ich heiratete, und so kam es auch. Es gab keinen Ausweg, denn Francis' Familie ist streng katholisch. Es war sehr dumm von mir, immer das Gegenteil von dem zu tun, was meine Mutter mir riet – der Mensch, der mich am besten kennt. Ich hatte keine Hoffnung, mich von ihr frei zu machen, keine Hoffnung, jemals einfach ich selbst zu sein.«

Von da an machte Christina von neuem eine jener Höllen durch, die sie sich selbst zu bereiten pflegte. Einige Andeutungen darüber genügten mir, um zu wissen, daß Hunger und Armut weniger schlimm sind als Gemütskrankheit. Eine schlimme Wunde am Bein und eine quälende Freundschaft mit einem schönen türkischen Mädchen steigerten noch ihre Verzweiflung. Aber eines Tages hatte sie genug und benutzte eine Gelegenheit, den Ärzten und Drogen davonzulaufen – sie ging zu Marjorie in deren Sommercamp hoch oben an den Abhängen des Demawend, wo Pferde frei herumlaufen dürfen, wo der Gebirgsbach kristallklar einherhüpft und wo die Luft strahlt wie die Schneefelder, auf denen sie geboren wird. Die Stille dort flüsterte ihrem gekränkten Stolz zu, daß noch nicht alles verloren sei, daß sie aber, wenn sie wieder leben wollte, sich allein durchkämpfen müßte.

Drei Jahre später machte sie sich endlich frei von ihrem Teheraner Alpdruck, indem sie ein langes Gedicht in Prosa schrieb. Ich hatte sie während ihrer Rekonvaleszenz in Neuchâtel besucht, wo sie eine Beute ihrer Inspirationen und vor den Ärzten verheimlichter Zigaretten und Kaffees war. Dieses schöne, fieberhafte Gedicht erschöpfte sie zwar, flößte ihr aber neues Leben ein. »Man schüttet seine Krankheit in Bücher – wiederholt und stellt die Gefühle dar, um ihrer Herr zu werden«, hatte D. H. Lawrence geschrieben. Das traf auch auf Christina zu.

Jetzt, da sie den Dämon Vergangenheit ausgetrieben hatte und sich wieder jungfräulich fühlte, war sie bereit, von neuem eine Beute des Lebens zu werden. Aber konnte sie nicht ein weniger heftiges Tempo einschlagen? Gab es eine schwache Möglichkeit, daß mein normales Wesen ein wenig ansteckend auf sie wirken könnte?

* * *

Bevor wir Triest verließen, kauften wir uns Hüte – für den Fall einer Panne in der sengenden Wüste. Als wir aus einem Warenhaus mit den neuesten 50-Rappen-Produkten auf den Köpfen herauskamen, sagte ich, diese Hüte könnten uns sogar dienlich sein, wenn wir zu einer Garden-party gehen müßten! Aber Christina lächelte nicht darüber – sie hatte den kleinen flachen Wagenschlüssel verloren, unser Ford war plötzlich ebenso unzugänglich geworden wie der Lancia, der neben ihm parkte. Wir blieben ruhig trotz diesem Schlag, dem ersten, den wir gemeinsam erhielten. Mit klopfenden Herzen verfolgten wir behutsam unsere Schritte zurück … wir hatten das Glück, in dem großen Laden unseren Schlüssel auf dem Boden liegend zu finden.

Dann ließen wir leichten Sinnes den Wagen die große Straße hinaufbrausen, die den steinigen Karst bezwingt, eine trübselige graue Ebene, in der Bienenwaben gleich unzählige Höhlen klaffen.

Frühling und eine lange Straße, die offen vor einem liegt, die Freiheit, Tausende von Meilen einherzufahren, nach Belieben zu campieren oder zu essen, nach Laune haltzumachen oder die Route zu ändern – wie herrlich! Nur an eigenem Bord in See zu stechen, wäre ein noch größeres Erlebnis, denn das Meer bietet die ganze Unendlichkeit – keine Straßen, die den Kiel zwingen, vorgeschriebenen Bahnen zu folgen. Oder durch die Luft zu fliegen, ein neues Element zu bezwingen, eine Gabe, die bisher nur den Vögeln gewährt war.

Und doch beschlich mich zum erstenmal ein Gefühl, das sich bald zur Gewißheit verdichtete: Das Reisen hatte nicht mehr denselben Zauber für mich wie früher. Seltsamerweise erschien mir die Welt nun weniger real als das, was unser Innenleben gestaltet. Die Besessenheit, die für meine Gefährtin eine solche Qual bedeutete, war dermaßen erbarmungslos, daß sie auf jeden meiner Gedanken abfärbte. So stark vermögen Stimmungswechsel unser Verhältnis zur Umgebung und den Menschen, mit denen wir zusammentreffen, zu beeinflussen.

4

JUGOSLAWIEN

Wir hatten noch nicht lange die Grenze Jugoslawiens überschritten, als uns ein wütender Regen, der die üppig grünen Hügel peitschte, zwang, in einem Dorf am Ufer der geschwollenen Save zu übernachten. Der Metzger Medven vermietete Zimmer an Reisende. Trotz seines slawischen Namens bezeichnete er sich als Deutschen, der die Kultur Österreichs vermißte, wo er gelebt hatte, bis ihn der Anschluß zwang, in sein Geburtsland zurückzukehren. Seine Frau erzählte uns, daß im alten Kaiserreich die jungen Burschen von ihrem Militärdienst im Norden in Herren verwandelt zurückkamen. »Aber heute«, erklärte sie, »schicken die Jugoslawen sie genauso blöd wie vorher zurück. Sie sind noch nicht einmal imstande, aus ihrer Armut hochzukommen.«

Am nächsten Tag sah man auf dem schönen Marktplatz des fröhlichen Zagreb keine Zeichen von Armut. Mit Körben auf den Köpfen und umfangreichen Röcken um ihre wippenden Hüften gingen gesunde Bauernmädchen in bunten Blusen einher. Der ganze Platz war ein Farbenmeer von riesigen Schirmen. In ihrem Schatten häuften sich Berge von saftigen schwarzen Kirschen, roten Erdbeeren, schneeweißen Spitzen, Leder mit Blumenmustern bestickt, und Gemüse, wie wir es monatelang nicht mehr zu Gesicht bekommen sollten.

Wir hörten, daß Hochwasser die Straßen weiter im Süden fortgeschwemmt hatten. In Klostar kam uns dann der Gedanke, einen Spaten zu kaufen, und im selben Laden erwarben wir auch blaue Emailtassen; die meine sollte mir jahrelang treue Dienste leisten, ich koche noch heute meinen Tee darin. Ich erinnere mich noch, wie unscheinbar sie in jenem dunklen alten Laden hing – der letzte Gegenstand, den ich im Frieden in Europa kaufte.

Auf der Straße grüßten uns die Leute oft mit dem Nazigruß. Ein Schulmeister hob mit großer Energie seinen Arm, und seine schnatternde Kinderschar folgte dem Beispiel. Hielt man uns für

Deutsche? Oder wenn nicht, wollte man uns gleichwohl schmeicheln? Konnte das bedeuten, daß heutzutage nur noch Deutsche die Straßen benutzten? Oder kam es daher, daß wir noch immer in jenem Teil der Welt waren, in dem die Kaiserin Maria Theresia deutsche Kolonisten angesiedelt hatte? Es gab im ganzen Land nur eine halbe Million Deutsche unter dreizehn Millionen Jugoslawen. Am Abend, da wir in der Nähe von Vukovar am Ufer der Donau campierten, war es wieder ein Deutscher, der mit uns sprach, ein kräftiger, blonder Fährmann. Der Strom war eine gleitende Masse grauen Wassers, ein großartiger breiter Fördergürtel, der Frachtschiffe zu einem fernen Meerhafen führte.

In jedem Land, durch das wir kamen, sahen wir, wie die deutsche Zange zupackte – unterstützt durch ein geschicktes Tauschsystem. Deutschland kaufte die meisten Produkte jener Länder zu einem guten Preis und lieferte dafür zu hohen Ansätzen Maschinen, während inzwischen die Konkurrenten aus anderen Ländern ausgeschaltet worden waren.

Sowie wir in die jugoslawische Ebene kamen, fühlten wir, daß wir uns dem Osten näherten, wo die Erde nicht so eng begrenzt ist wie in Westeuropa. Weite Felder, der ferne Horizont, die dreispurige Straße – in der Mitte die Autostraße, zu beiden Seiten je ein von Karren ausgefahrener staubiger Weg. Die Männer tragen weite Blusen, die Frauen gebauschte Unterröcke, Knaben reiten auf ungesattelten kleinen Pferden, die mongolischen Ponys gleichen, Mädchen arbeiten barfüßig in den Feldern, die Männer tun nichts. Lange Stangen schweben über den Ziehbrunnen, ihre Silhouetten heben sich vom Himmel ab. Würdevolle weiße Kühe mit leierförmigen Hörnern erinnern mich an ihre heiligen Schwestern in Indien.

Vor den Schmieden in russisch aussehenden Dörfern stehen die Pferde, die beschlagen werden sollen; sie sind mit ihren Bauchgurten an einer horizontalen Stange festgebunden – aufgehängt –, genau wie in Turkestan. Jeder Bauernhof hat seinen eigenen Backofen, einen kleinen Lehmtunnel, wie ein mohammedanisches Grab geformt. Die kyrillischen Inschriften über den Ladentüren erinnern ebenfalls an Rußland, und auch das Doppelkreuz auf den orthodoxen Kirchen. Viele Männer tragen den roten Fez oder eine schwarze Astrachanmütze, und ihre gestickten Westen sind Vettern der afghanischen.

Wir kamen an einer Braut vorbei, die mit Bändern und Blumen geschmückt war, und mir schien, die geometrischen Muster ihrer Schürze glichen dem gestickten Brustlatz, mit denen die Kleider der Brahuifrauen in Belutschistan verziert sind; beide Muster lassen eine starke, fröhliche Vitalität erkennen. Die gleiche Kühnheit und Symmetrie weisen oft die von Nomaden angefertigten Teppiche auf. Diese Muster ›sprechen‹ so direkt zu mir, daß ich das Gefühl habe, sie seien mir längst vertraut.

In Belgrad, wo wir vor einem Restaurant Kaffee tranken, waren die Straßen von Menschen überfüllt, die geduldig auf eine Prozession warteten. Ungekämmte, zerlumpte Jungen mit glänzenden Augen und flink wie Eichhörnchen schlüpften unter den Ellbogen der Erwachsenen durch; russische Bisprisorni wären nicht anders gewesen. Später, als Hunderte von Karren Belgrad verließen, hätte es eine Wanderung der alten Kasaken aus Alma Ata sein können. (Als ich vor zwei Jahren aus Zentralasien hierherkam, fiel mir etwas anderes auf: Kinos, Zeitungen, Trambahnschienen, Straßenpflaster, Telefondrähte.)

In der Dämmerung hielten wir neben einem Zigeunerlager, wo Rauchschwaden über den Karren schwebten. Die Zigeuner umdrängten uns; ihre scharfgeschnittenen Gesichter und kühnen Augen machten gar keinen europäischen Eindruck. Gleich baten sie um Zigaretten: Zigeuner sind die einzigen Menschen, die ich kenne, die mit Würde betteln können; Zigeuner blicken drein, als dächten sie: Ob du mir welche gibst oder nicht, ist mir ganz egal.

Ich fragte mich, warum sie mich immer anziehen – sogar in Turkestan, wo man ja nicht behaupten kann, daß sie einen an ferne Länder erinnern würden. Kommt es daher, daß sie das Symbol dessen sind, was ich zu sein versuche? – unbelastet von Besitz, überall zu Hause, unerhört lebendig, ohne Herren über sich, durch keine Nationalität gebunden. (Ich bezweifle, daß russische und deutsche Zigeuner in den Armeen jener Länder gegeneinander kämpfen würden – wenn sie es täten, wären sie degeneriert.) Die Franzosen nennen sie Bohémiens oder Romanichels, die Ungarn Tschiganis, sie selbst aber nennen sich einfach Romani – ›Menschen‹.

Wir sollten ihnen später als Dschatts in Afghanistan begegnen, als Luris weiter im Süden. In den Geschichtsbüchern steht, daß im fünften Jahrhundert der Sassanidenkönig Bahram Gor die

Weißen Hunnen an der Grenze Indiens angriff; dafür erhielt er vom Herrscher Indiens die Provinzen Sind und Makran, und als er nach Persien zurückkehrte, brachte er zwölftausend Luris mit sich, die seinem Volk Musik und Tanz vorführen sollten. Zu Beginn des achten Jahrhunderts wurden Dschatts vom Indus nach dem Tigris gebracht, wo sie sich als Straßenräuber zu einer öffentlichen Gefahr auswuchsen; schließlich wurden sie vom Kalifen Ojayf über die türkische Grenze verjagt, nachdem man sie in Bagdad in ihren Trachten auf Booten ausgestellt hatte, wo sie ihre Instrumente spielten. Durch sie ist der Büffel im Nahen Osten und in Südeuropa eingeführt worden, und bis zum heutigen Tag haben sich in ihrer Sprache Hinduwörter erhalten.

* * *

An diesem Abend konnte man unser Lager ›Zum frischen Heu‹ nennen: um uns duftete alles nach reifem Gras, hoch über uns raschelten die Blätter im Wind. Hinter uns befand sich vor einer Mauer eine Quelle, in der wir badeten, sowie uns die Dunkelheit einhüllte; vor uns, umrahmt von stattlichen Bäumen, breitete sich auf einem Abhang eine Wiese aus – Christina schien aufzuleben.

Obwohl recht einfach, war unser Abendessen international: die Makkaroni hatten wir in Triest gekauft, die Butter kam aus Treviso (in den kühlen engen Straßen jener alten Stadt war uns nicht eine einzige Frau begegnet, auch in den Cafés gab es nur Männer – die italienische Purdah, das Wegschließen der Frau, schien ebenso strikt zu sein wie die in Kabul). Ein Herz zierte unser Brot, das rund, dunkel, schwer, flach und so kompakt war, daß es knirschte, als das Messer sich den Weg hindurch erzwang; es war ein schmackhaftes Gebirgsbrot, vor einem Monat in einem Dorf am Simplon gebacken, ein Dorf, das so hoch lag, daß das frische Gras noch nicht aus der feuchten Erde hervorgedrungen war. Dieses Schweizer Brot reichte uns bis Istanbul.

Männer, die zum Heuen kamen, weckten uns; vergnügt schrien sie einander durch das Tal zu, dann sangen sie in den jungen Morgen hinein. Leicht und rhythmisch schwangen sie ihre Sensen, mühelos und rhythmisch fielen die halbmondförmigen Grasschwaden auf dem Abhang. Laute Rufe, Vögel, die der Sonne entgegenflogen, unbändige Energie in den sausenden Sensen, Männer, trunken vor Freude über den neuen Tag ... die Szene könnte das Prinz-Igor-Ballett an seinem Abendfeuer zu einem morgendlichen Tanz inspiriert haben.

An diesem Tag kamen wir durch Jagodina. Vor dem Dorf exerzierten Soldaten auf einem Wiesenhang, der zwischen der Straßenkurve lag. Da wir zuerst über ihnen und dann unter ihnen fuhren, hatten wir genügend Zeit, den Offizier in seiner weißen Uniform mit schleppendem Säbel zu bewundern, der eifrig rosafarbenes Eis in einer Waffel leckte. Begeistert winkte er uns zu. Endlich waren wir den Menschen entronnen, die mit den Absätzen klappen und den rechten Arm recken! Wir waren von diesem Bild so gefesselt, daß wir beinahe eine Gans überfahren hätten, die vor Furcht wie versteinert ein Bein hochhielt.

* * *

Unser Leben zu zweit hatte vor einigen Tagen begonnen, und wir beobachteten einander immer noch. Mit meiner Gefährtin konnte man leicht auskommen: es machte ihr nichts aus, die Bratpfanne zu säubern oder, wenn wir schon zu Bett lagen, das Licht auszulöschen, auch bestand sie nicht darauf, ›bloß noch einen Satz fertig zu machen‹, wenn ein erlöschender Primuskocher Benzin vom Wagen benötigte. Sie verstand gut zu packen und verstaute das Gepäck systematisch. Und ich hatte es mir bald abgewöhnt, etwas gegen ihren reichlichen Kaffee- und Zigarettenkonsum zu unternehmen.

Aber sie schlief schlecht. Weil sie so mager war, konnte sie sich nicht an die harte Erde gewöhnen. Ich zeigte ihr, wie sie auf der Seite liegen müsse, mit hochgezogenem oberen Knie, den Körper vorgebeugt, so daß die Hüfte entlastet ist.

»Ich möchte nicht für schlapp gehalten werden. Warum soll ich meine wehe Hüfte erwähnen, wenn du dich nie beklagst?«

»Aber ich schlafe gerne hart!« entgegnete ich. »Zu Hause lege ich ein Brett in mein Bett, damit ich meinen Hexenschuß nicht spüre!« Sie lächelte über sich selbst – die ganze Zeit hatte sie geglaubt, mir nacheifern zu müssen.

Wir beschlossen, gewisse Regeln zu befolgen, die unsere Reise erleichtern würden: Vor Einbruch der Dunkelheit sollte das Zelt aufgeschlagen und das Abendessen bereit sein. Müdigkeit sollte offen zugegeben werden, da wir uns beide nicht der besten Gesundheit erfreuten (ich hatte chronische Schmerzen im Rückgrat). Der Reiseplan könnte nach Wunsch geändert werden – es war wichtig, mit Verstand zu reisen, all die kleinen Unterschiede zu beachten, die jedes Land aufweist.

Wir nahmen uns vor, aus dem geringsten Anlaß haltzumachen – zu diesem Zweck mußten wir unsere 18 ›Pferde‹ fest in der Hand halten. Die meisten Automobilisten fahren einher, als sei es ein Verbrechen, den ›Zauber‹ einer dauernden Raserei im Achtzigkilometertempo zu brechen. Sie kommen in einen Zustand, in dem sie alle Initiative verlieren außer der einen, vorwärtszurasen. Sie veranlassen zu wollen, einmal dreihundert Meter zurückzufahren, wäre genau so, als wenn man von ihnen den Mond verlangte – das Schweigen, mit dem sie diesen Wunsch beantworten, könnte nicht mißbilligender sein, wenn man sie bitten würde, den Wagen zu Fuß zurückzuschieben.

Wir wollten auch nicht zulassen, daß die Geschwindigkeit eine unsichtbare Mauer zwischen uns und dem Leben um uns errichtete – den Stimmen, dem Geruch eines neuen Gewürzes, der aus einem Bauernhof dringt, der Kühle einer linden Brise an einem Bach. Es war unsere Reise und nicht die des Wagens. Ich erzählte von meinem Staunen, als ich in Kabul Baronin Blixen-Finecke getroffen hatte. Sie war gerade allein aus Schweden gekommen – bei der Gelegenheit sei übrigens gesagt, daß es heutzutage sogar für Frauen völlig ungefährlich ist, allein in Afghanistan zu reisen (und so wird meine Geschichte die Leute bitter enttäuschen, die haarsträubende Erlebnisse erwarten). Die Baronin hatte den persischen Gendarmen, die versucht hatten, sie aufzuhalten, ein Schnippchen geschlagen und die ganze Fahrt in Rekordzeit zurückgelegt. Aber sie hatte wenig gesehen, hatte nirgends haltgemacht, und auf ihren Fotos sah man nur ihren Ford im Sand stecken, in einem Fluß stehen, inmitten einer Menschenmenge, in der Wüste. Als sie mich aufforderte, sie zu begleiten, lehnte ich daher ab. Und ich fühlte mich verpflichtet, ihr einen Vortrag zu halten: Wie schade es sei, daß sie mit einem Wagen, der für Fahrten in Asien so herrlich geeignet sei, nicht abseits liegende Gegenden aufsuchte, wo es wenig bekannte Stämme gibt, die am Aussterben sind. Eva Blixen-Finecke reiste mit einem Einführungsschreiben, das ungefähr folgendermaßen lautete: »Ich, Sven Hedin, bitte, meinem Patenkind, Baronin Blixen-Finecke, der Überbringerin dieses Schreibens, jegliche Hilfe zu gewähren. Sie ist auf dem Weg nach China, wenn möglich durch Sowjet-Turkestan. Zum Dank verpflichte ich mich, einen von mir geschriebenen Anerkennungsbrief zu senden.«

Wir beschlossen also, uns nicht zum Sklaven unserer Maschine zu machen. Sollte sie krank werden, würden wir uns darüber nicht aufregen – unsere Aufmerksamkeit gebührte all dem, was wir sehen konnten, und nicht dem, worin wir saßen. Wenn der Wagen völlig versagen sollte, würden wir die Reise mit den lokalen Transportmitteln fortsetzen.

Aber wenn ich auch wenig über das dritte Mitglied unserer Gesellschaft sage, darf sich der Leser nicht vorstellen, daß wir zwei Frauen, nachdem wir das Schicksal dazu gebracht hatten, unseren Plänen gnädig zu sein, einfach auf einer Art fliegendem Teppich saßen. Christina war eine ausgezeichnete Fahrerin (ich glaube, ich habe bereits erwähnt, daß chauffieren meine schwache Seite war), aber das genügte nicht – als wir aufbrachen, fehlte uns der Rat eines Fachmanns; mein Bruder war gerade damals schwerkrank. Ein zweites Ersatzrad, ein Gepäckhalter und ein zweiter Benzintank waren hinter dem Sitz angebracht. Sowie wir aber auf die schlechten Straßen Jugoslawiens kamen, begann sich das Chassis wie eine überreife Melone zu dehnen: die Türen schlossen nicht mehr, und die Gummiverbindung zwischen den Tanks wurde so undicht, daß wir sie nicht mehr benutzen konnten. Wenn wir Benzin brauchten, saugte ich es mit einem langen Gummischlauch aus dem Zusatztank. Zuweilen funktionierte das aber nicht: wieder und wieder kam mir die stinkige Flüssigkeit in den Mund, so daß ich auf meinem verbrannten Zahnfleisch und meinen Lippen einen Geschmack hatte, als habe mir der Zahnarzt seinen ganzen Vorrat an Nelkenöl in den Mund geschüttet. Da wir auf den Gepäckhalter verzichten mußten, waren wir gezwungen, Schlafsäcke und Zelt in den Notsitz zu verstauen, der schon mit Kanistern, Hausapotheke, Koffern, Schreibmaschinen, Werkzeugkasten, Ersatzteilen, Filmen für unsere Kameras und einem Rucksack mit Nahrungsmitteln und Geschirr vollgestopft war.

Was für eine Ladung! Und mit was für einer dicken Staubschicht war sie am Abend bedeckt! Und bei jedem Loch in der

Straße, über das wir rumpelten, erhielten wir eine Wolke ›Rachel-Puder‹ direkt in unsere gepeinigten Nasen. Ich frage mich, warum eigentlich Autokonstrukteure annehmen, daß man mit einem Ford nur auf asphaltierten Straßen fahre, und daß daher ein loser Wagenboden gut für ein Cabriolet ›de luxe‹ sei.

Im Bemühen, weise zu sein, beschlossen wir, in Sofia die Türen reparieren und den ganzen Wagen überholen zu lassen. Außerdem lebte dort Marjorie, Christinas Freundin aus Teheran; bei ihr könnten wir wohnen. Wenn wir doch nur unser Campleben hätten fortsetzen und Städte für immer meiden können!

5

SOFIA

Der erste Fehler war, daß wir zu spät nach Sofia kamen. Durch meine Schuld erlitten wir an der Grenze eine höchst ärgerliche Verzögerung: von den sechs Visen, die wir brauchten, hatte ich vergessen, das bulgarische zu besorgen. Als endlich dieser kleine Zwischenfall geregelt war und wir weiterfahren konnten, fanden wir, daß die Landstraße repariert wurde; so mußten wir in einem engen Tal auf einem Feldweg im Schneckentempo weiterkriechen. Dort wirkten gegen das Rot der Erde und das Grün der großen Tabakblätter die schwarzen Schürzen der Frauen eigenartig streng.

Als wir die schöne Ebene um Sofia erreichten, war der Schneegipfel des Berges Vitoscha von der untergehenden Sonne bereits rosa gefärbt. Schweigend fuhren wir weiter. Da wir nicht an das Aufschlagen des Zeltes und die Zubereitung des Abendmahls denken mußten, konnten wir die Fahrt fortsetzen, bis wir ein Hotel fanden.

Christina war so müde, daß sie sofort zu Bett ging. Ich brachte den Wagen zu einer Garage und fuhr dabei zum erstenmal durch das Straßenlabyrinth einer Großstadt, in der die Menge ohne Furcht oder böses Gewissen mitten auf der Straße herumspaziert. Der Erfolg meiner Fahrkünste regte mich derart auf, daß all meine Müdigkeit verging. Als ich ins Hotel zurückkam, fand ich Christina angezogen vor; sie hatte Marjorie angeläutet, und bald brachte uns ein Taxi zum Boulevard Oswoboditel.

Unter der Obhut und Leitung Marjories aßen wir mittags und abends auswärts. Dabei traf ich den schneidigen Silianoff, den einzigen Bulgaren, den ich kannte. Düster sprach er vom Völkerbund in Genf, wo wir uns zum letztenmal gesehen hatten. Wir plauderten über unsere gemeinsamen Freunde, die der großen Organisation den Rücken gekehrt hatten, bevor sie ihrem Ende zuging – über den lustigen Hilary St. George Saunders, den Gourmet, Clarence Streit, den eleganten Utopisten, der stets das Manuskript seines Buches ›Union Now‹ mit sich führte, das Buch, das dann in den Staaten so großes Aufsehen erregte. Während der Unterhaltung sah ich einer Gruppe von Schulkindern zu, die in dem nahegelegenen öffentlichen Park um die Nationalflagge versammelt waren. Es wurde ihnen Patriotismus beigebracht; dabei erfuhren sie, daß ihr Land vor siebzig Jahren von der türkischen Herrschaft befreit worden war. Dann fand ein allgemeines Gebet statt, und am Schluß machten die Kinder Bewegungen, als fingen sie Fliegen auf ihren Nasen – nein doch: sie bekreuzigten sich hastig, bevor bei Sonnenuntergang die Flagge eingezogen wurde.

Am nächsten Tag war es Christina übel; sie erbrach sich und schlief den ganzen Nachmittag hindurch. Selbst als sie die Augen öffnete, mich aus der Tiefe ihrer Hilflosigkeit anblickte und erklärte, es sei ihr sterbensübel, begriff ich nicht, was geschehen war. Ihre Worte klangen so jämmerlich, daß ich erschrocken gewesen wäre, hätte ich nicht geglaubt, es sei alles auf ihre Abspannung zurückzuführen.

Doch blitzartig erkannte ich die Wahrheit, als ich auf dem Boden des Badezimmers die Scherben einer Ampulle liegen sah. Sie war wieder einmal unterlegen, sie hatte unseren Pakt gebrochen, sie hatte das getan, was zu verabscheuen sie vorgab. Meine Gesellschaft, mein Vertrauen in sie, die Furcht, mir zu mißfallen, hatten keine Wirkung gehabt.

Was bedeutete das? Was sollten wir tun?

Welche war die wahre Christina? Grau wie Mörtel, sah ihr Gesicht wie tot aus, die Lider waren braun, die Lippen blau angelaufen, das Kinn starr verzerrt. Das konnte nicht die wahre Christina sein, sie hatte sich in einer Welt verloren, zu der ich keinen Zugang hatte. Ich wußte nicht, was ich sagen sollte – meine Worte könnten verletzen oder erbittern. Und ich hatte ja auch nichts zu sagen!

* * *

Wir ließen Sofia hinter uns und fuhren schweigend einher. Marjorie hatte uns auf die richtige Straße gebracht und uns mit der ganzen Kraft ihres gütigen Herzens gute Reise gewünscht. Am letzten Abend hatte sie zartfühlend versucht, Christina zu helfen, indem sie ihr von einem tiefgehenden eigenen Erlebnis erzählte:

Eines Tages, als sie völlig verzweifelt gewesen sei, habe sie auf einmal klar erkannt, wie unwichtig sie eigentlich sei; seitdem sei es ihr unmöglich, ihre Schwierigkeiten tragisch zu nehmen.

Wortlos fuhren wir durch das ›Tal der Rosen‹; aus diesen Blumen wird die berühmte Rosenessenz, das Attar, gewonnen. In den Dörfern trugen die Männer kleine Turbane und tranken aus winzigen türkischen Tassen Kaffee, die Frauen waren in schwarze Tücher gehüllt, alte Weiber saßen auf Bänken und hielten die Spinnrocken wie seltsame Waffen hoch.

Am Rand eines großen Feldes kauften wir für 70 Rappen einen kleinen Korb mit Erdbeeren. Die Leute erzählten uns, daß deutsche Studenten, die freiwillig beim Pflücken halfen, gesagt hatten, wenn Hitler ihnen, den Bulgaren, nicht achttausend Tonnen Erdbeeren und ihren Tabak und ihre Blumenessenzen abkaufte, würden sie alle verhungern. Einige der pflückenden Frauen trugen weite türkische Hosen; wir fotografierten sie so nebenbei. Als wir wieder im Wagen saßen, schien auf unseren Schultern eine unsichtbare Schwere zu lasten.

Christina saß neben mir und chauffierte mit ihrer gewohnten Nonchalance. Das Schweigen war direkt greifbar, wie eine zähe Masse, für die ich keinen Lösestoff besaß. Wann würde sie aufhören, den lebenden Leichnam zu spielen, wann würde sie von dem sprechen, was gesagt werden mußte?

Wahrscheinlich litt sie Qualen ... dennoch mußte ich festbleiben und wie ein Mann handeln, durfte keine Rührung oder zärtliche Schwäche zeigen, Regungen, die sie zu ihrem eigenen Ruin ausnutzen könnte. Ich fragte mich, ob diejenigen, die ihr früher geholfen hatten, sie nicht zu sehr geliebt hatten, nicht zu bekümmert ob ihres Elends gewesen waren, zu sehr bereit, ihren Neigungen nachzugeben. Ich hoffte, Erfolg zu haben, wo die andern versagt hatten, weil ich anders als jene war, weil ich sie nicht liebte, wie jene es getan hatten – darum könnte ich wahrscheinlich einen gewissen Einfluß auf sie ausüben. In unserem alltäglichen Leben fühlte ich mich ihr zuweilen so fremd, daß ich Mühe hatte, das Du weiterzuführen, eine Zurückhaltung, die bei mir etwas sehr Ungewöhnliches ist.

Trotzdem war ich ihr herzlich zugetan. Ich liebte ihren großzügigen Mut im Kampf gegen Ungerechtigkeiten, ihre Ehrlichkeit gegen sich selbst, die Art, in der sie ihre innere Einsamkeit ertrug, ihre Überzeugung, daß die Liebe ein Geheimnis sei, das wir erforschen müssen. Doch ein peinliches Schicksal ließ sie alles erdrücken, was sie liebend umfaßte: sie verlangte zuviel von der Liebe.

Ich war vergangenen Winter aufs Tiefste gerührt, als sie von Neuchâtel aus in ihrer Not an mich schrieb: »Diese Klinik treibt mich zum Wahnsinn. Ich möchte so gerne mit Ihnen sprechen, wenn Sie die Zeit erübrigen könnten.« Ich fühlte mich stark, da ich vom Gebirge kam, wo ich unserer Skimannschaft geholfen hatte. Mit ihrem Wagen holte sie mich am Bahnhof ab. Sie war erschöpft von ihrem Kampf mit den Ärzten; die wollten nicht verstehen, daß Schreiben für sie Nahrung und Leben bedeutete, daß ihr die Liegekur für Magenkranke und Hysteriker nicht bekam. Um uns herum war alles weiß, frischer Schnee war gefallen. Es tat wohl, durch die kräftige, funkelnde Winterluft am See entlang zu gehen. Palazi, mein Eskimohund, ein Knäuel dicker langer Haare, spielte mit Christina, indem er auf dem einsamen Weg an ihr zerrte. Das kräftige Tier hatte als Führer von Roberts Hundegespann Grönland durchquert. Ein Blick auf dieses brave königliche Tier genügte, um einen aufzuheitern, einem den Beweis zu geben, daß Güte und Adel existieren. Auch in Christinas Gegenwart konnte man keine kleinlichen oder gemeinen Gedanken hegen. Der Kernpunkt unserer Unterhaltung war, daß, wenn sie verrückt sei, ich es ebenfalls sei, denn auch ich wollte mich nicht durch jenes vernünftige Leben, das jedermann empfahl, ersticken lassen. Auch ich war überzeugt davon, daß es unsere Aufgabe sei, nach dem Sinn des Lebens zu forschen – ob wir damit Erfolg hätten oder nicht.

An jenem Abend, außerhalb Sofias, an einem Bach unter einer großen Ulme, begann sie schließlich mürrisch zu sprechen:

»Wenn du mich bei dir behältst, nehme ich an, daß ich mich von dir ständig beaufsichtigen lassen muß. Du wirst mir doch nicht mehr trauen?«

»Ich werde es tun, wenn du es willst. Ich habe die Hoffnung nicht aufgegeben. Ich bin sicher, daß, wenn du dich selber besser kennen wirst, dieses selbstgeschaffene Elend schwinden wird wie ein harmloser Nebel.« Ich hätte ihr gerne noch viel mehr gesagt, aber ich wußte, daß sie mir nicht zuhören wollte.

Am nächsten Tag sah sie wie eine gewöhnliche Rekonvaleszentin aus.

* * *

Südlich von Philippopel wurde die Gegend trostlos kahl, nur da und dort standen einige Hütten. Wir stellten unser Radio aufs Geratewohl ein – ein erregender Tschardasch überflutete uns mit seinen leidenschaftlichen Klängen; ich betrat das Niemandsland der Träumereien. Das war meine fünfte Reise nach dem Osten. Ich kannte den Weg bis Herat in Afghanistan, konnte also bis dorthin nicht vom Entdeckergefühl bezaubert werden. Außerdem war der Hauptzweck dieser Reise, Christina aus ihrer negativen Atmosphäre zu retten, Bedingungen für sie zu finden, damit sie aus freien Stücken ein normales Leben führe. Ich war sicher, daß wir die Hackins erreichen würden, wenn wir dem mir bekannten Weg folgten; das schloß aber jeglichen Abstecher in schwierige (und wirklich interessante) Gegenden aus. Kurz gesagt, mein Hauptzweck war, Selbstbeherrschung zu erlangen und meine Freundin vor sich selbst zu retten.

Das zweite Ziel hing von dem ersten ab. Nur eine klare Erkenntnis meiner selbst würde mir ermöglichen, Christina bei ihrem Grundproblem zu helfen. Natürlich würde mich diese Selbstbeherrschung der Wirklichkeit näher bringen – schon vor langem war ich unter Matrosen und Nomaden auf der Suche nach dem ›wirklichen‹ Leben gewesen. Um mein Ziel zu erreichen, konnte ich mir vorläufig nur ein weiß getünchtes Zimmer in einem Dorf in Pamir vorstellen, wo ich lernen könnte zu denken. Diese Übung sollte morgens stattfinden, bevor ich mich auf die Suche nach Köpfen für meinen Greifzirkel begab.

Lucien Fabre hatte gemeint, daß einem ein mohammedanisches Land nicht dazu verhelfen könnte, sich selbst zu beherrschen; aber ich wollte ja auch keine Hilfe, ich wollte nur fern von dem tobenden, fiebernden Europa mein Inneres erforschen. Meine Suche nach einem in paradiesischem Urzustand lebenden Gebirgsstamm war lediglich ein Vorwand, um der Ratlosigkeit zu entrinnen, die in Europa herrschte. Ich wußte wohl, daß Selbsterkenntnis überall erworben werden kann, aber ich war zu schwach oder zu töricht, um mich in der revolutionären, panischen, militaristischen, chaotischen Atmosphäre, die über Europa einherbrauste, isolieren zu können. Die Ferne würde mir helfen, dessen war ich sicher. Im Abendland jedenfalls schien jeder so verloren wie ich, warum es also nicht mit dem Orient versuchen?

Und nun mein zweites Ziel: Mag zu Beginn mein Wunsch, Christina zu helfen, auf selbstlosem Elan beruht haben, jetzt war er jedenfalls gemischt mit Stolz und Eitelkeit: ich, Kini, könnte es nicht ertragen, besiegt zu werden – daher durfte ich keinen Fehlschlag erleiden. Aber meine Zweifel am Erfolg waren jetzt ebenso aufrichtig wie das Vertrauen, das ich in London empfand, als ich den Fehdehandschuh aufhob, den mir Irene zugeworfen hatte.

Ich wiederholte Christina die düsteren Prophezeiungen, die ich damals gehört hatte, fügte aber, um ein Gegengewicht zu schaffen, hinzu, daß Blaise Cendrars ihre, Christinas, Qualitäten gespürt habe und darauf brenne, sie wiederzusehen. Christina war andererseits davon abgeraten worden, mit mir zu reisen, da ich eine unmoralische Zynikerin sei: hatte ich nicht in einem Buch geschrieben, daß ich auf eine Reise nach Zentralasien Salvarsan mitgenommen habe? – der Beweis, daß ich entschlossen gewesen sei, ein ausschweifendes Leben zu führen. Christina hatte darauf kühl erwidert: »Kini liebt es, unter Nomaden zu leben, und es ist bekannt, daß unter ihnen venerische Krankheiten verbreitet sind. Daher hat sie Medizin mitgenommen für den Fall, daß sie durch Trinken aus ihren schmutzigen Gefäßen angesteckt würde.«

* * *

Beißender Brandgeruch alarmierte uns. Wir machten halt und suchten nach dem Grund. Ich fand heraus, daß er von Christinas erster bulgarischer Zigarette herrührte, die sie gerade angezündet hatte!

Wir fuhren durch die Maritzaebene – weit, baumlos lag sie da. Störche, die geduldig in dem hohen Gras standen, bildeten weiße Flecken. Büffel mit mächtigen Schädeln, flachen Hörnern, müden, verschwollenen Augen und glänzender Haut wälzten sich unter den kleinen Brücken im Schlamm, ein typischer Anblick in diesem heißen, von Moskitos geplagten Land.

Der Wagen kam zur Barriere der türkischen Grenze. Trotz unseren Erklärungen brachte der Beamte ein Durcheinander fertig.

Er schrieb auf, daß Madame Silvaplana, née Francis, Legationssekretärin sei.

»Nein, das ist der Beruf ihres Gatten.«

»Wie soll ich sie dann bezeichnen? Professor?«

In dem Augenblick entdeckte der Mann, daß er es mit einem Diplomatenpaß zu tun hatte, und drückte eiligst einen Gummistempel nach dem andern auf unsere Papiere. Wahrscheinlich infolge seiner Eile vergaß er, uns darauf aufmerksam zu machen, daß wir eine Militärzone betraten.

Aus der Karte sahen wir, daß wir uns Edirne (Adrianopel) näherten, und bald kamen wir zu Gemüsegärten. Aber das, was wir sahen, nachdem wir einen kleinen Hügel umfuhren, hatten wir nicht erwartet: von den waagrechten Strahlen der Abendsonne beleuchtet, schwebte über dem lilafarbenen Nebel eine Vision wie aus Tausendundeiner Nacht; in dem goldenen Licht ragten schlanke Minarette empor; unglaublich hoch wirkten sie neben purpurnen, riesigen Kuppeln und sahen aus wie die Masten eines marmornen Schiffes, das an einem schillernden Himmel verankert ist. Verblassend, hinterließ diese überwältigende Vision nur einige Umrisse, die nach jener glänzenden Pracht trübe und leblos wirkten.

Da wir die Morgenröte in diesem Rahmen erleben wollten, schlugen wir hier unser Zelt auf. Es schwirrten aber so viele Kinder herum, daß wir wieder zusammenpackten, wobei wir ständig antworten mußten, wir seien keine Deutschen. »Aleman iok? – nein, nein« – ein Dementi, das wir von nun an täglich wiederholen mußten.

Nachdem wir durch die Stadt gefahren und wieder im offenen Land waren, hielten wir nach einer Stelle Umschau, wo wir die Nacht verbringen könnten. Aber die Ostseite von Adrianopel lag verlassen da – halbversunkene Grabstellen zeigten einen riesigen Friedhof an, ein sicheres Zeichen, daß die Stadt einst eine mohammedanische Hauptstadt gewesen war. Wir suchten nicht länger und schlugen das Zelt auf einem Brachfeld auf. (In dieser Nacht beschloß Christina, da der Boden steinhart war, ein rundes Luftkissen für ihre Hüften zu kaufen.)

Im Tageslicht sahen wir die Stadt weit hinter uns liegen. Da wir am Samstag noch vor Einbruch der Dunkelheit nach Istanbul kommen wollten, nahmen wir von unserem Zelt aus Abschied von den Sehenswürdigkeiten Adrianopels. Ein Bauwerk, von dem großen Sinan im sechzehnten Jahrhundert erbaut, soll sein Meisterstück sein: die Moschee des Sultans Selim II., so groß wie die Hagia Sophia.

Wir hatten sehr recht, daß wir so früh aufgebrochen waren; die ›internationale Straße‹ wurde gebaut, und in drei gräßlichen Stunden legten wir nur dreißig Kilometer zurück. In den tiefen Geleisen der schweren Lastautos blieb der Ford entweder stecken oder stieß gegen Steine. Als wir endlich bei Tschorlu zur guten Straße kamen, filmten wir in unserer Begeisterung unser erstes Storchennest auf einem Minarett.

In der Türkei eine Kamera zu benutzen, ist eine riskante Angelegenheit, und die Gefahr wächst, je mehr man sich Persien, Rußland oder Japan nähert. Ich wußte das sehr gut, hatte aber nie erwartet, daß die erste Verhaftung so bald erfolgen würde. Unsere Störche befanden sich unglücklicherweise zwanzig Schritte von einem Gendarmerieposten entfernt... sehr bald saßen wir dort drin: es war eines jener alten Holzhäuser, auf deren Besichtigung ich so erpicht war!

Ich wußte nicht, wie ich den Inspektor, der hinter unseren fünf Kameras saß, günstig stimmen sollte. Fünf Kameras, das war höchst verdächtig, und sie waren nicht plombiert, und wir hatten sie in der Militärzone benutzt. Warum wir uns unwissend stellten? Wir sollten über jede Stunde, die wir in der Türkei verbracht hatten, Rechenschaft ablegen. Wo wir die vergangene Nacht geschlafen hätten? Warum in unseren Pässen nicht der obligatorische Stempel des Hotels sei? Außerhalb Adrianopels im Freien geschlafen! »Das soll ich Ihnen glauben?« fragte der Mann entrüstet. »Ich werde Sie erst freilassen, nachdem Ihre Filme entwickelt sind.«

Es dauerte lange Zeit, bis wir das begriffen; der Inspektor sprach nur türkisch, und in dieser Sprache konnten wir nur *Aleman iok* sagen. Unglücklicherweise wimmelte das Land von deutschen Spionen, die alle das Gleiche sagten. Der Dorffotograf und eine Lehrerin, die französisch sprach, wurden geholt; angesichts der Behörde zitterten sie vor Furcht. Christinas Geduld war erschöpft. Sie überlegte, was für eine Drohung auf den Inspektor Eindruck machen könnte. Ich bekam es mit der Angst zu tun, wendete all meine Überredungskunst auf und erklärte ihr, in kürzlich modernisierten Ländern lohne es sich, so zu tun, als sei man höchst beeindruckt von den Beamten.

Mit seinen dicken, von Säuren gebräunten Fingern versuchte der Fotograf vergeblich, unsere kleinen Filmkameras zu öffnen. Schließlich erklärte er, daß er mit solchem Material nicht umgehen und die Filme daher auch nicht entwickeln könne. Zu unserer größten Überraschung wurden wir dann sofort entlassen. Der Inspektor, der ohne Zweifel menschlich war, hatte Hunger: wir waren über vier Stunden in seinem Bureau gewesen.

Zwischen wogenden gelben Weizenfeldern rasten wir einher, weit im Süden begleitet von der bewegungslosen dunkelblauen Linie des Marmarameeres.

Bei Sonnenuntergang näherten wir uns abermals einer Hauptstadt. Dunkles Laub bedeckte einen wellenförmigen Landstreifen. Darüber türmten sich zwischen Baumgruppen, wie eine Chinesische Mauer, die hohen Stadtmauern von Istanbul. Im Jahre 1453 kämpfte und starb auf diesen Mauern der letzte Kaiser von Byzanz, besiegt von Mohammed II. Der Sultan war so mächtig gewesen, einer Welt das Ende zu bereiten, der Welt des Römischen Reiches, deren Größe und Herrlichkeit über tausend Jahre gewährt hatte. Dieser schreckliche Türke war erst einundzwanzig Jahre, als er seine 160 000 Mann in die Schlacht führte. Vor der Erstürmung sagte er seinen Leuten: »Drei Dinge sind nötig, um einen Krieg zu gewinnen – den Sieg zu begehren, sich vor der Niederlage zu schämen und seinem Herrn zu gehorchen.«

An jenem Samstagabend standen am Adrianopeltor nur einige Männer mit Arbeitermützen, gelangweilt frische Luft schöpfend.

Irgendwo in der riesigen Stadt, die sich zu unseren Füßen ausbreitete, mußte es eine Auseinandersetzung zwischen Christina und mir geben.

6

Istanbul

Wir brauchten uns die Stadt nicht anzusehen, denn wir kannten sie beide. Ich ging nur nach Sultan Achmed, der großen Moschee mit dem gebohnten Parkettboden; von deren stillen Erkerfenstern aus hat man für meinen Begriff den schönsten Blick über den Bosporus. Wenn man an unsere Kathedralen gewöhnt ist, in denen sich alles nach vorne konzentriert, ist es ein Erlebnis besonderer Art, einen Bau mit einer Riesenkuppel zu betreten, in dem man sich nach oben gezogen fühlt.

Im Norden von Istanbul liegt Therapia, das Villenviertel der Reichen. Wir fuhren zum ehemaligen Sumer-Palace-Hotel, wo jetzt in großer Einfachheit der Architekt Holzmeister wohnt, der für Kemal Pascha Ankara gebaut hat. Im ersten Stock befanden sich die Arbeits- und die Wohnzimmer unseres Gastgebers und seines Stabes (österreichische und tschechische Flüchtlinge). Alles strömte eine angenehme Atmosphäre aus, das Bemühen um ausgewogene Proportionen und Einzelheiten, die Sauberkeit, die acht bis zehn Zimmer mit Schreib- und Zeichentischen, die zweckmäßig aufeinander abgestimmt waren.

Holzmeister ging mit uns zu dem kleinen Hafen, wo, wie er wußte, Bauernmädchen Himbeeren verkauften. Ruderboote und Yachten lagen in leisem Wiegen vor Anker, Knaben tummelten sich lärmend im Meer. Von einem leichten Nordwind bewegt, plätscherte das tiefe, blaugrüne Wasser gegen den marmornen Quai. Fischer ruderten gemächlich ihre Barken mit dem schöngeschweiften Bug. Die Abendsonne färbte das Ufer purpurrot – das war mein lachendes Mittelmeer, dieses einschmeichelnde Meer, über das sich Bäume neigen, dessen Kultur und Atmosphäre wie für die Menschen geschaffen ist. Wie konnte ich so verrückt sein, der Welt, zu der ich gehörte, den Rücken zu kehren?

Auf einer Terrasse aßen wir unter dem weiten Himmel zu Abend: Gemüsesuppe, kaltes Fleisch, Salat, Käse und Früchte.

Neben Christina saß ein Arzt, der sie einmal in Ankara behandelt hatte.

Unser Gastgeber – sein weißes Haar schimmerte in der Nacht – wurde von seinen Mitarbeitern hoch verehrt und respektiert. Seine intensive Vitalität ließ keine Melancholie aufkommen, als wir über ihre Heimat sprachen. Mein gutaussehender athletischer Tischnachbar sang uns zu Ehren zur Guitarre einige Schweizer Lieder. Dann fielen die andern im Chor ein, und all diese Lieder riefen die Erinnerung an die fernen Alpen in uns wach. Das letzte Lied, das schönste, endete ergreifend:

O Land Tirol,
Mein einzig Glück,
Dir sei geweiht
Mein letzter Blick!

Diese schweren Worte voll ruhiger Entschlossenheit wirkten herzbeklemmend, da sie aus der Kehle dieser Verbannten kamen. Diese Leute waren ganz anders als die Emigranten, die ich bisher kennengelernt hatte, die Russen, die auf das wundersame Wiedererscheinen eines Zaren warten.

Wir fuhren zu unserem ›London Oteli‹ zurück. Christina schwieg – offensichtlich war sie tief bewegt, aber es dauerte nicht lange, so schliefen wir fest.

* * *

Christina lag auf dem Boden, zusammengerollt, blutlos, sie glich eher einem krepierenden Hund denn einem menschlichen Wesen. Ich stand über sie gebeugt, trat sie, brüllte sie wütend an: »Wirst du sprechen? Warum antwortest du nicht?« Ich wußte, daß sie sprechen würde, wenn ich ihr weh genug täte, und dann könnten wir alles in Ordnung bringen … Ich schlug sie in ihr starres Gesicht … vergebens … aber ich mußte sie zum Sprechen bringen! Wütend versetzte ich ihr einen solchen Tritt in den weichen Leib, daß mir der Knöchel weh tat … und erwachte. Ich zitterte jetzt in Wirklichkeit vor der Wut, die ich im Traum empfunden hatte.

Tageslicht … Christinas Bett ist leer … Wo ist sie? Ist etwas geschehen? Ich muß etwas tun! Aber was? Ich öffne die Tür, gehe auf den Korridor … zögere – alle Zimmer des Hauses führen auf einen viereckigen Lichthof. Ich bewege mich wie ein Automat, ich höre Christinas Stimme, einsilbig. Dann sehe ich sie am äußeren Ende des Flurs am Telefon. Ihr Gesicht ist mürrisch, trotzig. Sie sieht mich – auf meinem Gesicht spiegelt sich wahrscheinlich noch mein Alpdruck. Sie scheint ihr Gespräch abzukürzen. Noch vor einem Augenblick schämte ich mich, brutal gewesen zu sein, jetzt komme ich mir wie ein Spion vor und verabscheue mein Tun.

Wir sind zurück in unserem Zimmer. Sie erklärt: »Es war mein Tischnachbar von gestern abend. Er sagte mir, er habe etwas Leukodal, ich könnte ihn anrufen, falls ich welches brauchte.«

»Hat er dich angerufen?«

»Jedenfalls sagte ich ihm, ich brauchte es nicht.«

»Christina, weißt du, wieso ich aufgewacht bin? Ich hatte deine bloßen Füße nicht gehört, aber ...« Und ich erzähle ihr meinen Traum, verschweige keine der abscheulichen Einzelheiten.

Wir sind bewegt. Dieser Alptraum zeigt, daß wir stärker miteinander verknüpft sind, als wir dachten. Ich bin völlig durcheinander, daß ich solcher Brutalität fähig sein sollte. In der Nähe unseres Hauses ist das berühmte Pera-Palace-Hotel, in dem ich mir Christina vorstellte, als ich zum erstenmal von ihr gehört hatte: Miettes Mann hatte sich dort mit ihr getroffen, um archäologische Fragen mit ihr zu besprechen. Vor etwa drei Jahren erzählte er mir, wie reizend sie ihn empfangen habe – *avec toute l'aisance que donne la fortune.* Jetzt bin ich mit Christina in Istanbul, aber was für ein Gegensatz zwischen heute und damals: gerade vorhin hatte ich im Geiste dieses kluge Wesen halbtot geschlagen.

»Ich glaube, ich würde dich lieber umbringen, statt dich als das menschliche Wrack meines Traumes zu erleben.«

»Kini, ich habe dich schon seit langem fragen wollen, warum du dir eigentlich meinetwegen so viel Sorgen machst?«

»Warum ich mir deinetwegen Sorgen mache ...? Ich weiß nicht. Ich kann nicht sagen, weil ich dich liebe, denn ich hasse dich, wenn ich sehe, wie du deine Gaben vergeudest – ich sage Gaben. Es ist nicht dein Verdienst, daß du sie hast, sie sind aus einer höheren Intelligenz entstanden als deiner augenblicklichen Verdrehtheit. Kannst du denn nicht einsehen, daß sie dir nicht anvertraut worden sind, um sie zu vergeuden? Aber um deine Frage zu beantworten: ich reise mit dir ... einfach weil ich mit dir reise! Erklärungen findet man immer später.« Ich schwieg einen Augenblick und fügte dann hinzu: »Du weißt doch, daß du ohne dieses

Gift auskommen kannst, du hast es doch monatelang gekonnt. Was soll ich jetzt tun? Ich kann dich nicht vor dir selbst schützen! Soll ich dich nachts einsperren? Deine Koffer durchsuchen? Dauernd auf dich aufpassen? Großer Gott, mit welcher Berechtigung könnte ich mir erlauben, deine Unabhängigkeit einzuschränken?«

»Ich gebe dir völlige Macht über mich, bei Tag und bei Nacht. Laß mich nicht allein. Wenn es wieder passiert, lasse ich dir den Wagen und reise allein zurück. Wir wollen rasch von hier fort. Wenn ich nicht in einer Stadt bin, weiß ich, daß ich keines kriege, und kann leichter leben. In einer Stadt denke ich dauernd: Jeden Moment kann die Versuchung über mich kommen, ich werde nachgeben, verlockt durch den Gedanken an die wenigen Minuten des Vergessens, die mir das Gift verschafft – obwohl ich weiß, daß ich dafür mit stundenlangen Qualen büßen muß. Es bereitet mir nicht einmal Vergnügen, es ist eher wie eine Pause im Nichts ... die einzige Entspannung, die ich kenne. Die übrige Zeit, selbst während der endlosen Nächte, lebe ich in der Furcht, daß die Furcht mich überwältigen wird ... daß diese bohrende Versuchung den Wall meiner Entschlossenheit durchbrechen wird. Ich lebe in einem halbgelähmten Zustand, voll Entsetzen vor dem, was geschehen könnte.«

»Unsinn! Du bist der Spielball deiner Fantasien. Ich glaube, daß du, um intensiver zu leben, dich allzu leicht Exzessen aller Art hingibst – Erregungen, Trinken, Arbeit, soziale Auflehnung. Tust du cigentlich all das, um dich möglichst rasch zu vernichten? Du mußt gezwungen werden, einige Zeit ein ruhiges, eintöniges Leben zu führen. Dann wirst du lernen, wie reich und tief eine sogenannte gewöhnliche Minute sein kann.«

»Aber schau mal, wie das Schicksal gegen mich ist: Wieder und wieder, wenn ich mich davon freigemacht habe, bekomme ich es durch irgendwelche Umstände in die Hand ... und dabei soll es unmöglich sein, es zu erhalten!«

»Das kommt daher, weil ein Teil von dir es noch immer verlangt; aber du versuchst ja, dich selbst zu täuschen. Du bist wie die ›friedliebenden‹ Nationen, die Abrüstungskonferenzen abhalten, obwohl sie genau wissen, daß sie gar nicht gewillt sind, den Krieg unmöglich zu machen. Wenn du nicht den Wunsch danach hättest, könnte es ruhig neben dir liegen. Denk doch nur daran, wie du dich über unseren Abend in Adrianopel gefreut hast, wie völlig du in deiner Arbeit aufgehen kannst – was hast du dann gemein mit jenem angsterfüllten Menschen, den du beschreibst?«

»Darum bedeutet mir Schreiben ja so viel...«

»Wenn du die Arbeitsbedingungen in den Staaten untersuchst oder Unterlagen zusammenstellst, um eine Biographie zu schreiben, dann ist dieser abscheuliche Teil deines Ich verschwunden. Es handelt sich nur darum, etwas zu finden, das dich fesselt, dann bist du gerettet.«

»Je mehr ich die verschiedenen Probleme studiere, desto mehr verzweifle ich und verliere den Glauben an eine Gerechtigkeit in dieser Welt...«

»Aber wer kann sagen, was gerecht ist?« unterbrach ich sie. »Wir haben doch abgemacht, nicht mehr über diese Welt zu klagen, bevor wir tiefere Einsicht haben. Wir hatten doch gesagt, daß, wenn das Reich Gottes inwendig in uns ist, kein Grund vorhanden sei, nicht Gewißheit darüber zu erlangen. Wir waren uns auch darüber einig, daß die Suche danach spannender sein würde als die gewagten Dinge, die wir getan haben, um unser Leben intensiver zu gestalten. Wir wollen vorwärts blicken... und um Gottes willen, habe mehr Geduld!«

7
Das Schwarze Meer

Von der Galatabrücke aus an Bord der ›Ankara‹ in See zu stechen, war wie der Beginn eines neuen Lebens – unser Kontinent, unsere Vergangenheit, unsere Fehlschläge, alles schwand dahin.

Ich hatte Glück an dem Tag; im letzten Moment brachte mir die Post meinen Tschoga, den ich in Sofia vergessen hatte. Nicht nur, daß ich sonst keinen Mantel mithatte, sondern er war ein besonders schönes, weißwollenes Kleidungsstück, handgewoben von Bergbewohnern eines Pamirtals; obwohl capeartig, hatte er lange Ärmel, die bis zu den Knien baumelten; in die schlüpft man nur im Winter und kann sie dann als ziehharmonikaähnlichen Muff benutzen. Ich trug diesen Tschoga wie ein Schiff, das den ›Blauen Peter‹, die Abfahrtssignalflagge, hißt – als Emblem des Aufbruchs nach einem großartigen Land, das mich zurückrief.

Auch der Ford war bestimmt froh, Pera hinter sich zu lassen, mit den engen, holprigen, dunklen, gewundenen, übelriechenden Gassen, Schwestern von Gassen in Malta und Marseille, wo alte Männer auf den Schwellen hocken, Körbe von den oberen Stockwerken hinuntergelassen werden, wo Wäsche auf Leinen hängt, die über die Gassen gespannt sind, wo Katzen auf den Fensterbrettern sitzen und das Leben und Treiben betrachten. In der Nacht muß unser Wagen in der Garage eine interessante Geschichte von seinem Nachbarn gehört haben, dem großen roten Mercedes, der König Zogu von Albanien noch im letzten Moment vor seinen italienischen Feinden gerettet hatte. Seine Kühlerhaube trug ein Gemsgehörn, das ein silberner Adler überragte! Aus einer Plakette am Armaturenbrett ging hervor, daß der Wagen ein Geschenk Adolf Hitlers war – es war darauf eingraviert: »Viel Glück für jetzt und immer!«

Von allen Städten, die ich kenne, ist Istanbul die kosmopolitischste; keine weist eine ähnliche Vielfalt von Rassen, Religionen, Schriftarten, Kleidung, Architektur auf. Vom Meer aus präsentiert Pera sogar die Silhouette eines Wolkenkratzers. Ich schlage vor,

Istanbul, das zentraler als Genf liegt, zum Sitz des nächsten Völkerbundes zu machen. Dort könnten sich die Töchter Stalins, König Georgs und Nehrus leicht mit Madame Tsiang Kai-schek treffen, um zu beschließen, ob Eurasien gegen die beiden Amerika kämpfen soll!

Auch Christina war in fröhlicher Stimmung: der Zahlmeister des Schiffs hatte sie mit Monsieur angeredet! Je weiter wir gen Osten kamen, desto öfter hielt man sie für einen Knaben. Und das taten nicht nur Asiaten, in Delhi sprach der gescheite Major Gastrell eine Viertelstunde mit ihr, bevor er überhaupt auf den Gedanken kam, daß sie eine Frau war.

Wieder einmal war Fotografieren verboten – ein Anreiz, verstohlen die mittelalterlichen Befestigungen von Rumeli Hissar aufzunehmen, und später merkwürdige Fischerboote – auf gekappten Masten, wie auf einer Stelze, standen Männer und hielten einsame Wacht.

Unter den Schirmpinien Therapias winkten uns die Österreicher mit Servietten zu, als wir vorbeidampften.

Unser Schweizer Konsul hatte uns erzählt, daß drei Schweizer Burschen ebenfalls mit dem Wagen nach Kabul unterwegs seien, aber er sei sicher, daß wir Frauen zuerst hinkämen. Das schien sehr wahrscheinlich, denn unsere Konkurrenten wollten den langen Weg auf den miserablen Straßen quer durch Anatolien zurücklegen. Außerdem wußten die Burschen offenbar nichts von den eifersüchtigen Göttern, die ein Vergnügen darin finden, Pläne zunichte zu machen: sie hatten ihr Reiseziel durch eine riesige, auf den Wagen gemalte Inschrift KABUL verkündet und ließen sich von den klebrigen schwarzen Fingern ihrer Majestät, der Presse, ihre Pläne durchstöbern. Es erübrigt sich zu sagen, daß wir diese Dummheit nicht begingen.

Da die Türken viel Kohle besitzen, aber kein Erdöl, haben sie ihre Hauptanstrengungen auf den Eisenbahnbau verlegt – die Straßen waren noch immer in schauerlichem Zustand. Daher hatten wir beschlossen, sie zu meiden, indem wir so weit als möglich auf dem glatten Pontus Euxinus gen Osten glitten. Wie Léon de Thurié wollten wir am liebsten, »Odysseus gleich, auf dem Rücken liegend, den Rest der Reise segeln«. Mit dem Schiff wollten wir der ganzen Türkei entlangfahren, dem Ausläufer Asiens, der sich wie eine Brücke zur offenen Hand Griechenlands erstreckt. Von Trapezunt aus kämen wir dann bald zur hohen Schwelle Irans – Persiens, wie es bisher hieß.

In unserem ›London Oteli‹ hatten wir einen gescheiten Ingenieur kennengelernt, nach dessen Auskünften wir uns für unsere wahrscheinlich ziemlich langweilige Fahrt allerhand Würze versprachen. Die östliche Türkei wimmle von ›arischen Spionen‹, das wisse er ganz bestimmt. Die Erlebnisse, die uns bevorstünden, würden uns für immer die Lust am Reisen vertreiben – Reisende würden verhaftet, ihre Kameras und ihre Papiere konfisziert. »Man wird Sie bestimmt zurückschicken. Aber was Sie auch tun, stellen Sie keine Fragen!« schloß er.

Aber Reisen bedeutet Fragen!

Unser Schiff war in Holland gebaut; der Speisesaal war mit blauen Kacheln mit Windmühlen, Klampen und Häubchen verziert. Wir hätten vergessen können, wo wir uns befanden, hätte nicht unaufhörlich türkische Musik aus einem Lautsprecher geheult – obwohl wir dem Oberkellner, der es hätte abstellen können, verführerisch zulächelten und entsprechende Bemerkungen machten. Mit versunkenen Mienen und uns ab und zu am Kopf kratzend, schrieben wir die ersten Reiseberichte, die wir unserer Presse-Agentur schuldeten. Trotz ihrer größeren Praxis brachte Christina auch nicht viel schneller als ich das Notwendige zustande. Sie war ebenso unzufrieden mit dem Resultat ihrer Bemühungen wie ich, aber ihr Stil war flüssiger als der meine.

Nachdem sie den armseligen Artikel, mit dem ich gerade fertig geworden war, durchgelesen hatte, lobte sie ihn ihrer Gewohnheit gemäß. Das veranlaßte mich zu einem Geständnis:

»Christina, du scheinst bei mir nur Qualitäten zu sehen ... jetzt weiß ich auch, warum. Du kritisierst nie andere, nur dich selbst. Du akzeptierst uns, ohne je zu urteilen. Aber du mußt nun endlich wissen, was für ein Mensch ich bin: gerade eben war ich ganz erbärmlich eifersüchtig auf dich, weil ich weiß, daß du der bessere Mensch von uns beiden bist... bald, sowie du dich entschließt, deine Angst aufzugeben, wirst du groß werden. Und trotzdem mäkle ich dauernd an dir herum, soll ich dein Mentor sein! Der Blinde, der den Lahmen führt – was für eine Farce!«

»Aber, Kini, du irrst dich. Meine Bücher haben nicht so viele Auflagen wie die deinen. Und du weißt ja, ich bin noch nicht einmal übersetzt worden!«

»Diese Bemerkung ist ebenso kindisch wie dein Wunsch nach Popularität. Reuters Nachrichten werden in alle Sprachen übersetzt und haben mehr Leser als das beste Gedicht des Jahrhunderts – dein Argument beweist also nichts. Du schreibst jetzt wertlose Artikel, aus Stolz, um dir dein Leben zu verdienen; überlaß das denen, die darauf angewiesen sind. Nimm die Rente deines Vaters an und widme deiner wirklichen Arbeit mehr Zeit. Warum schämst du dich, reich zu sein? Der Reichtum deiner Familie, in dem du aufgewachsen bist, hat wahrscheinlich einen guten Grund. Wie sehr du dich auch einschränkst, ein ganz bescheidenes Leben führst, es wird immer Menschen geben, die weniger besitzen als du; wo also willst du die Trennungslinie ziehen? Auf alle Fälle liegt die Größe, von der ich sprach, mehr in dir selbst als in deinen Büchern.«

* * *

Heute, sechs Jahre später, da ich diese Zeilen schreibe, glaube ich, wenn der Sinn des Geborenwerdens darin besteht, lange zu leben, dann habe ich, da du ja nicht mehr bist, gewonnen. Aber – und ich ziehe diesen Glauben vor – wenn wir dazu bestimmt sind, das, was wir im tiefsten Innern empfinden, auszudrücken, dann hast du gewonnen. Um diesen Sieg zu erringen, mußtest du zunächst deiner Herzensangst vor dem nutzlosen Vergeuden der Lebenskraft und der Erbärmlichkeit der Liebe Ausdruck geben!

Dieses Formen unserer innersten Neigungen geht über alles Ethische hinaus – es wird eine Zeit kommen, da wir trotz allem so wahr sein müssen, wie es uns möglich ist, und so unser tiefstes Wesen offenbaren. Unser Tod kann es ebenso klar ausdrücken wie unser tägliches Leben, die Art, wie eine Mutter ihr Kind liebt, ebenso wie eine überraschende heroische Tat oder ein gutes Gedicht. Daher glaube ich, daß sogar Feiglinge, Diebe oder eitle Diktatoren, und nicht nur geduldige Angestellte oder Künstler, einen ähnlichen Grad der Erfüllung erreichen können, nachdem erst einmal die ihnen angeborenen Eigenheiten erschöpft sind. Die Lilie oder die Schlange, die Brennessel oder die Katze tun dies, sie vollbringen das Wunder der Treue zu sich selbst. Wir sind komplizierte Geschöpfe, die von ihren inneren Widersprüchen gequält werden, aber wir sollten uns selbst entwirren, um den Grundton unseres Innern freizulegen. Unsere Art, das zu tun, mag unmoralisch scheinen, aber ich weiß, daß sie dennoch gut ist, denn wir sind mehr als moralische Geschöpfe – Moral ist nicht der Zweck des Lebens, sondern nur eine Abkürzung des Weges zur Wirklichkeit. Und nur, indem wir unsere Eigenheiten überwinden, können wir durch sie hindurch zu unserem Kern vordringen. »Ein Held ist der, der sein Wesen in einem unverrückbaren Mittelpunkt verwurzelt hat«, schrieb Emerson. Das Gleiche gilt natürlich für den glücklichen Menschen, der nicht von seinem Mittelpunkte wegzureißen ist und auch nie weggerissen werden kann. Je eher wir über unsere Angst, unsere Feigheit, unsere Einbildung, unsere Geduld, unseren Mut und auch unsere Liebe zu einem begrenzten Ziel oder einem einzelnen Geschöpf hinausgelangen, desto eher werden wir unseren Grundton erreichen, unser Zentrum, diese stille Note, auf die die Vielfalt in Wirklichkeit hinweist, obwohl wir sie als ablenkend und isolierend betrachten.

Du hast nicht nur dich ausgedrückt, Christina, du hast auch das Tiefste in dir erlebt, du bist über deine selbstzerstörerische Qual hinausgegangen.

Ich werde später zeigen, wie ich zu dieser Erkenntnis kam.

* * *

Auf der Suche nach Sonne stiegen wir auf das obere Deck, wo wir den Funker allein in seiner Welt der Töne fanden. Auf seinem Dach wuchs in Holzkisten ein Garten, ein Vogel sang in einem Käfig. In der Kabine hing eine Plüschblume über einem winzigen Schiffsmodell. Er war ein lächelnder Einsiedler. Aber voll Kummer erklärte er: »Ach, Kemal Atatürk ist vor acht Monaten gestorben, und wir brauchten noch fünfzehn Führer wie er, um etwas aus unserem jämmerlichen Land zu machen!«

In Songuldak – ein Hafen an einem grünen Küstenhang, wohin eine Eisenbahn Kohlen und Eisenerze aus dem Landesinnern bringt – wurden deutsche Lastautos von Bord auf schwankende Leichter verladen. Steif ausgestreckte Büffel und Schafe wurden von einem Kran durch die Luft befördert; die Büffel hingen an Gurten, die um ihre Leiber geschlungen waren, die Schafe waren an den Beinen festgebunden. Männer kletterten an Tauen an Deck, drängten sich durch die lärmende Menge auf dem Hauptdeck, boten Kirschen und Brombeeren, Brot, Körbe, Bänder und Blumen zum Verkauf an. Unser Ford wurde zur Ladentheke des Bäckers: er stand auf dem Trittbrett und hatte seine Brotlaibe auf dem Verdeck ausgebreitet.

Wir legten auch jeweils noch einige Stunden in anderen Häfen an: in Ineboli, Sinope, Samsun, Kerasun.

Lärmendes Leben und Treiben herrschte dauernd in dem Gedränge im Zwischendeck. Unser Schiff bot einen Querschnitt der Menschheit dar: einige gelangweilte Reiche der ersten und zweiten Klasse waren auf leeren Decks verstreut, während unten ein Sammelsurium von Menschen herumwimmelte, wo jeder versuchte, genügend Platz zum Hinlegen zu gewinnen, ohne fremde Füße oder Ellbogen ins Gesicht zu bekommen.

Wir hatten viel Zeit, um festzustellen, wie privilegiert wir waren. Christina empfand wahrscheinlich, daß es einen zu großen Unterschied zwischen den Decks gebe, oder stellte sich gar vor, daß jene, die dort unten zusammengepfercht waren, über die Ungerechtigkeit der Welt murrten und uns beneideten. Aber ich, die ich schon mehr als einmal im Zwischendeck gefahren war, erinnerte mich an unsere damaligen Gefühle; keiner von uns gab je den ›Oberen‹ einen Gedanken, und wenn meine Nachbarn dorthin versetzt worden wären, hätten sie sich recht elend gefühlt. Sie brauchten die Herde um sich, sie genossen den Lärm, die Herzlichkeit, den Kampf ums Dasein. Sie zählten ihre geringe Barschaft, entlausten die Säume ihrer weiten Hosen, hüteten die Kinder, fütterten die Hühner in ihren Verschlägen, banden einen Turban neu, schnitten ihre viereckigen Fingernägel mit einem Taschenmesser, bestickten Pantoffeln, kratzten auf einer Geige, teilten sich tropfende Scheiben von Wassermelonen oder gingen zur Kombüse, um sich heißes Wasser für einen dünnen Tee zu holen. Ich bin überzeugt, daß sie zwischendurch über ihre bisherigen Geschäfte nachdachten oder Pläne für die Zukunft schmiedeten.

* * *

Trapezunt mit seinen alten Rundziegeldächern, den kopfsteingepflasterten Gassen voller Fischgestank und den ummauerten Gärten, in denen das Rot der Granatblüten sich vom Blau des Meeres abhebt, gleicht einer italienischen Stadt, wie es sich da an die steile Küste anschmiegt – mit Ausnahme seiner weißen Minarette, von denen aus die Muezzins Allah unter seinem türkischen Namen Tanri anrufen.*

Nachdem unser Wagen in einer Barke mit mächtig ausladendem Bug ans Ufer gerudert worden war, gingen wir zum Hotel am Hauptplatz. Am Nachmittag besuchte uns ein Landsmann, der seine Überraschung nicht verbergen konnte: es war ihm erzählt worden, daß eine Dame und ein fünfzehnjähriger Junge gerade aus der Schweiz angekommen seien! Er kaufte für Schweizer Schokoladenfabriken türkische Haselnüsse ein, bekam aber nur ein Zwanzigstel der Ernte, der Rest ging nach Deutschland.

Der Export von Delphinöl war das andere Hauptgewerbe der Stadt. Doch es sah so aus, als hätten die Fische schließlich begriffen, daß man hinter ihnen her war: sie suchten diesen Teil der Welt nicht mehr auf, und die Fabriken standen still. Delphinöl wurde bereits zu Xenophons Zeiten gewonnen. Seine Leute nahmen es als Ersatz für ihr geliebtes Olivenöl, und ihr Brot buken sie mit Mehl aus ›flachen Nüssen‹, was wohl ihre Bezeichnung für Haselnüsse war.

Trapezunt schien halb zu schlafen. Männer mit Schnabelschuhen spazierten langsam in den besprengten Straßen, und ich hatte Zeit genug, über den Schnitt ihrer weiten Hosen zu staunen. Obwohl unverschleiert, verdeckten einige Frauen mit einem Zipfel ihres Kopftuchs, den sie in den Mund steckten, einen Teil ihres Gesichtes; je weiter wir ins Innere des Landes kamen, desto häufiger sah man diese Sitte.

Als wir den französischen Konsul in seiner Villa mit einer Weinlaube besuchten, erfuhren wir, daß es in diesem Teil der Welt keinen einzigen Franzosen gebe. Auch der italienische Konsul war arbeitslos; seine Schiffe legten nicht mehr in Trapezunt an, seitdem Rußland ihnen die Häfen gesperrt hatte – der ganze Export wurde von einer deutschen Linie befördert.

Niemand, den wir besuchten, bestätigte die alarmierenden

---

* Kaiser Babur schreibt in seinen Memoiren, daß Tangri die Gottheit bedeutet. Das in ganz Asien geläufige Wort ist wahrscheinlich mongolischen Ursprungs und dürfte in den einzelnen Ländern verschieden geschrieben werden.

Nachrichten unseres Ingenieurs aus Istanbul, aber es stimmte, daß Deutschen ihre Filme konfisziert worden waren. Daher entschloß ich mich, die Ernte meiner früheren Reise nach Hause zu schicken – ich hatte dieselbe Route in umgekehrter Richtung gemacht – viele Fotos davon waren zur Illustrierung der Artikel bestimmt, die wir jetzt schrieben. Es war besser, sich dieser Vereinfachung unserer Arbeit zu unterziehen, als den Verlust des ganzen wertvollen Materials zu riskieren. Dieses Grenzland ist anscheinend schon immer sehr ›neuralgisch‹ gewesen: E. G. Browne, der persische Orientalist, befürchtete, als er in der zweiten Hälfte des vorigen Jahrhunderts über Erserum reiste, daß seine Aufzeichnungen konfisziert würden. Wenn er sein Tagebuch schrieb, versteckte er sich, um nicht das Mißtrauen des Zaptieh, des Polizisten, zu erwecken, der ihn dauernd bespitzelte.

Es gelang uns nicht, den Gouverneur zu sprechen, den wir um Empfehlungen für die inländischen Behörden hatten bitten wollen. Der mißglückte Besuch verschaffte uns aber die Gelegenheit, eine schöne Fahrt zwischen Obstgärten, Villen und Wäldern die steile Küste hinauf zu unternehmen. Von dieser Höhe aus gesehen, war das Meer zur enzianblauen Unendlichkeit geworden. Es heißt, bei klarem Wetter könne man sogar den Kaukasus sehen. Ich suchte am östlichen Horizont nach dem Gebirge, das ich vor neun Jahren überquert hatte, aber ich sah nur im Geiste das, an was ich mich noch erinnern konnte.

Nun waren wir bereit, über einen fast dreitausend Meter hohen Paß des Pontischen Gebirges zum Hochland zu gelangen – ein rascher Höhenwechsel, reich an Gegensätzen. Dreimal mußten wir während unserer Reise aus Meeresniveau zu sehr hochgelegenen Pässen steigen: vom Schwarzen Meer nach Armenien, vom Kaspischen Meer nach Chorassan und von Turkestan nach Afghanistan.

8

Das Pontische Gebirge

Trapezunt und die Küste von Kolchis waren Jahrhunderte hindurch griechische Kolonien; die Griechen nannten die Stadt Trapezus, weil in der Nähe ein Tafelgebirge liegt. Als die Zehntausend dorthin gelangt waren, feierten sie ihre erfolgreiche Flucht, die sie über zweitausend Meilen geführt hatte, durch Darbringung von Dankopfern für Zeus und Herkules. An einem der Abhänge, die wir sahen, veranstalteten sie ihre Wettkämpfe. »Dieser Hügel eignet sich überall wunderbar für den Wettlauf«, hatte Drakontius erklärt. Aber die Männer klagten, sie könnten auf einem so rauhen und überwucherten Boden nicht ringen, worauf Drakontius entgegnete: »Der Unterliegende wird ihn einfach etwas mehr spüren!«

Einige Jahrhunderte später wurde Trapezunt der Endpunkt einer der ältesten Handelsstraßen, deren Geschichte wir kennen: der transasiatischen Seidenstraße. Unter den Scharen von Soldaten, Königen, Reisenden, Missionaren, Kaufleuten, Gesandten und Gelehrten, die diese Straße benutzten, befand sich auch Marco Polo; er wird am Ende seiner Rückreise von China sicherlich ebenso begeistert wie die erschöpften Zehntausend gewesen sein, als er endlich die Wasser seines Mittelmeeres sah. In seiner Begleitung befanden sich seine Onkel, gute Seeleute. Nach langer Seefahrt hatten sie dem Khan von Persien die schöne mongolische Prinzessin Kogatun unversehrt abgeliefert. Mit Geschenken aller Art reich beladen, beschlossen sie, die Gefahr einer Reise durch Syrien, das damals von den feindlichen Ägyptern besetzt war, zu vermeiden; so kamen sie nach Trapezunt, wo sie auf einen freundlichen Empfang durch das Herrscherhaus der christlichen Komnenen, byzantinischen Kaisern, die durch den vierten Kreuzzug aus ihrem früheren Reich vertrieben worden waren, rechnen konnten.

Trapezunt lag nun hinter uns. In Richtung Erserum fuhren wir durch ein grünes Tal, in dem sich die feuchte Seeluft noch bemerkbar machte. Die Berghänge waren mit Haselnußstauden bedeckt, die regelmäßig wie Teesträucher angepflanzt waren. Hier und dort ragten die nüchternen Silhouetten griechischer Kapellen empor, anscheinend in den Bergen vergessen; sie hatten die einfachste Form: Kirchenschiff und Chor waren ein Würfel und ein Halbrund. Auf dem 2000 Meter hohen Zihanapaß war es so kalt und neblig, daß wir uns nicht begeistern konnten, obwohl vielleicht grade auf diesem Fleck einst Xenophon gestanden und über den Anblick des Meeres gejubelt hatte. Gümüsane, das nächstgrößere Dorf, ist wahrscheinlich das Gymnias der alten Griechen. Aber mit Recht schreibt Grote: »Mit auch nur annähernder Sicherheit den Weg festzulegen, den sie vom Euphrat nach Trapezunt zurücklegten, scheint fast unmöglich zu sein.«

Der Berg Techos, den die Zehntausend erstiegen hatten, konnte noch nicht bestimmt werden – vielleicht ist es der Berg neben dem Zihanapaß. Das war 402 vor Christus gewesen. Die Griechen hatten für Cyrus den Jüngeren gekämpft. Als er bei Kunaxa von seinem Bruder Artaxerxes Mnemon besiegt wurde, machten sich die Griechen auf den Heimweg und zogen nach Norden bis zum Schwarzen Meer. Von vierzehntausend erreichten neuntausend das Ziel. Der Umstand, daß sie sich durch so viele Hochgebirgsreiche ihren Weg erfolgreich hatten erkämpfen können, bestärkte Alexander den Großen in seiner Ansicht, daß er in Asien mit einem guten Heer sehr viel ausrichten könne.

Die Zehntausend litten heftig unter dem strengen Winter Armeniens, das sie im tiefen Schnee durchquerten. »Aus dieser Stadt Gymnias schickte der Beherrscher dieser Landschaft den Griechen einen Wegweiser, um sie durch das Gebiet seiner Feinde zu führen. Er kam hierauf selbst und versprach mit Verbürgung seines Kopfs, sie in fünf Tagen bis in eine Gegend zu führen, von wo aus sie das Meer erblicken sollten. Er übernahm nun die Leitung, und nachdem er sie in das gegen ihn feindlich gesinnte Land eingeführt hatte, forderte er sie auf, die Gegend mit Feuer und Schwert zu verwüsten. Hier sah man, daß seine Dienstfertigkeit aus dieser Absicht und nicht aus Wohlwollen gegen die Griechen entsprang. Am fünften Tage langten sie bei dem heiligen Berge namens Techos an, und als die ersten seinen Gipfel erstiegen hatten und das Meer erblickten, erhoben sie ein großes Geschrei. Xenophon und der Nachzug gerieten dabei auf den Gedanken, daß ein anderes feindliches Corps die Armee in der Front angreife, weil die Einwohner der mit Feuer verheerten Landschaft ihren Rücken bedrohten. Einige der letzteren waren von den Truppen des Nachzugs, der sie aus einem Hinterhalt angriff, teils niedergehauen, teils gefangen worden, und man hatte bei dieser Gelegenheit gegen zwanzig geflochtene Schilde, die mit ungegerbten rauhen Ochsenhäuten überzogen waren, erbeutet. Als nun der Lärm stärker wurde und näherkam und die nachrückenden Truppen immer den Vorderzügen, wo ein unaufhörliches Geschrei unterhalten wurde, im Laufe zueilten und letzteres sich im gleichen Grade wie die Anzahl der Soldaten verstärkte, so glaubte Xenophon eine wichtige Veranlassung voraussetzen zu müssen. Er schwang sich also aufs Pferd und sprengte in Begleitung des Lycius und der Reiterei zur Hilfe heran. Jetzt hörten sie sofort den fortlaufenden Zuruf der Soldaten: ›Das Meer! Das Meer!‹ Nun entstand ein allgemeines Laufen, auch beim Nachzuge; das Zugvieh und die Pferde wurden ebenfalls dahin getrieben. Nachdem nun alle den Gipfel erstiegen hatten, da umarmten sie wechselseitig sich, die Heerführer und Hauptleute unter Tränen. Und auf der Stelle trugen die Soldaten, ich weiß nicht auf wessen Befehl, Steine zusammen, errichteten einen großen Hügel und legten eine große Menge roher Häute und Stäbe und die erbeuteten Flechtschilde darauf.«*

Sie mußten noch in fünf weiteren Etappen durch die Länder der Makroner, Skythen und Kolcher ziehen, bevor sie Trapezunt erreichten. Unterwegs mußten sie vier Tage halt machen – sie waren betrunken oder benebelt von zu vielem Honig, den sie unterwegs gegessen hatten.

Bei unserer Ankunft am Abend war für uns Gymnias lediglich ein finsteres Dorf, vor dessen Gasthof einige Lastautos standen.

Müde von der langen Fahrt auf der lehmigen Straße mit den vielen glitschigen Kurven genossen wir den uns vorgesetzten Raki. Das starke Getränk spülte den unverkennbaren Petroleumgeschmack der gebratenen Leber hinunter. Nach Raki bestand von seiten der Chauffeure und Straßenarbeiter um uns große Nachfrage. Kaum waren wir in unser primitives Zimmer gestie-

* Xenophons Anabasis. Übersetzung von Dr. M. Oberbreyer.

gen, als ein Zaptieh erschien und unsere Pässe holte – bis er sie zurückgab, waren wir seiner Gnade ausgeliefert.

Am Morgen kauften wir einen Korb saftiger Äpfel, für die Gümüsane berühmt ist. Die Häuser dieses Bergdorfes (mit ihren Balkonen und schrägen Dächern könnte man sie fast als Chalets bezeichnen) verbreiteten eine Art von Ferienort-Atmosphäre. Es sollten die letzten europäischen Häuser sein, die wir zu sehen bekamen – bald würde es nur noch Lehmhäuser und flache Dächer geben. Und auch Berghänge bar jeglicher zarten Färbung; es gab nur Büschel rauhen Grases in gelblichen Flecken auf der grauen Erde.

Häufig kamen wir an der gepflasterten Karawanenstraße vorbei, und ich amüsierte mich, weil ich dann mehrere Male vergaß, daß ich in einem Auto saß, und meine Reaktionen die eines Begleiters der langsam marschierenden Karawane waren: Jetzt ist es Zeit, Brennholz zu sammeln für die baumlose Strecke vor uns, dachte ich allen Ernstes. Oder: Dort oben gibt es Weiden, auf denen die Tiere heute abend grasen können. Und morgen müssen wir so früh wie möglich aufbrechen, um noch vor der Dunkelheit über den Kop-Paß zu kommen. Unendlich viele Kaufleute waren über diese Straße gezogen und hatten an die Waren gedacht, die sie bald in ihre Heimat bringen würden: Seide und Türkise, Teppiche und Lapislazuli. Der Handel mit dem Orient bedeutete Reichtum, und heutzutage sogar noch mehr als zu den Zeiten, da Plinius schrieb: »... das Arabische Meer schickt uns Perlen, und nach den niedrigsten Schätzungen kosten Indien und Seres zusammen unser Reich jährlich ungefähr hundert Millionen Sesterzien (über 15 000 000 Fr.). Das kosten uns unsere Luxusbedürfnisse und unsere Frauen.«

Unser Roadster brauchte nur zwölf Stunden, um diese dreihundertfünfzig Kilometer lange Gebirgsstrecke zu bewältigen, während man sonst je nach dem Zustand der Lasttiere mit zehn bis vierzehn Tagen rechnen mußte. Aber ich erinnerte mich noch lebhaft an zwei Reisen mit Karawanen, die ich im östlichen Teil der Seidenstraße unternommen hatte: die endlos lange Wanderung durch die Weite menschenleerer Länder, durch Steppen, Felsschluchten und über Hochebenen, ab und zu durch Oasen und von Moskitos heimgesuchte Sumpfgegenden.

Dank häufigen Fahrten auf kleinen Schiffen habe ich mich nach

Seemannsart reichlich an den Wind gewöhnt, liebkosende Brisen oder drohende Böen erwecken in mir Gefühle, die sich eine Landratte nicht vorstellen kann. Ich bin froh, daß ich sehr jung schon von zu Hause fortging und der Spur des listenreichen Odysseus folgte, froh, daß ich auf dem Meer und in der Wüste gelebt habe, statt meinem Vater zu helfen, die seidige Weichheit der dicken Sealfelle zu lüften, Bündel von Silberfüchsen zu schätzen oder die letzten Pariser Modelle auszuprobieren – froh, daß ich das meiste vollbrachte, was ich mir vorgenommen hatte; ein für allemal wußte ich, wie kurzlebig die Freuden der Eitelkeit sind. Wie eine Spinne, die ihr Netz zwischen den äußersten Enden der Äste webt, hatte ich meinen Horizont erweitert – als hätte ich überall etwas von mir selbst Gesponnenes zurückgelassen, werde ich von dem direkt berührt, was längs dem weitgeschwungenen Faden meiner Erfahrung geschieht.

* * *

In einem breiten Tal liegt Baiburt, eine große Festung mit flammenfarbigen, zinnengekrönten Mauern und einem Dorf zu ihren Füßen. Wir bogen nach Süden über den Kop-Paß um. Kolonnen von vier bis sechs Lastautos begegneten uns; ihre Chauffeure, die Karawanenführer von heute, waren uns offensichtlich freundlich gesinnt. Wahrscheinlich hielten sie uns für reiche Müßiggänger und wären wohl überrascht gewesen, zu hören, daß wir uns gar nicht viel anders als sie dünkten; auch wir verdienten uns tagein, tagaus, eine Woche nach der andern, einen Monat nach dem andern, unser Leben am Volant sitzend. Nur befand sich unsere Lohntüte viel weiter entfernt als die ihre, und ihr Inhalt hing nicht von der Zahl zurückgelegter Kilometer ab, sondern von der Zahl vollgeschriebener Papierbogen!

Ein wilder Wind brauste über den von runden Bergen umgebenen Paß. In der Nähe des einsamen Rasthauses gingen wir zu einer Zementplattform, über der eine große Glocke aus hellem Metall hing; aus blauer Glasur erhoben sich im Relief hieratische Heiligenfiguren. Ursprünglich zum Gebrauch in einer russischen Kirche bestimmt, wurde sie nun geläutet, um Reisenden, die sich im stürmischen Winterwetter verirrten, wenn die Straße unter meterhohem Schnee vergraben liegt, den Weg zu weisen.

Von ihrer Höhe aus betrachten diese Heiligen unermüdlich Hunderte von Meilen eines unendlich eintönigen Landes, das zu alt ist, um noch wilde Gipfel aufzutürmen; hier, über dieser baumlosen gewellten Weite, trägt die metallene Stimme sehr weit. An einigen Gräten scheinen die geballten Wolken etwas von ihrer weißen Masse zurückgelassen zu haben – hartnäckige Flecken ungeschmolzenen Schnees. Mächtige tiefblaue Schatten formen das Land zu einem gigantischen Zusammensetzspiel. Tief Atem holend bemühte ich mich, diesen gewaltigen Anblick meinem Gedächtnis einzuprägen.

Beim Studium der Geschichte Armeniens, die voll Hader und Kampf ist, erhält man als ersten Eindruck den einer vom Alter geschwächten Atmosphäre – Armenien ist zwischen seinen mächtigen Nachbarn so aufgeteilt, daß man es das Polen des Nahen Ostens nennen könnte. Im Bronzezeitalter blühten reiche Niederlassungen in diesem Tal, das bereits sieben- oder achttausend Jahre vor Christus neolithische Siedlungen beherbergt hatte. Bevor die Perser das Land Alexander dem Großen überlassen mußten, war es von den Assyrern und sogar von den Heeren des Pharao Thutmosis III. erobert worden. Die Parther beherrschten es, dann kämpften die Perser darum – schließlich wurde es zur Beute des Römischen Reiches. Anno domini 415 wurde Theodosiopolis, das moderne Erserum, von Anatolius gegründet. Die Araber machten es den byzantinischen Kaisern streitig, bis die Seldschuken seine unbestrittenen Herren wurden. Dann kamen nacheinander die Mongolen des Dschingis-Khan, die Türken des Timur, und schließlich besetzten es die Ottomanen.

Am Fuß des Gebirges fuhren wir über den glitzernden Euphrat, der hier noch jugendlich klein über Kieselsteine dahinplätschert. Parallel mit ihm wurde die neue Bahn von Skutari nach Erserum gebaut – die Fahrt soll zwei Tage und zwei Nächte dauern.

Über das Pontische Gebirge, das mit dem Taurus das Anatolische Hochland umschließt, waren wir dorthin gelangt. Ein ähnlicher Gebirgsgürtel umgibt im Norden und Süden die persische Hochebene. Ein dritter großartiger Ring, der vom Kuen-lun und dem Himalaya gebildet wird, umsäumt Tibet. Im Geiste sah ich diese Folge von Hochebenen inmitten ihrer Felsengürtel; jeder von ihnen endet im Osten in einem gewaltigen Gebirgsblock, der ebenso gewaltige Ströme gebiert. Welch eindrucksvolles Reliefmuster hat die Erde hier dreimal wiederholt! Wir befanden uns in der Nähe des ersten dieser Knotenpunkte – Armenien, von kalten Winden gepeitscht, überragt vom über fünftausend Meter hohen Ararat; die Ströme dieses Landes gehören zu den drei weit auseinanderliegenden Sammelbecken: dem von Land umschlossenen Kaspischen Meer, dem Schwarzen Meer und dem Persischen Golf.

Die iranische Kette (die am Südostende des Zagros – Puscht-i-Kuh – eine Lücke aufweist) steigt im Elburs zu den 5670 m des Demavend empor und ist durch die Gebirge von Chorassan mit dem Hindukusch verbunden, der im Pamir endet. Aus jener mächtigen Bergbastion ergießen sich im Norden Flüsse nach Sinkiang und Russisch-Turkestan, im Süden nach Afghanistan und Indien. Ich habe den Tarim, den Syr-Darja und den Oxus gesehen, den Heri-rud, den Hilmend und den Kabulfluß. Fröhlich habe ich während Schneestürmen oder in sengender Mittagshitze in ihren Wassern geplätschert und habe sie lieben gelernt.

Die dritte gigantische Arena, Tibet, liegt hinter dem höchsten Gebirgszug der Erde verborgen. Im Osten dieses ungeheuren Landes, das noch teilweise sagenhaft ist, gibt es Felsformationen, das Ergebnis von Eruptionen und Verwerfungen, von einer Großartigkeit, die jede Vorstellungskraft übersteigen. Aus jenen zerklüfteten Massen stürzen sich Riesenströme zum Golf von Bengalen und dem von Siam, sowie nach dem Gelben Meer, in dem sich der Löß der Mongolei ablagert; bevor sie ihren verschiedenen Zielen zustreben, fließen sie eine Weile nebeneinander, in parallele Schluchten von solcher Wildheit eingezwängt, daß selbst sachliche Geologen darüber staunen.

Anatolien, Iran, Tibet – drei weite Hochebenen; eine beherrscht die andere, jede ist größer und höher als die vorhergehende, jedes Gebirgsnetz beherbergt Gruppen gänzlich verschiedener Rassen. Jedes dieser Länder ist so mannigfaltig, daß man mehrere lebenfüllende Reisen benötigte, um es gründlich kennenzulernen; jedes enthält so viel Schönheit, daß man dem Wesen nicht genug danken kann, das diese Mannigfaltigkeit geschaffen hat, die kein Menschenhirn hätte auszudenken vermocht.

9

BAJAZET

Ein Militärposten hielt uns an. Ein Offizier, der nur türkisch sprach, sprang in den Wagen, drückte jeder von uns eine dunkle Heckenrose in die Hand und verlangte unsere Kameras – Fotografieren ist verboten!

Nachdem wir uns durch die drei Tore Erserums (dem Argiron Marco Polos) gewunden hatten, stellte ich fest, daß sich die Stadt bereits verändert hatte: es gab Asphaltstraßen, Alleen, elektrische Drähte und sogar den Embryo eines Stadtparks. Doch die düsteren niederen Häuser, deren graues Mauerwerk von horizontalen Balken unterbrochen wird, säumten noch immer die Gassen – es war ein Wunder, daß die weit vorragenden, schweren flachen Dächer nicht auf die schlammige Straße stürzten.

Im führenden Gasthof – ›Hotel zur Republik‹ – veranlaßte man einen Geschäftsreisenden, uns sein Zimmer abzutreten!

Am Südhang des trostlosen Tales steigen die Mauern der Zitadelle inmitten von Trümmern empor. Kein Baum ist zu sehen. Wir sitzen zwischen einer einsam grasenden Kuh und dem schimmernden Bronzerohr einer alten Kanone und lauschen dem tiefen Schweigen. Ein Kind bepflastert die Mauer der rechteckigen Zitadelle mit Mistfladen. Die riesigen verwitterten Steinblöcke zeigen Spuren, die darauf hinweisen, daß sie einst zu schöneren und älteren Gebäuden gehört haben. Theodosiopolis war zur Verteidigung der östlichen Grenzprovinz des Byzantinischen Reiches gegründet worden.

Im Glanze der am Ende des Tales untergehenden Sonne scheint die Zitadelle eine Flammenmauer, die den Jahrhunderten Trotz bietet. Die dunklen Silhouetten der Minarette ragen über die düstere Stadt empor; im Schatten tödlich gelb wirkend, dehnt sich die Ebene in die Ferne, ein Regenbogen verbindet die beiden dunklen Seiten des Tales.

Als wir uns umdrehen, sehen wir einen scharfen Farbenkontrast: gegen einen rabenschwarzen Himmel schießen, von der

Sonne beleuchtet, die flammenden Säulen zweier Minarette aus einer blendend hellen Fassade empor; sie ragen über einem schmalen gewölbten Portal, in dem Türkisblau zwischen Steinspiralen schimmert – es ist die Chifteh-Minaré. Die edlen Formen, die reinen Linien der Steine mit den tief eingemeißelten Blattornamenten, den arabischen Inschriften und den doppelköpfigen Adlern sind von überraschender Schönheit.

Trotz der Zierlichkeit der Säulen herrscht im Innenhof eine strenge Atmosphäre; auf der einen Seite der leeren Fläche steht ein kleines Bauwerk, wahrscheinlich eine Liva, ein Kiosk für religiöse Studien.* Als ich vor Jahren die ernste Ulugh-Beg-Medressee in Buchara betrat, erweckte der tote, stille Hof einen ähnlichen Eindruck puritanischer Religion in mir; allerdings kann dieses Backsteingebäude aus dem Ende des fünfzehnten Jahrhunderts sich nicht mit der stolzen steinernen Chifteh des dreizehnten messen.

In einem einsamen kleinen Hof hinter der Chifteh liegt eines der Gräber, die ich so faszinierend finde: rund, mit einem konischen Dach, aus großen Steinen, schlicht mit runden Bogen und schnurartigen Ornamenten verziert. Die eingesunkene Basis dieses Monumentes wurde gerade freigelegt.

Als wir auf die holprige Straße treten, dröhnt drohender Donner aus den tiefhängenden Wolken. Aber mein junger Freund sitzt noch immer auf seiner Mauer. Vor einer Weile hatte ich, froh über den Anblick eines frischen Knabengesichtes in dieser vergessenen Vorstadt, ihn versuchshalber gefragt: »Parlez-vous français?« und er hatte schüchtern in derselben Sprache geantwortet. Er saß auf der Mauer seiner Schule. Da ich Einzelheiten über die Chifteh erfahren wollte, bat ich ihn, mich mit seinem Französischlehrer bekannt zu machen.

Vom Himmel ergießen sich Katarakte, und wir stürmen zum Seminareingang, wo uns unser neuer Freund empfängt. Bald sitzen wir am Schreibtisch des Rektors, Lampen und Tee in Gläsern werden gebracht, während über fünfzig größere Knaben uns umringen, jeder mit einer Frage auf den Lippen. Eine wunderbare

---

* Texier behauptet in ›Description de l'Arménie‹, daß dies das Grabmal des Gründers und das herrliche Bauwerk lediglich das Hospiz der Uhlu-Dschami-Moschee sei.

Stunde verbringen wir in dieser wißbegierigen Umgebung. Es erinnert mich an meine verzehrende Neugierde, die mich als Kind auf dem Schulweg zuweilen veranlaßte, Fremde auf der Straße anzuhalten und sie zu fragen, woher sie kämen.

Einer Legende zufolge soll der persische Schah Katuivah im dreizehnten Jahrhundert den Bau angeordnet haben, und er soll dort begraben sein. Auch wenn er kein Heiliger ist, möchte ich, daß dieser Schah von Persien in einem dieser strengen, runden Grabmäler ruhte, die mir so gefallen. Aber aus den Archiven geht hervor, daß der Bau im Jahre 1258 von Hundi Katun, der Tochter des Aladdin Keykubad des Großen, des Sohnes von Keykusru I., dem Seldschuken-Sultan von Konia, errichtet wurde. Im siebzehnten Jahrhundert wurde das Gebäude in eine Gießerei verwandelt, und während des russisch-türkischen Krieges von 1827 plünderten es die Russen in der Hoffnung, Goldbarren zu finden. Sie entdeckten aber nur alte Waffen, Helme, Schilde, Schwerter und chaldäische Inschriften. Die prächtigen Türen der Liva wurden zur Ausschmückung einer Kirche in Georgien mitgenommen.

* * *

Wir verließen Erserum enttäuscht: weder der Polizeichef noch der Bürgermeister erlaubten uns, die Chifteh zu fotografieren – das hatten wir davon, daß wir ohne Empfehlung reisten.

Armenien war kalt, eintönig und unvergeßlich, ein heftiger Wind raste über die weite Ebene, die zweitausend Meter hoch liegt. Der Sommer ist so kurz, daß Weizen in sechzig Tagen, Gerste in nur vierzig Tagen reifen muß.

Das silbern schimmernde Wasser des Aras schlängelt sich durch das hohe Tal gen Osten – bald wird es außer Sicht sein, nördlich des Ararat vorbeifließen, dann die Grenze zwischen Persien und Sowjet-Georgien bilden und schließlich im Kaspischen Meer enden.

Frauen zerkleinerten Weizen in einem Mörser. Eine von ihnen (sie zeigte ein eindrucksvolles falsches Gebiß) machte sich über meine bloßen Beine lustig, die trotz des Sommers vor Kälte blau angelaufen waren. Sie kniff sie, zeigte mir ihre weiten Pluderhosen und empfahl mir, ihre Mode nachzuahmen! Der traditionellen türkischen Art gemäß hatte eine andere Frau ihre Augenbrauen mit Ruß zu einer schwarzen Linie verbunden, aber ich hielt sie für eine Armenierin oder Kurdin, weil sie eine runde Platte unter ihrem Kopftuch trug. Jede dieser drei Hexen hatte über ihren gelbroten Gewändern eine Schürze um Hals und Taille gebunden; darunter schienen ihre Röcke geteilt zu sein, um das Reiten zu erleichtern.

Wir waren allein auf der Straße außer einigen ›Nachtigallen‹ – Ochsenkarren, deren Räder aus einem einzigen Holzblock geschnitzt sind. Sie kriechen im Schneckentempo einher, ihre kreischenden Achsen hört man auf weite Entfernung. Die ehrwürdig-historische Atmosphäre des Landes wird noch betont durch die gebuckelte Brücke von Koprikoi, die vor über siebenhundert Jahren von den Seldschuken gebaut wurde. Auf einem nahen Feld ziehen wie in den alten Tagen fünf Paar Ochsen einen Pflug, der aber die rote Sowjetfabrikmarke ›Krasni Sawod‹ trägt.

Selbst im Sommer ist dies eine melancholische Landschaft – ich schauderte bei dem Gedanken, wie es hier im langen Winter sein muß. Die erste Strophe des Vendidâd scheint dazu zu passen, in der Ahura Mazda zu Zarathustra sagt:

»Ich habe jedes Land seinen Bewohnern lieb gemacht, selbst wenn es gar keinen Reiz besitzt. Hätte ich nicht jedes Land seiner Bevölkerung lieb gemacht, selbst wenn es keinerlei Zauber besäße, dann hätte die gesamte Menschheit den Airyana Vaego (das Paradies Zarathustras) überfallen.«*

Es war höchst passend, daß es tagein, tagaus in Strömen regnete, denn wir befanden uns in der Nähe des Ararat, auf dem die Arche Noah nach der Sintflut gelandet sein soll. Aber diese Stürme entsprachen nicht der Jahreszeit. Die Armenier machten sich Sorge wegen ihrer Ernte, und wir hatten Angst wegen des Weges in der Nähe der Grenze, da dort die Straße noch nicht gebaut war.

Wir kamen bei Taslitschai vorüber, wo ich vor zwei Jahren, von Maku kommend, eine höchst unruhige Nacht verbracht hatte. Infolge der jämmerlichen Straße war eine Wagenfeder gesprungen, ägyptische Finsternis herrschte, als ich im Schlamm herumstapfend nach einer Unterkunft suchte. Da ich nicht mehr ein noch aus wußte, schrie ich inmitten der Finster-

---

* J. Darmesteter. Zend Avesta.

nis auf einmal verzweifelt: »Qui parle français par ici?« Eine akzentfreie Stimme bot mir in der Nähe ein Quartier an, und es wurde mir von einem halben Dutzend Straßenbauingenieuren in ihrem Schlaf-Wohnraum ein wunderbarer Empfang bereitet. In ihrem ›Wilden Osten‹ festgenagelt, fühlten sie sich wie Verbannte, die endlich Besuch von der Außenwelt erhalten: Raki floß in Strömen, von den Klängen eines krächzenden Grammophons begleitet wurde Kaffee bereitet, und der wacklige Raum zitterte bald, als wir den Takt schlugen zu dem Lied:

Trink, trink, Brüderlein, trink!

Der Chef dieser Bauabteilung hieß Adnan Bey. Er sagte mir, daß bereits im Oktober der starke Schneefall die Einstellung ihrer Arbeit erzwang. Im Winter herrschte häufig eine Kälte von fünfzig Grad unter Null – Armenien ist trotz seiner relativ südlichen Lage einer der Kältepole der Erde.

Jetzt, da ich wieder durch diese Gegend fuhr und annahm, Adnan Bey arbeite noch immer hier, erwartete ich bei jeder Kurve, ihn wiederzusehen.

Da ein neuer, der Arche Noah würdiger Sturm das Tal bedrohte, machten wir bei einem einsamen Polizeiposten halt. Rauhe Männer in hohen Stiefeln und Lederjacken campierten dort. Es waren Straßenarbeiter, deren Essen wir teilten. Wir verständigten uns mit ihnen auf Russisch, da einer von ihnen ein Georgier aus Batum war. Obwohl alt, fühlte er sich noch ›zu kräftig‹, um sich schon zur Ruhe zu setzen. Sein Sohn hatte eine Garage in Trapezunt, seine Tochter (stolz zeigte er uns ihr Foto) studierte in Paris Medizin, und er sandte ihr regelmäßig Geld.

Unser neuer Freund Tschoruk trug den Namen des Flusses, der zwischen der Türkei und Batum fließt. Er hatte in ›Peterburg Mechanik studiert‹, war in Persien Chauffeur eines russischen Generals gewesen, und war jetzt Meister der zweiundzwanzig ›Zylinder‹, der Dampfwalzen dieses Bausektors.

Der rauhe, joviale Geselle setzte sich am nächsten Morgen an den Volant unseres Ford und fuhr uns über die jungfräuliche Straße, die noch immer für den Verkehr gesperrt war. »Sie sind meine Gäste; solange Sie auf meiner Straße sind, muß ich mich um Sie kümmern«, erklärte er. Und als wir ein Flußbett überqueren wollten und der Wagen im Sand stecken blieb, pfiff er einige Leute herbei, die wie im Märchen zwischen dem Schilf auftauchten. Bei jedem Satz brauchte er die Worte ›meine Straße‹ oder ›meine Tochter, die Straße‹, stolz darauf, daß sie so kostspielig war – ungefähr zweitausend Pfund Sterling pro Kilometer – und so viele Menschen zu ihren Diensten hatte.

Im Nordosten sahen wir nun ganz für sich in der weiten Ebene die ungeheure kegelförmige Masse des Ararat, daneben den Kleinen Ararat; der Gipfel des riesigen Berges war aber von Wolken verhüllt. Was für ein großartiger Tag war es für die wiedergeborene Menschheit, als Noah von diesem von der großen Flut aufgeweichten Berge niederstieg – ein neues Leben wurde auf einem leeren Blatt begonnen! Wird das je wieder geschehen? Werden wir alle untergehen mit Ausnahme von einem, der versuchen wird, dort, wo Noah versagt hatte, Erfolg zu haben?

Die Ebene war mit verbogenen Schienen und ausrangierten Lokomotiven – wie im Gras vergessenes Spielzeug – übersät, Reste der Eisenbahnlinie, die die Russen während des ersten Weltkrieges erbaut hatten. In dieser Gegend, in der auch die leisesten Ansätze einer Industrialisierung fehlen (und Bäume eine Seltenheit sind), dienen Eisenbahnschienen als Bohlen, Balken, Türrahmen, Pfosten, Gartengeländer und Kriegerdenkmäler. Hier und dort ersetzten alte Dampfkessel Grabenübergänge.

Durch die Unendlichkeit dieses trostlosen Landes kamen wir jetzt nach Neu-Bajazet; die Würfel der wenigen Häuser ragten über Ochsenwagen und Lastautos und Haufen von Lehmziegeln empor, die gerade geformt worden waren.

Im Süden stand hoch auf einem Felsen die stolze Burg von Alt-Bajazet, die die düstere Steppe beherrscht; ihr Minarett, einem Leuchtturm gleich, schaute nach den herankommenden Fluten wilder Barbaren aus. Vor zwei Jahren hatte ich den gleichen Anblick gehabt und hatte seitdem in der Ferne stets mit Sehnsucht an diese Burg gedacht. Immer hatte sie mich wieder angelockt.

Einige Türken begrüßten uns und führten uns in ein Zelt, wo uns bald Pilaw vorgesetzt wurde. Ich fragte meinen Nachbarn, wo Adnan Bey sei, worauf er mir erklärte, er selbst sei Adnan Bey und habe mich sofort erkannt! (Ich bin mir wahrhaftig selten so dumm vorgekommen.) Adnans Straßenbau war in zwei Jahren hundertvierzig Kilometer vorangekommen. Er setzte mir auseinander, daß die Perser sich sehr für seine Straße interessierten, da sie eine kürzere Verbindung mit Europa schaffte; bis jetzt mußten sie den Umweg durch Syrien oder über den Kaukasus machen. Die Russen wußten das und deshalb hatten sie für den Transport der Schienen, die die Perser so dringend benötigten, von Batum her einen so hohen Preis verlangt, daß der Schah sich geweigert hatte, ihn zu zahlen. Daher mußte man nun die Schienen über den Irak transportieren; auf der fast tausend Kilometer langen Straße Trapezunt–Täbris konnten sie noch nicht befördert werden.

Die Transanatolische Eisenbahn geht nun im Osten bis Erserum, und die iranische Linie nach Täbris wird bald fertiggestellt sein; so ist es wahrscheinlich, daß diese beiden Städte eines Tages durch eine Bahn miteinander verbunden werden. Dann wird Teheran der Endpunkt des südosteuropäischen Eisenbahnnetzes sein.

* * *

Tschoruk fuhr den Wagen nach Alt-Bajazet über die acht Kilometer lange steile Straße, die oft nur aus Felsen bestand, welche von jahrhundertelangem Gebrauch geglättet waren. Felsen umrahmten auch die Stadt – Felswände mit wunderschönen roten und grünen Streifen. Aber immer wieder wurde das Auge von dem Bergvorsprung mit der alles beherrschenden Burg angezogen, deren Minarett unentwegt zum Himmel weist – ein mohammedanisches Montserrat, stolz und einsam inmitten der armenischen Berge.

Wir ließen den keuchenden Wagen in dem kleinen Dorf stehen und spazierten weiter, von einer deprimierend wirkenden, in Lumpen gekleideten Bevölkerung umgeben. Die Männer waren groß, hager, hatten traurige Gesichter. Nur ein Knabe war gut gekleidet – seinem Vater gehörte der einzige grüne Erdstreifen, den wir zu sehen bekamen, ein ummauerter Garten auf halber Höhe der Schlucht; der Knabe besuchte das Seminar in Erserum und konnte etwas Französisch.

Wir kamen zum Fuß der riesigen Mauer jener rötlichbraunen Festung, die aus peinlich genau zusammengefügten Steinblöcken bestand und dreihundert Zimmer enthalten habe – alle jetzt verfallen. Im Innern fand ich keine Spuren von glasierten Backsteinen, das einzige Fantasiegebilde waren schwarze und weiße Platten, schachbrettartig an den Wänden eines Audienzsaales mit großen Fenstern angebracht. Ich freute mich über die Einfachheit der Höfe, die durch Torbogen miteinander verbunden waren. In die Mauer eingemeißelte Blätterfriese verliehen dem Ganzen den Eindruck von Pracht, und Rinnen in den Höfen zeigten, daß die Burg früher vom Gebirge her reichlich mit Wasser versorgt worden war. Das Gewölbe der riesigen Küche wies zwei große Bogen auf, die sich mit zwei andern kreuzten, also ein doppeltes Kreuzgewölbe.

Die Moschee hatte eine vom Alter rotbraun getönte steinerne Kuppel, von der neunzig Stufen zur Spitze des Minaretts führten. Der Blick von dem winzigen runden Balkon, der im heftigen Wind bebte, war überwältigend. Jenseits der elenden Hütten zu unseren Füßen dehnte sich die unermeßliche Ebene, wie in Ehrfurcht erstorben vor der gewaltigen Pracht des schneebedeckten Ararat. Neben uns erhob sich ein roter Felsenwall, der von den Zinnen kühn angelegter Festungen gekrönt war, und davor gähnte das viereckige Tor eines Grabmales, ähnlich denen in Persepolis, als wolle es uns daran erinnern, daß wir uns in Asien befanden; zu beiden Seiten des Tores aber waren zwei bärtige Männer in den Stein gehauen, die Assyrern glichen. Mühsam kletterte ich dorthin und sah dann, daß das Grab völlig leer war. Ich konnte mich nur fragen, wer wohl in der Mauer dieses Adlerhorstes hatte begraben sein wollen.

Voller Eifer, Bajazet zu erkunden, ruhten wir nicht, bis wir unter den protestierenden Schreien der Dohlen den Gipfel des Felsens erreicht hatten. Von dort aus schien der Palast zwischen Felsen, die bar jeglicher Vegetation waren, auf der gleichen Höhe mit den Häusern des Dorfes zu stehen. Wir überlegten uns, von wo aus die Kanonenkugeln, die die Burg beschädigt hatten, abgefeuert worden waren. Schließlich kletterten wir, fast purzelnd, zurück und landeten bei einer schlichten Moschee – ein Minarett neben einem Würfel mit einer Kuppel –, die uralt zu sein schien. An die Mauer gelehnt betrachteten wir den Sonnenuntergang.

Wenn ich mich in einen Ort verliebe, will ich wissen, wer ihn gegründet hat, wer darin gewohnt, wer darum gekämpft hat. Ich überlegte, wer sich diese steinernen Zypressenreliefs, Symbole der Unsterblichkeit, ausgedacht haben mochte, die Kartuschen in den Bogen über den viereckigen Fenstern, wer den flachköpfigen Löwen, dessen hocherhobener Schweif sich durch Zweige und Früchte windet, die Balkonstütze in Form eines überlangen Windhundes über einer Konsole mit einem menschlichen Angesicht.

Die Festung war von dem osmanischen Sultan Yildirim Bajazet zur Verteidigung gegen die ehrgeizigen Ansprüche Timur Lenks, des Kaisers von Samarkand, erbaut worden. 1402 wurde der Sultan bei Angora von Timur besiegt und gefangengenommen; ein Jahr danach starb er in der Gefangenschaft.

Im Jahr 1805 sandte Napoleon einen französischen Offizier namens Jaubert in einer Geheimmission nach Armenien, den Mahmut Pascha, ein Kurde, festnehmen ließ; Mahmut herrschte in Bajazet ›in einem Palast (neben der alten Festung), dessen Luxus alle Besucher erstaunte‹. Der tyrannische Pascha starb bald an Cholera, der Jaubert auch beinahe zum Opfer gefallen wäre. Er fand aber einen Geheimgang zum Dienstbotenquartier des Harems und konnte entweichen.

Ein Reisender, J. Brant, schrieb 1835, der Palast von Bajazet sei der prächtigste in ganz Anatolien. Ein anderer erwähnt die mit vergoldeten Arabesken verzierten Salons, die seltenen Möbel, die kostbaren Teppiche und Kunstgegenstände. Die Moschee, nach Belhul Pascha, dem Sohn Mahmuts, benannt, war berühmt für ihre schönen Proportionen und ihre Marmorkolonnaden.

Die Russen eroberten Bajazet in jedem der drei Kriege, die sie im neunzehnten Jahrhundert gegen die Türkei führten.

* * *

Der Ararat lag in seiner ganzen Breite vor uns; Gebirgsbäche unterbrachen ab und zu mit glitzernden Flittern das Dunkel seiner Hänge. Wir fühlten uns am Ende einer Welt – eine neue Welt mußte bald beginnen. Man muß aber Maku gesehen haben, das Gegenstück zu Bajazet in der Schlucht, die nach Persien führt, um die volle Bedeutung der beiden Festungen zu erkennen.

Als wir aufbrachen, wurden wir durch den georgischen Knaben wieder in die Wirklichkeit zurückversetzt. »Ihr müßt euch mehr Ruhe gönnen«, sagte er mir, »Ihr Sohn ist sehr müde!«

Ein beißender Geruch von verbranntem Dung schwebte über Bajazet, als wir den Ort noch in der Abenddämmerung verließen. Wir diskutierten diesmal nicht, ob die Armenier oder Türken Nachkommen der Hettiter seien, sondern überlegten nur, an welchen Stil der Erbauer des Palastes gedacht hatte.

10

ASERBEIDSCHAN

Wir krochen die etwa fünfzig Kilometer lange miserable Straße von Bajazet nach Bazergan. Die Grenzposten hatten sich nicht geändert: im türkischen sah ich eine ausgehungerte Katze und eine stillende Mutter mit dem hohen Kopfschmuck, der an Turkestan erinnert; sie kauerte genau wie damals bei einem Haufen getrockneter Dungfladen, aber ihr Kind war inzwischen merklich größer geworden, und derselbe Schwachsinnige spielte mit einem aus Rüben geschnitzten Wägelchen, dieselben Filzmatten waren an einer Mauer zum Trocknen aufgehängt.

Im persischen Posten, einer Art Schulsaal, fürchteten wir, daß wir nicht weiterreisen dürften. Der Beamte mußte sehr zu seinem Ärger zugeben, daß er nicht wisse, was er mit einem Triptyk und einem Carnet de passage anfangen solle. Christina machte daher die Eintragungen in seinem Buch, und wir sahen dabei, daß unser Wagen der zweite war, der Persien auf dieser Straße betrat.

Dann entdeckte unser Mann, daß unsere Visen vom ägyptischen Gesandten in Paris ausgestellt worden waren; es wollte ihm gar nicht in den Kopf, daß jener Diplomat den iranischen Gesandten, der auf Urlaub gegangen war, vertreten hatte. (Diplomatenpässe können nur von einer Gesandtschaft ausgestellt werden.) Ich, mit meinem gewöhnlichen Paß, hatte mich an den iranischen Konsul gewandt und erfahren, daß im Augenblick keine Visen erteilt würden. Als letzten Ausweg hatte Christina meine Papiere zum ägyptischen Gesandten gebracht, damit er beide Visen ausstelle, da sie nicht ohne mich reisen konnte. Auf diese Weise hatten unsere Pässe die nötigen Stempel erhalten.

Von unseren Erklärungen überzeugt, beschloß schließlich unser Grenzkommissar, uns passieren zu lassen. Doch erschöpft durch unsere rednerische Leistung, waren wir nicht mehr imstande, unser europäisches Geld richtig zu zählen (der Betrag mußte im Paß eingetragen werden). Dieser Irrtum, der aufgedeckt wurde, als wir das Land verlassen wollten, sollte uns eine Stunde unangenehmer Spannung einbringen.

Wir rollten nun dem Maku-Paß zu.

Wie Theaterkulissen flankierten zwei rosafarbene Felsen den Gebirgspaß, den nicht einmal Timur hatte erobern können, obwohl es ihm gelungen war, Festungen wie Wan, Erserum und Bajazet zu bezwingen. Später beschloß der große Schah Abbas, den Khan von Maku unschädlich zu machen; das war ein Räuberhauptmann, der ungestraft durch seine Wegelagereien den vom Schah geförderten Handel lahmlegte. Der Schah kam persönlich, als Kaufmann verkleidet, an der Spitze einer Karawane von viertausend Kamelen, die jedes zwei Kisten trugen, in denen je ein Soldat versteckt war, und bat den Khan, seiner Karawane während der Nacht in der Felsschlucht Unterkunft zu gewähren. Der Khan willigte ein, und als alle Kamele herangeführt waren, sprangen die Soldaten aus ihren Kisten und eroberten den Platz.

Während Bajazet von seinen Felsen aus nach Norden blickt, verstecken sich die flachen Häuser Makus in der Mulde auf halber Höhe des Südhangs eines Berges, den die Sonne nie lange bescheint. Jede dieser beiden Ortschaften ist auf ihre Art erstaunlich. Beide hatten die mittelalterlichen Daseinsbedingungen erfüllt, den Einwohnern Unterkunft zu gewähren und für ihren Schutz zu sorgen. Heutzutage haben sie sich aber den Forderungen des modernen Handels angepaßt und verlegen ihre Hütten in buntem Durcheinander mehr und mehr vom Berg zur Straße hinab.

Obwohl es erst halb sechs Uhr nachmittags war, beschlossen wir, ohne daß ein besonderer Grund vorlag, in Maku zu übernachten.

Kaum hatten wir den Gasthof erreicht, als aus einem blauen Himmel der heftigste Sturm hervorbrach, den ich bisher erlebt hatte. Nach Einbruch der Dunkelheit tobte der Sturm noch weiter. Unaufhörlich erleuchteten Blitze unheildrohende violette Wolken und ganze Wasserfälle, die von den Felsen herunterprasselten. Ich weiß nicht, was furchterregender war, das Getöse dieser neuen Sintflut oder der Anblick des weißen Kataraktes, der aus einer Höhe von sechshundert Meter auf das dunkle Dorf herabstürzte.

Bald war unser Hof ein tiefes Wasserbecken geworden (das Haus lag am Fuß des Abhangs, wo die Schlucht flach wurde).

Das reißende Wasser, das Schreien der Menschen, das Dröhnen des Donners, das Poltern der Lawinen vereinten sich zu einem mächtigen, erschreckenden Toben. Aufgelöste, triefende, schmutzige, kreidebleiche Gestalten, die Hosen bis über die Knie aufgerollt, drangen bald in das Wirtshaus ein. Sie jammerten, daß sie alles verloren hätten; ein Strom von Geröll füllte die Hauptstraße des Dorfes bis zu zwei Meter Höhe aus. Hammam und die Moschee waren als erste eingestürzt. Kühe waren teils verschüttet, teils fortgeschwemmt worden.

Inzwischen hatte der Sohn des Wirtes, ohne sich durch die Katastrophe stören zu lassen, sich meiner Füllfeder bemächtigt und schrieb nach meinem Diktat die französische Übersetzung seiner langen Liste persischer Wörter. Die neue Straße würde einen Strom von Reisenden nach Maku bringen, und er wollte dafür gewappnet sein. Er saß unter der von einem grünen Schirm bedeckten Petroleumlampe, bei deren Schein mir seinerzeit ein steifer Deutscher erklärt hatte, Hitler sei der einzige lebende Staatsmann, der sich nicht fürchte, die Wahrheit zu sagen!

Endlich hatte sich der Sturm gelegt, und es war Ruhe eingetreten, als wir uns in unsere Betten mit den eingedrückten Sprungfedern begaben – um Sandflöhe über dem Leintuch und gewöhnliche Flöhe darunter zu bekämpfen.

Im Licht des neuen Tages hoben sich die Felsen herrlich rot gegen einen tiefblauen Himmel ab. Wir bahnten uns den Weg durch das Dorf, wo zwischen geborstenen Mauern und umgestürzten Gestellen die Einwohner ihre armseligen Hausgeräte und Kornvorräte zu retten suchten. Der Bürgermeister hatte beschlossen, die Häuser nicht an ihren bisherigen Standorten wieder aufzubauen, sondern weiter unten neben der neuen Straße – der Himmel hatte diese Änderung beschleunigt …

Wir schlenderten unter dem überhängenden Felsen herum und versuchten, sein Geheimnis zu ergründen. Maku ist berühmt für seine riesige Höhle, die eine Spannweite von dreihundertsechzig Meter besitzt, sechzig Meter breit und zweihundertfünfzig Meter tief ist.

Immense Kornspeicher und Raum für dreitausend Mann sollen im Innern vorhanden sein; in den Felsen sind in einer unbekannten Sprache Inschriften gemeißelt. Der Besitzer dieser Bergfeste mußte den Eid leisten, niemals Fremden zu gestatten, das Innere zu betreten und die Höhle anzusehen.*

Es gelang uns, ein großes bewohntes Haus mit zwei mit Fliesen belegten Höfen von schönen Ausmaßen zu betreten; alles war verfallen, aber Reste von Springbrunnen und Blumenbeeten sprachen von vergangener Pracht. Von den Vorderzimmern aus hatte man einen weiten Blick auf das Amphitheater. Man fühlte sich den Adlern nahe, die um die Felsen schwebten.

* * *

Der Mahu-Paß ist nicht nur eine Landes-, sondern auch eine Naturgrenze. Jenseits davon gibt es keine Wolken, keinen Regen, keine Berge mehr, sondern welliges Land, offen, fruchtbar, sonnig. Anstelle der Inschriften mit lateinischen Buchstaben, die in der modernen Türkei eingeführt sind, sieht man nur noch die schwungvollen Linien des arabischen Alphabets. Die winzigen Tassen mit sirupsüßem Kaffee werden durch große Gläser mit Tee ersetzt, und es gibt keine Ochsen und keine Karren mehr – von Maku bis nach China hallt ganz Zentralasien von den krampfigen Iah-Schreien des Esels wider.

Keine Frauen mehr in Nationaltrachten oder Männer mit weiten Hosenböden und wurstgleichen engen Hosenbeinen. Kein einziges Steinhaus mehr, nur noch Lehmmauern und Dächer aus Flechtwerk. Überall die Anzeichen eines holzarmen Landes – Dungfladen kleben an den Mauern. Außer in Städten findet man keine verschließbaren Türen oder Fenster – ein Privatleben gibt es nicht. Niemand würde verstehen, was man damit meint oder warum man sich das überhaupt wünscht – obwohl man sich im Lande des Anderun, des separaten Frauengemachs, befindet. Man gehört seinem Gastgeber – seine Familien und seine Nachbarn wollen alles, was man besitzt, sehen und berühren. Man lernt bald, sich dem wohlwollend zu fügen, und sagt sich, daß es der einzige Kontakt ist, den Reisende mit Persern gewinnen können, da ihre zivilisierten Landsleute in Teheran aus Angst, sich zu kompromittieren, einen meiden, so wie die Russen in Moskau oder die Japaner in Japan.

---

* Oberstleutnant C. M. MacGregor: *Central Asia,* Kapitel IV.

Was die persischen Gendarmen anbelangt, so zeigen sie zu viel Interesse für die Genealogie eines jeden, als daß sie wirklich charmant sein könnten. Das Wasser in den Ziehbrunnen ist oft zu salzig; um den Körper oder den Magen daran zu gewöhnen, wird der Genuß von rohen Zwiebeln mit Molken empfohlen. Und die Millionen von Fliegen sind viel zu zudringlich und zu liebebedürftig. Aber wenn man erst einmal über diese kleinen Unannehmlichkeiten erhaben ist, dann gehört einem Persien.

Die Straße, die sich um viele Hügelkuppen windet, brachte uns zu einem Fluß. Ängstlich überquerten wir ihn: die Tiefe des undurchsichtigen blutroten Wassers ist nicht zu schätzen. Weit, sehr weit in der Ferne war das Hochland von blauen und lederbraunen Bodenwellen begrenzt.

Nun ließen wir die Landschaft hinter uns, in der einen rote Dörfer an den fernen Atlas erinnern.

In Choi hielt der Gendarm mich für die Dame mit dem Diplomatenpaß, während er Christina als meinen Chauffeur ansprach!

Das grüne Marand war sogar noch schöner als ich es in Erinnerung hatte. Mit seinen weißgetünchten Häusern und den jungen Pappeln, die so biegsam wie helle Birken wirken, hätte es ein reiches ukrainisches Dorf sein können. Noahs Frau soll angeblich dort begraben sein; wir versuchten jedoch nicht, diese Sehenswürdigkeit aufzusuchen. Aber viele Sagen und Fabeln sind in diesem Teil der Welt zu Hause; wir fanden, daß Aserbeidschan ebenso alt aussehe wie Armenien, aber nur die müden niederen Hügel kommen einem *erfreulich* alt vor. Wir hatten den großen Ararat bewundert; im Kloster Etchmiadsin, an dessen Nordhang wird einem ein Stück Holz gezeigt, das von der Arche Noah stammen soll. Auch wird erzählt, Noah sei in Naksiwan, der ältesten Stadt der Welt, begraben. Doch der Ruhm des Ararat wird von den Mohammedanern streitig gemacht: sie behaupten, die Arche Noah sei auf dem Berg Dschudi im Irak gelandet, wo seitdem Derwische eine Lampe ständig brennend halten. »Einer Tradition zufolge landete die Arche auf einer Bodenerhebung bei Kerbela – nicht auf dem Berg, der von den Armeniern fälschlicherweise Ararat genannt wird«, schreibt Sir Arnold Wilson, und er fügt hinzu, daß diese Feststellung von Sayce aus Cambridge bekräftigt werde. »Jesirah ben Omar ist eine Insel im Tigris am Fuß des Berges Ararat, vier Meilen von der Stelle entfernt, wo die

Arche Noah landete. Omar Ben Al-Khataab holte die Arche vom Gipfel der zwei Berge und machte eine Moschee daraus.« (Reisen des Rabbi Benjamin von Tudela, 1160–1173.)*

Und Zarathustra, einer der größten, die auf unserer Straße einhergezogen sind, wurde in Medien geboren, vielleicht nicht weit von da, wo wir eben waren. Er war predigend bis nach Ghasni im Süden von Kabul gekommen. Im zwölften Jahr seit der Erneuerung dieses Glaubens hatte er König Vischtaspa von Balch bekehrt, der die Anfertigung von zwei Abschriften dieser heiligen Schriften befahl.

Nicht weit von unserem Marand hatte Zarathustra in seinem dreißigsten Jahr, als er am Ufer des Vanguhi-Daitya, eines Flusses in Aserbeidschan, saß, eine Offenbarung von Vohu-Mano, dem Geist der Weisheit, dem iranischen Logos, empfangen. Dieser Fluß, der nördlich von Choi fließt, ist der Aras, den wir weiter oben in Armenien gesehen hatten. Das Paradies Zarathustras, der Eran-Veg oder Airyana-Vaego mit dem heiligen Berg, wo Ahura-Masda seine Fragen beantwortete, befand sich ebenfalls hier in der Nähe. Und in diesem Eran-Veg geschah es, daß der Schöpfer Ahura-Masda zu dem guten Schafhirten Yima sagte:

»Es wird eine Zeit kommen, da die Erde durch die Schneefälle und die Regen dreier langer Winter verwüstet werden wird.« Um seine Erde mit höherstehenden Rassen wieder zu bevölkern, wird Yima befohlen, einen unterirdischen Palast zu erbauen, den Var des Yima, in welchem die besten Arten von Menschen, Tieren und Pflanzen leben sollen; und wenn die schlimmen Tage vorüber sind, sollen diese Menschen die Tore des Var öffnen und von neuem die Erde bevölkern.«

»Es soll keinen Buckligen geben, keinen Lahmen, keinen Zeugungsunfähigen, keinen Irrsinnigen, keinen Bösartigen, keinen Lügner, auch keinen Gehässigen, keinen Eifersüchtigen, keinen mit verfaulten Zähnen, keinen Aussätzigen, nicht einen einzigen mit dem Schandmal, mit dem Angra-Mainyu die Körper der Sterblichen zeichnet.«**

Es heißt, daß Yima diese Befehle ausgeführt habe. Wenn ich mir aber unsere böse Welt anschaue, frage ich mich, was denn ge-

---

* Komroff: *Contemporaries of Marco Polo.*

** J. Darmesteter. Zend Avesta.

schehen sein kann. Wurde der Schöpfer getäuscht oder hatte Yima einen Fehler begangen? War es vielleicht so, daß der ›gütige Yima‹ zu gütig gewesen war und seinen besten Freund in den Var hereinließ, der einen verfaulten Zahn hatte und daher auf Yima eifersüchtig war, so daß all der Jammer von neuem begann?

Die letzte Bemühung, ein kleines Paradies zu schaffen, wurde im Elburs-Gebirge, das wir bald sehen sollten, unternommen. Im elften Jahrhundert eroberte ein Freund von Omar Chaijam, ein Schia-Gelehrter namens Hassan ibn Sabbah, Herrscher der Ismailiten, die Burg Alamut des Seldschuken-Schahs Melik Dschelal ad-Din. Hassan wurde dann als der ›Alte vom Berge‹ bekannt und war der erste Großmeister jener Sekte von Fanatikern; dort wurde seinen ergebenen Assassinen oder Haschischessern ein Zipfel vom Himmel gegeben. Dieser Garten Eden wurde im folgenden Jahrhundert von Hulagu, dem Mongolen-Ilkhan, zerstört.

»Der dritte Großmeister, al Kabir bi Akham Allah Hassan, bestieg im Jahre 1164 den Thron und proklamierte die große Auferstehung. Seinen Anhängern befahl er geistige Anbetung und beschränkte passenderweise die Bedeutung des ›Zahir‹ (die Sheria) auf diejenigen, die erlöst wurden und in das geistige Paradies eingetreten sind. Dieser paradiesische Zustand der Gläubigen ist wahrscheinlich die wirkliche Grundlage der bekannten Legende von dem Garten, der von Hassan ibn Sabbah auf den kahlen Felsen des Alamut angelegt wurde, um das Paradies nachzuahmen und seine Anhänger zu täuschen.«*

Dieser dritte Großmeister war ein Nachkomme Nizars. Von ihm und dem achten Großmeister Ruknal-Din-Kurschah stammt der jetzige Aga Khan ab; soweit ist er der erbliche Stellvertreter Ismails des siebten und letzten geoffenbarten Imam. In dieser Sekte der sieben Imame wird geglaubt, daß das Amt des Imam von nun an von einem nicht geoffenbarten Imam bekleidet werde, der durch Ismail von Ali abstamme.

* * *

Von der Arg, der Zitadelle, blickten wir hinunter auf Täbris, ein weites, von einem dunklen Kreis von Gärten umgebenes Häuser-

---

* Encyclopedia of Islam. Ergänzungsband, Artikel *Ismailiya.*

meer inmitten einer gelben Wüste. Am Horizont stiegen vielfach eingeschnitten Hügel empor, deren Rot beim Sonnenuntergang strahlend und prächtig wurde. Mich interessierte, was Marco Polo über die ›große und hochedle Stadt‹ Täbris geschrieben hatte: »Die Kaufleute, die sich mit dem Handel mit fremden Ländern befassen, erlangen großen Reichtum, aber die Bevölkerung der Stadt ist im allgemeinen arm. Sie setzt sich aus einer Mischung verschiedener Sekten und Völker zusammen: Nestorianer, Armenier, Jakobiten, Georgier, Perser und den Anhängern Mohammeds, die die Mehrzahl bilden und Taurisier genannt werden. Jeder Volksteil hat seine eigene Sprache. Die Stadt wird von köstlichen Gärten umgeben, die die herrlichsten Früchte hervorbringen. Die mohammedanischen Einwohner sind falsch und charakterlos. Gemäß ihren Doktrinen ist alles, was sie Andersgläubigen stehlen oder rauben, rechtmäßiger Besitz, und Diebstahl ist kein Verbrechen, während die von Christen Getöteten oder Verwundeten als Märtyrer betrachtet werden. Wenn sie, die Mohammedaner, daher durch ihre Behörden nicht zurückgehalten oder gehindert würden, würden sie viele Verbrechen begehen. Es ist ihnen gelungen, einen großen Teil der Tataren zu ihrem Glauben zu bekehren, da diese sich dadurch in der Begehung von Verbrechen weniger behindert fühlen. Von Tauris nach Persien dauert die Reise zwölf Tage.«

Arg oder die Zitadelle ist eine falsche Bezeichnung für die große Mauer, die wir bestiegen haben; zu Beginn des vierzehnten Jahrhunderts unter Ghasan Khan erbaut, ist es die Ruine der Moschee Ali Schah, die eine der größten Kuppeln gehabt haben muß, die je erbaut wurden. Die Backsteine sind von so hervorragender Qualität, daß sie nicht einmal während der Revolte im Jahre 1933 durch Maschinengewehrfeuer beschädigt wurden. Die Mauer, auf der wir standen, über dreißig Meter hoch und sieben Meter dick, faszinierte mich; die Anordnung der Backsteine verlieh dem riesigen Turm gleichsam eine spiralförmige Bewegung, die mich schwindlig machte. Die scharfen Schatten der Zwischenräume, die auf beiden Seiten eines jeden Backsteins belassen waren, bildeten ein Muster wie die linke Seite einer groben Strickerei. Unter uns hing am äußeren Ende des offenen Hofes eine tadellos weiße, riesige Kinoleinwand. Und dort, wo einst der überwölbte Mihrab gestanden hatte, der die Richtung nach dem heiligen Mekka wies, thronte nun die feuersichere Kabine eines Kinovorführungsapparates, des neuen Gottes und Spenders von Vergessen für unsere Massenzivilisation.

Von unserem Platz aus konnten wir auch die Kirche der Lazaristenmission sehen, die viel weniger Anhänger zählt. Es gibt nur an die fünfundzwanzigtausend Christen in Persien, meist armenische und nestorianische Gläubige. Der Prior der Lazaristen, ein Franzose, erzählte uns, welch große Fortschritte Iran in den letzten Zeiten gemacht habe: früher pflegte ein Pater, bevor er die Stadt verließ, zwei oder drei Pistolen in seinen Gürtel zu stecken. Wir sagten ihm, wie merkwürdig es sei, daß Frankreich keinen Gesandten in Teheran habe, während es doch so wichtig wäre, den Einfluß Deutschlands zu verringern.

»Es war ein Gesandter ernannt worden«, erwiderte er, »aber die Perser wollten ihn nicht haben. Er habe den ›bösen Blick‹. Als er in Afghanistan war, wurde Nadir Schah ermordet, und während er in Abessinien Frankreich vertrat, wurde Ras Tafari entthront.«* Der Priester fuhr fort: »Dazu muß man noch sagen, daß der Schah, empfindlich wie alle Parvenus, es als eine Beleidigung ansieht, nicht eines Gesandten für würdig erachtet zu werden, der in einer der großen Hauptstädte der Welt gedient hat.«

Diese Einstellung war für viele Zwischenfälle verantwortlich. So wurden die amerikanischen Zeitungen in Iran auf lange Dauer verboten, weil in Washington eine Majestätsbeleidigung begangen worden war: ein persischer Diplomat war versehentlich wegen zu schnellen Fahrens verhaftet worden.

Auch Paris hatte sich schuldig gemacht, indem ein Boulevardblatt den Kalauer veröffentlicht hatte: Il n'y a pas là de quoi fouetter un Shah! Deswegen war eine solche Aufregung entstanden, daß seitdem der Quai d'Orsay immer bei dem Gedanken zittert, was wohl am nächsten Tag veröffentlicht werden könnte. Diese Sorge war so groß, daß ich meiner Redaktion in Paris hatte versprechen müssen, meine Artikel vom Quai d'Orsay zensurieren zu lassen – trotz meinen Bemühungen, brav zu sein, wurden

---

* Der Gesandte kam schließlich doch nach Teheran, und wiederum widerfuhr dem Herrscher des Landes etwas, obwohl nicht sofort: Reza Schah Pahlewi wurde entthront und verbannt. Er starb 1944 in Johannisburg.

sie nicht genehmigt. Ich hatte zwar nicht das bekannte Verbrechen begangen, zu sagen, daß die verschleierten Frauen verschwunden seien, glücklicherweise aber noch nicht alle Kamele; doch ein Kompliment von mir war vielleicht zu undeutlich gehalten gewesen: »... Lastwagenchauffeure, diese Helden des modernen Iran, arbeiten sechzehn Stunden am Tag. Sie verlieren keine Zeit, um zu Mittag zu essen – während eines kurzen Haltes lassen sie nur die Opiumpfeife herumgehen, die ihnen die nötige Ruhe verleiht, auf diesen höllischen Straßen einherzurattern, die von überladenen Lastautos völlig aufgerissen sind.« Wie durfte ich es wagen, Opium in Verbindung mit dem fortschrittlichen Reich der modernen Arier zu erwähnen!

Der Fremdenhaß des Schahs ging so weit, daß er alle Inschriften in lateinischer oder russischer Sprache zerstören ließ. Die kosmopolitischen Bewohner von Täbris benutzten daher Bildplakate und Schilder, die jedermann verstehen konnte: das riesige Abbild eines Kinnbackens zum Beispiel bezeichnete einen Zahnarzt. Aber der Schah konnte nicht verhindern, daß in der großen Stadt verschiedene fremde Sprachen mündlich gebraucht wurden. War ich doch heute morgen von einem donnernden »Marussia! Banya yest?« eines Russen geweckt worden, der ein Bad verlangte!

Täbris war die Hauptstadt der mongolischen Ilkhane gewesen, als Marco Polo mit seiner mongolischen Schönheit eintraf. Doch inzwischen war der in Aussicht genommene Gemahl Arghun Khan gestorben. So brachte er seine köstliche Ladung zu dessen Sohn, dem kleinen Ghasan Khan, der im Osten Krieg führte und sich zwei Jahre später auf den Thron setzte.

Die berühmte Blaue Moschee von Täbris wurde im fünfzehnten Jahrhundert von Dschehan Schah aus der ›Schwarzen-Hammel‹-Dynastie der Turkmenen erbaut. Ihre Backsteinmauern haben schwer unter Erdbeben und Kriegen gelitten, aber dennoch beeindruckten sie mich tief. (Ich bin kein Kenner, ich spreche als Tourist und vergleiche mit Bauwerken, die ich in Chiwa, Buchara, Samarkand, Herat und Meschhed gesehen habe.)

Die dunklen Kacheln sind bezaubernd; sprühende Goldmalereien auf dunkelblauem Hintergrund erinnern an den Nachthimmel. Ein großes Fayencemosaik ruft in einem die Zeit wach, da man verliebt war und das Gefühl hatte, zuvor noch nie wirklich die Pracht des mitternächtlichen Himmels gesehen zu haben; die

Sterne, von denen nicht zwei einander gleichen, funkeln mit solcher Intensität, daß sie auf einen zuzukommen scheinen. Man stelle sich einen Winkel jenes Himmels und jeden Stern als farbige Blume vor, dann bekommt man eine Ahnung von dem, was ich gesehen habe. Diese dunklen Lüsterfayencen haben nichts mit Preußischblau und seinem kalten grünen Nachglanz gemein, es ist ein dunkles, sattes Ultramarin mit einem leichten tiefroten Schimmer darin. Ich sah auch Alabasterwände mit so seltenen jadegleichen Schattierungen, daß ich gerne noch viel länger geblieben wäre, um den Anblick richtig zu genießen.

11

STRASSEN

Wir waren schlechter Laune.

Am Abend vorher hatten wir unserem Polizisten gesagt, wir möchten den kühlen Morgen ausnutzen und in aller Herrgottsfrühe abfahren, und er hatte versprochen, rechtzeitig den Jawass, den Ausweis mit der Reiseerlaubnis, zu bringen. Aber er erschien nicht. Um neun Uhr gingen wir zum Polizeikommissariat, um den Schuldigen zu suchen. Um elf Uhr hatte die Wut bereits all unsere Kraft verzehrt, und so sagten wir nichts, als schließlich der richtige Mann auftauchte und eine Schublade öffnete, in der unser Jawass schon lange fix und fertig lag. Mit einer Entschuldigung für seine Verspätung erklärte er uns, dieses Dokument würde uns ersparen, bei jedem Kontrollposten unsere unverständlichen Pässe vorzuzeigen. Bis jetzt waren wir nämlich gezwungen worden, jeweils sowohl am Eingang wie am Ausgang eines jeden Dorfes haltzumachen, selbst wenn sich die zwei Posten gegenseitig sehen konnten – diese Verordnung hatte der Tätigkeit der Briganten ein Ende bereitet.

Wegen des späten Aufbruchs rasten wir auf der Straße dahin. Ich sah eine weiße Scheibe mit einem Querstrich (das bedeutete ›Kontrolle‹), machte aber Christina nicht darauf aufmerksam, da ich glaubte, niemand könnte uns einholen. Ein Irrtum: Gendarmen auf einem Motorrad mit Seitenwagen überholten uns und hielten uns an... sie lasen unseren Jawass und befahlen uns durch Gesten, zu ihrem Bureau zurückzufahren. Dann kehrten sie um, im Glauben, wir würden ihnen folgen.

Als sie ihren Irrtum bemerkten, überholten sie uns noch einmal. Diese Kerle legten einen viel zu großen Eifer an den Tag; hatten sie denn nicht gesehen, daß wir mit dem besten Dokument ausgestattet waren? Wir fuhren weiter. Sie brüllten, fluchten, holten uns ein und hielten unser Steuerrad fest; weiß vor Wut schlug Christina auf den Arm des Gendarmen, durch dessen Schuld wir fast im Straßengraben gelandet wären. Aber angesichts dieser

Wahnsinnigen war es besser, anzuhalten. Die Lage war kritisch, wir mußten uns schnell etwas ausdenken. Und es glückte: einer der Gendarmen sprach russisch. Unser unartikuliertes Keifen hörte auf, Meinungen wurden ausgetauscht, die Spannung löste sich. Schließlich entschuldigten wir uns alle gegenseitig, und der Mann sagte tief gerührt: »Sie sind unsere hochgeehrten Gäste. Es war sehr unrecht von mir, so wütend zu werden.«

Unheimlicherweise schien uns die erregte Stimme des Mannes zu verfolgen, sie klang uns noch in den Ohren, als wir schließlich wieder allein waren.

Da Lastwagenchauffeure uns halfen, wenn wir ein Rad auswechseln mußten, machten auch wir halt, wenn ein Camion an der Straßenseite stand. Einmal, als wir den Leuten etwas Flickmaterial gaben, waren wir erstaunt, daß einer ihrer Schläuche über und über mit Flicken versehen war; wir erfuhren, daß Reifen und Schläuche rar wie Gold waren. Aus Anlaß der Hochzeit des Kronprinzen, die zwei Monate zuvor stattgefunden hatte, waren vom Schah sämtliche Autos in Teheran requiriert worden. Sie wurden pünktlich zurückgegeben – aber ihre Reifen waren durch wertlose ersetzt worden! Es herrscht in Iran ein solcher Mangel an Camions und Reifen, daß sogar die Lastautos der Anglo-iranischen Ölgesellschaft – der ungekrönten Königin des Landes – oft von Offizieren des Heeres weggenommen und all dessen, was gebraucht wird, beraubt wurden. Das ging so weiter, bis der Direktor der Gesellschaft dem Schah drohte, daß, wenn seine Arbeit weiterhin derart behindert würde, die so dringend benötigten Abgaben an den Schah am nächsten Zahltag vermindert würden.

Während der Mittagspause wurden die Räder der Lastwagen mit Decken verhüllt, um die Reifen gegen die Sonne zu schützen. Wir folgten diesem Beispiel.

In einem guten, mit Tischen und Stühlen ausgestatteten Gasthof befand sich eine originelle Kollektion von Öldrucken: zahlreiche europäische Könige und Königinnen, nackte Schönheiten zu beiden Seiten des ernsten Hindenburg, eine Geisha neben einem Bischof, der die Hände zum Segen erhob, und – das allerbeste – ein wunderbarer Kalender, der Jesus, Aga Khan, Edison und andere große Männer um Atatürk und Reza Schah gruppiert zeigte. Es wurde uns gesagt, daß der Schah zweifellos ein großer Mann sei. Dennoch hatte er jedesmal die Reise nach den Industrieländern Europas verschoben – er hatte vielleicht vor der Erkenntnis Angst, daß alles, was er in Iran geschaffen hatte, doch nicht so perfekt sei, wie er es gerne glauben wollte.

In diesem Raum vernahm ich auch die Erklärung einer Sache, die mir seit 1937 ein Rätsel gewesen war. Viele Lastautos lassen eine dicke Kette zwischen ihren Vorderrädern schleppen, als seien sie dem Kerker entronnen. Die Kette soll als Erdung dienen, also eine Ansammlung von Elektrizität im Wagen verhindern, deren glänzende Metallaußenteile stundenlang dem Druck der heftigen Winde dieser kieselharten, ausgedörrten Hochebenen ausgesetzt sind – ein Schlag könnte den ersten Mann verletzen, der von einem mit Elektrizität hochgeladenen Fahrzeug steigt.

Erbarmungslos gefahrene Vehikel, die erbarmungslos mit einem Übergewicht von drei Tonnen beladen sind; rumpelnde Lastautos, die nach zweijährigem Dienst völlig erledigt sind (warum sich den Kopf zerbrechen, da man damit den Preis eines neuen Wagens verdient hat?); Lastautos, die Tag und Nacht vor ihren Staubfahnen einherrumpeln; Straßen, die tausend Meilen voneinander entfernt liegende Ortschaften verbinden... »Meiner Ansicht nach hat diese Unmenge von rauhen Lastwagen-Chauffeuren, die jede Nacht sämtliche Straßen Englands bevölkern, dieses mechanisierte Zeitalter hervorgebracht«, schrieb T. E. Lawrence an Robert Graves. Das kann man auch von Iran sagen. Dutzende von Textilfabriken und Mühlen, Baumwollentsamungs-, Zement-, Seifen- und Zigarettenfabriken, Zuckerraffinerien, Radiostationen, alle sind sie vor ihrer Montierung Stück um Stück über diese endlosen Straßen Irans importiert worden.

Wir kamen zu einem umgestürzten Lastwagen. Auf der Straße standen riesige Kisten mit der Aufschrift ELEVATOR! Zwei Männer saßen im Schatten des Chassis – dem einzigen schattigen Punkt im Herzen der Unendlichkeit. Sie waren nun schon seit achtundvierzig Stunden da und warteten auf Hilfe.

Der persische Chauffeur jammerte: »Es ist nicht meine Schuld, was konnte ich tun? Es ist Unglück. Gott hat es gewollt...«

Der russische Mechaniker, der von Christina eine ›Camel‹ – ein ›Papiross‹ – angenommen hatte, erwiderte: »Gott? Armer Narr, wovon redest denn du? Du weißt doch ebenso gut wie ich, daß Gott nur in deinem blöden Hirn existiert!«

Es werden also auch Sowjetideen importiert, nicht nur Maschinen.

Ich glaube, daß dieses plötzliche Anwachsen des Transportwesens, namentlich in der Türkei, in Iran, Afghanistan, Rußland, der Mandschurei und China, Ländern, die ich besucht habe, die Hintergründe unserer Zeit zeigt: die Furcht vor übermächtigen Nachbarn. Straßen werden benötigt, um Industrien aufzubauen. Aber diese Entwicklung – hoffen wir, daß sie schließlich doch den Völkern der Länder zugute komme, obwohl ich nirgendwo mehr gehetzte Menschen gesehen habe als in unseren Industrieländern – ist in erster Linie dazu bestimmt, die Einkünfte und die Macht des Staates zu vermehren. Und diese Einkünfte werden in erster Linie dazu verwandt, eine starke Armee zu schaffen, eine Armee, die viel größer ist, als die Aufrechterhaltung der inneren Ordnung des Landes erfordert. Diese Armee wird dringend benötigt, da mächtige Nachbarn, die für ihre Raffsucht berüchtigt sind, jeden Augenblick ins Land spazieren könnten. Furcht! Furcht vor dem Krieg ist der Angelpunkt, die Triebfeder aller Tätigkeit in allen zu neuem Leben erwachenden Ländern – und nicht nur dort.

Ohne Erdöl, der Grundlage des Verkehrs in Iran, würden die Menschen verhungern, da es nun keine Karawanen mehr gibt. Glücklicherweise kommt aber im Süden des Landes Erdöl vor, obwohl es einer britischen Gesellschaft gehört (die dem Schah durchschnittlich im Jahr zweieinhalb Millionen Pfund Sterling Abgaben zu zahlen pflegte). Erdöl ist auch der wichtigste Exportartikel Irans. Das heißt, daß Großbritannien trotz der tausendneunhundert sehr aktiven Deutschen, die (damals) im Land lebten, und trotz des mächtigen russischen Nachbarn noch immer die Geschicke Persiens lenkt.

* * *

In eine niedrige, dunkle Tschai-khana, in der wir wieder einmal heißen Tee in der Hoffnung schlürften, daß er den Staub, der unsere Kehlen ausdörrte, hinunterspüle, stürmten plötzlich zwei kräftige Männer, die schweizerdeutsch sprachen und unbedingt den Besitzer des schweizerischen Wagens, einer Seltenheit in Iran, kennenlernen wollten. Bald zeigten sie uns den Weg zu ihrem Camp, nachdem sie beschlossen hatten, ihre Arbeit sich selbst zu überlassen; sie bauten die Eisenbahn von Kaswin nach Täbris.

Hinter Bierhumpen sitzend sprachen wir über die transiranische Linie. Sie war nicht nur fertiggestellt, sondern bereits in ihrer Gesamtlänge von dreizehnhundert Kilometer vom Persischen Golf zum Kaspischen Meer in Betrieb. Einige Kritiker behaupten, die Linie sei ein sehr kostspieliger Luxus (vierzig Millionen Pfund Sterling) und werde Iran nicht von dem wirtschaftlichen Druck Rußlands befreien; da sie Hunderte von Kilometern abseits des hauptsächlichen Verkehrs verlaufe, sei eine solche Linie nutzlos. Ich erinnerte mich, daß zwei Jahre vorher Leute, die behaupteten, gut informiert zu sein, gesagt hatten, die technischen Schwierigkeiten seien unüberwindlich, die Linie werde nie fertig. »Nur ein Wunder könnte diese Linie Wirklichkeit werden lassen«, schrieb 1930 G. Reitlinger. Das Wunder war geschehen – man muß das zugeben, und es ist dem Schah zu verdanken!

Ich habe aber schon oft beobachtet, daß Abendländer eine angeborene Neigung haben, alles, was die Perser tun, herabzusetzen oder lächerlich zu machen – nicht, weil es schlecht gemacht ist, sondern einfach, weil sie sich über den Stolz des Persers ärgern, der prahlt, daß das, was er getan hat, ›das Beste auf der Welt‹ ist. Solche Leute sehen nicht ein, daß diese Haltung die unvermeidliche Reaktion der Asiaten auf die Herablassung darstellt, mit der die Abendländer ihren technischen Fortschritt nach dem Osten gebracht hatten, als offenbarten sie eine Religion, die alle Übel heilen könne. »Die Europäer wissen alles besser und können alles besser. Hundert Jahre lang züchten sie aus ihrem Überlegenheitsbewußtsein heraus bei den ›Eingeborenen‹ ein Gefühl der Unterlegenheit. Es ist ein Mittel ihrer Herrschaftsstellung. Es kehrt sich heute gegen sie in einem Minderwertigkeitskomplex, der sich manchmal in Fremdenhaß, oft in Mißtrauen, immer in einer übersteigerten Empfindlichkeit äußert ...«

»... die neue europäische Invasion (geht vor sich) unter dem Zeichen der Humanität und des Fortschritts. Die ›Armen‹, die sich in Lebensform und Höflichkeit den direkt und kurz angebundenen Eindringlingen himmelhoch überlegen fühlen, stehen doch verwirrt vor der Tatsache, daß diese Leute in eine schwarze

Muschel sprechen und sich über viele Kilometer weg verständlich machen.«*

Vor zwei Jahren hatte ich einige Schweizer Ingenieure kennengelernt, die dort arbeiteten; so habe ich eine Ahnung von den Schwierigkeiten des Straßenbaues in Iran. Bei der Tschaluss-Straße, der direktesten Verbindung zwischen Teheran und den reichen Provinzen am Südufer des Kaspischen Meeres, befand sich in fast dreitausend Meter Höhe in der Nähe des Kandewanpasses ein Arbeitercamp. Diese eindrucksvolle Straße war eine der Lieblingsbauten des Schahs, der der Ansicht war, daß die Straße Pahlewi–Kaswin in zu gefährlicher Nähe der russischen Grenze verlaufe.

Unter dem Paß wurde ein Tunnel durchgeführt, und damit nicht nur einige scharfe Kurven vermieden, sondern auch die Schneefälle, die im Winter jeglichen Verkehr sperren. Ich bin selten durch steilere, langgestrecktere und kahlere Berge gekommen als jene in der Nähe von Kandewan, wo Galerien die Straßen vor Erdrutschen schützen. Obwohl ein Arbeitercamp an einem scheinbar sicheren Berghang errichtet worden war, wurde es von einem Schneerutsch teilweise weggerissen; auf dem Grund der tiefen Schlucht war noch der Wagen des Chefingenieurs zu sehen – ein nutzloses, verrostetes kleines Spielzeug.

Als Autokrat reinsten Wassers hatte der Schah die Stelle bestimmt, an der der Tunnel beginnen sollte.

»Könnte nicht der Entschluß Eurer Majestät vielleicht etwas abgeändert werden, da gerade an jener Stelle die Lawinen herunterkommen?«

»Ich habe gesprochen, das genügt!«

Ungehorsam kam nicht in Frage: die Ingenieure mußten sich die Köpfe zerbrechen, um die Lawinen zu betrügen und nicht den König der Könige. Um den Willen eines einzelnen Menschen durchzusetzen, kämpften sechshundert Arbeiter und vierunddreißig europäische Spezialisten gegen einen Berg, der über Waffen verfügte wie brüchigen Schiefer, starken Steinschlag, Schlamm und Morast, und Schwefelerde, die den Zement des Tunnels zersetzt. All das gehörte zum Spiel. Aber unerwartete Behinderungen von Menschenseite bereiteten der Geduld unseres

* M. Boveri: Vom Minarett zum Bohrturm.

Ingenieurs ein Ende. Bei uns konnte er endlich sein Herz ausschütten. »Der bisherige Ingenieur hatte sich in seinen Berechnungen der Sohle des nördlichen und südlichen Tunnelausgangs um drei Meter geirrt – von seinem fantastischen Budget wollen wir schon gar nicht sprechen.« Jeder Tag zeitigte ein neues Problem. Die Arbeit war ohne Material unmöglich, und um Material zu bekommen, brauchte man Transportmittel. Doch diese waren nicht zu haben, da die Armee die dreiundzwanzig Lastautos beschlagnahmt hatte, die der Tschaluss-Straße zugeteilt waren. »Inzwischen verdarb die tropische Feuchtigkeit eines Kaspischen Hafens unseren Zement, der dort offen gelagert hatte. Da der wütende Schah jemanden zum Tode verurteilen könnte, wenn die Straße nicht rechtzeitig fertig wäre, blieb uns keine andere Wahl, als eine vorüberkommende Lastautokolonne, die Kohlen holen sollte, zu requirieren. So war die Situation wieder gerettet worden – für diesmal!«

Der schweizerische Ingenieur hatte genug von Iran: Selbst wenn die Regierung des Schahs bereit wäre, mit ihm einen neuen Vertrag in europäischer Währung zu schließen, war er entschlossen, nicht einen Tag länger als unbedingt nötig zu bleiben. Er wollte lieber in der Heimat Straßen fegen als sich hier für weitere drei Jahre verpflichten.

Am Abend besuchte ich die Spezialisten; sie lasen im Wohnzimmer ihre Zeitungen. Der Anblick erinnerte mich an den Turmbau von Babel: auf dem langen ungehobelten Tisch lagen nebeneinander die *Province de Namur*, der *Völkische Beobachter*, die *Feuille d'Avis de Neuchâtel*, *Politiken* – und tschechische und spanische Zeitungen, deren Namen mir unbekannt waren.

Ein sanfter kleiner Mann, der die *Neue Zürcher Zeitung* in der Hand hielt, sagte zu mir: »Ich lese sie nur, um zu wissen, wer gestorben ist!« So geht's eben.

12

Nikpeh

Der Tag fing schlecht an und endete nicht gut.

Wir machten an einer kleinen Oase halt. Neben einer verlassenen Karawanserei schimmerte ein einsames Weizenfeld weich in dem rauhen Wüstenrahmen.

Kaum hatten wir das Zelt aufgeschlagen, als uns zwei Gendarmen in lebhaft blauen Uniformen aufforderten, in den kleinen Garten vor ihrer Hütte umzuziehen. Widerwillig nahmen wir diese Einladung an – das Zelt wurde niedergelegt und in einem Stück dorthin getragen. Während wir unser Abendessen bereiteten, versuchten die guten Männer eifrigst, sich nützlich zu machen. Der Benzinkocher wurde neu gefüllt... dem einen Gendarmen, der bereits seit fünf Minuten seine Streichholzdose bereithielt, gab ich etwas zu früh die Erlaubnis, den Kocher anzuzünden...

Flammen schossen von der Erde auf, von meinem Fuß, dann von meiner Hand, als ich Schuh und Socken fortwarf – in eine blaue Flamme gehüllt brannte die Hand wie ein Plumpudding. Dann fing der Ärmel meines Blazers Feuer – ich sah mich schon als lebendige Fackel dem Tode nahe. Es war ein merkwürdiges Erlebnis. Es interessierte mich derart, die Gedanken, die in mir hochstiegen, zu beobachten, daß ich nicht dazukam, irgend etwas zu empfinden. Wann würde die Angst kommen? War das nicht einer der Momente, da man den nächsten Vorhang herunterreißt, um sich darin zu wälzen? Ich tat das Vernünftigste und hüllte mich in unsere kleine Zeltbahn.

Dann mußte ich den kleinen Gendarmen trösten, der ehrlich weinte und jammerte »Oh! Oh! Das ist meine Schuld! O Allah!« und ähnliche Worte ausstieß... Nein, ich sei allein schuld, in der Dämmerung hätte ich zuviel Benzin ausgeschüttet, so daß der ganze Boden durchtränkt war. (Trotzdem sagte ich mir allerdings, daß zu viele herumhüpfende Helfer nur störend wirken.)

Es war aber wenig Schaden angerichtet. Mein rechter geschwollener Handrücken sah zwar aus wie ein mit Wasser bis zum Platzen gefüllter Handschuh. An einer Stelle kam das rohe Fleisch zum Vorschein – vom Exerzieren des Im-Zelt-Wälzens, mit dem ich den Forderungen der ›Tradition‹ hatte genügen wollen. Ein Salbenverband wurde darumgewickelt, unser Essen gekocht und verzehrt, und bald lagen wir unter den Moskitonetzen, die der iranischen Polizei gehörten.

Wieder einmal hatte ich den Beweis, daß ich mich selbst mit objektiver Ruhe beobachten kann, und daß Neugier das in mir vorherrschende Gefühl ist. In Höhepunkten der Erregung, bei Gefahr, in der Liebe, bleibe ich stets ein Zuschauer meiner selbst. Ich werde deshalb nie so intensiv leiden, wie Christina leidet, ich kann mich nicht mit dem Schauspiel identifizieren, das sich vor mir abspielt. (Natürlich besteht auch die Möglichkeit, daß Christina absichtlich eine quälende Rolle in ihrem Leben spielt. Dann waren freilich meine plumpen Ratschläge und geradlinigen Aussprüche nutzlos.)

Ich schlief fest und tief; zweifellos wurde dieser Schlaf von einem tüchtigen Schluck Kognak begünstigt. Aber Christina (die es für nötig befunden hatte, die andere Hälfte des Flakons zu trinken) schlief kaum – sie glaubte, daß ich heroisch still Qualen duldete. Zwei Tage später stellten sich dann die heftigsten Schmerzen ein; der Arzt schnitt die verbrannte Haut weg und zeigte mir, wie ich die knallrote Wunde alle Viertelstunden mit Tannin bestreuen sollte. Klugerweise ließ er mich allein – er mußte in die Kirche gehen –, und ich führte diese höllische Prozedur selbst durch, während Tränen und Schweiß meinen Körper hinunterliefen. Es war aber die schnellste Methode, eine Kruste zu bilden, sonst wäre die Reise unmöglich geworden; zwei Tage lang floß die Wunde so stark, daß ich die Hand zum Wagen hinaushalten mußte, um das Blutwasser auf die Straße tropfen zu lassen.

Als Christina mir erzählte, daß sie eine schlaflose Nacht verbracht hatte, wegen einer Sorge, die grundlos war, erkannte ich blitzartig, daß es hienieden Himmel und Hölle gleichzeitig gibt – als Folge des Denkens, zu dem uns unsere Unwissenheit verleitet. Und was für Narren sind wir, daß wir uns selbst durch unsere Vorstellungen ein Jammertal bereiten! Ich konnte es Christina beweisen: die Schönheit einer Mauer, die Freude an einer Symphonie kann höchstwahrscheinlich nicht von einem Bäckerjungen empfunden werden. Schönheit, Schmerz, Freude sind nicht mit einem Ding, mit einem Ereignis verbunden, sie sind lediglich in einem selbst. Da diese schlummernden Gefühle in mir vorhanden sind, kann ich es lernen, aus mir selbst eine reine Freude hervorzubringen – ich kann mir meine eigene Welt formen.

Aber es war zwecklos, mit Christina auf dieser Basis zu sprechen. Ich mußte zuerst herausfinden, warum sie wieder und wieder den komplizierten, grausamen Weg der Hölle wählte. War es möglich, daß sie ihn einer leichteren Lebensweise vorzog? Glaubte sie, daß sie so am schnellsten die Grenzen ihrer Individualität überschreiten könnte? Da sie mit Thomas Mann und seiner Familie gelebt hatte, teilte sie vielleicht die Ansicht des Helden des ›Zauberbergs‹, der sagt: »Zum Leben gibt es zwei Wege: der eine ist der gewöhnliche direkte und brave. Der andere ist schlimm, er führt über den Tod, und das ist der geniale Weg.« War Leiden vielleicht etwas so Wunderbares, daß es, obwohl seelisch bedingt, wundersam dazu verhilft, das Denken zu überwinden? Wahrscheinlich wußte sie mehr als ich. Ich war nur einer Sache sicher: sie irrte sich, wenn sie sich mit einem von Furcht besessenen Wesen identifizierte.

Wenn Schmerz und Kummer sie jedoch an die Schwelle einer mir unbekannten Welt geführt hatten, würde sie dann so verzweifelt sein?

Es war sehr wahrscheinlich, daß sie selbst nicht klar den gefahrvollen Pfad sah, dem sie folgte. Als ich sie das erstemal erblickte – wie gut erinnere ich mich an den Eindruck, den sie auf mich machte! –, ging sie die ausgetretenen Stufen des Hotels zum Schwarzen Bären in Zürich hinauf, eines altmodischen, stillen Hotels, in dem mein Onkel, der Ingenieur, ein pied à terre hatte. Es war ein strahlender Sommertag. Ohne Hut, in einem eleganten grauen Kostüm, so schmal, daß sie fast ätherisch wirkte, saß sie fast die ganze Zeit still, grüblerisch, traurig da. Zuerst glaubte ich, sie lausche einer inneren Musik. Dann wußte ich, daß sie suchte; sie lauschte über die eben gesprochenen Worte hinweg, in der Hoffnung, eine schwebende Resonanz aus einer Welt zu erhaschen, die eine tiefere Bedeutung besitzt als die unsrige – sie wartete auf eine Grundnote. Oder um ein anderes Bild zu brauchen: Sie blickte durch uns hindurch, als seien wir Prismen, und sie versuche, einen Schimmer des ursprünglichen, unzerlegten Lichtes aufzufangen.

Eines war gewiß: sie glaubte an das Leiden, sie betete es an als die Quelle aller Größe. Und an jenem Tag fragte ich mich zum erstenmal, ob sie deshalb ihr Elend ertragen könne, weil etwas in ihr es genoß? Wenn ja, würde sie imstande sein, dieses Empfinden zu vervollständigen und dadurch die Hölle in den Himmel zu verwandeln?

Als sie mich bat, ihr aus ihrem Circulus vitiosus herauszuhelfen, war es wahrscheinlich nur ein Teil ihres Ichs, das sich nach einem normaleren Leben sehnte. So wie es jetzt war, pumpten die Krisen, aus denen sich ihr Leben zusammensetzte, sie völlig aus. Sie war wie eine gedämpfte Geige, deren Saiten aus ihren Herzfasern bestehen – während sie spielte, gab sie sich selbst vollkommen aus. Da sie ihre Qualen nicht zu überwinden vermochte, war sie nicht wie das heutige Europa dazu verdammt, stückweise Selbstmord zu begehen? Bewußt von einer Hölle in die andere zu gehen, war wohl für sie die einzig mögliche Art, mit Kopf und Herz gleichzeitig zu leben. So machte sie selbstgeschaffene Prüfungen durch, die kein Mensch sonst hätte ertragen können.

Und sie wurde hin- und hergezerrt zwischen dem Wunsch nach jenem intensiven Leben, das ihr Bewußtsein weitete, und der Furcht, es nicht zu erreichen. Sklavin dieses Begehrens, wollte sie ungeduldig den Daseinsprozeß beschleunigen. Und im Tal zwischen zwei intensiven Wellen fühlte sie derart die Schalheit des Lebens, daß sie glaubte, sterben zu müssen.

»Genießt du wirklich das Leben?« fragte sie mich wieder und wieder, oder: »Wie lebst du?« Sie meinte: Wie kannst du dieses elende Wellental ertragen? Aus welcher Quelle schöpfst du deine Geduld? Bist du aufrichtig, wenn du sagst, das Leben sei gut? Ich erwiderte ihr nicht, daß die Momente vollkommener Erfüllung, die zeigen, was das Leben wirklich sein kann, verzweifelt selten sind. Ich aber suche diese Momente der Erfüllung in der Freude, nicht in einem Meer des Schmerzes.

Wieder einmal versuchte ich, entgegen meinem besseren Wissen, die Richtung ihrer Gedanken zu ändern. Ich wies auf das ›Jubeln‹ einer roten Blume zum Blau des Himmels hin, auf die Freude jedes unserer Schritte, die wir aus freiem Willen unternehmen. Wir hatten gerade zwei stolze Bettler getroffen, junge blonde Russen, die vor vier Jahren aus Sowjet-Turkestan entkommen waren. Sie mußten noch zwei Jahre ›totschlagen‹, bevor sie persische Bürger zu werden vermochten und dadurch die Möglichkeit erhielten, anders als von der Hand in den Mund zu leben. Gegenwärtig konnten sie immer nur einige Tage in einer Garage oder auf einem Bauernhof arbeiten – bis ihre Arbeitgeber entdeckten, daß sie keine Papiere hatten. Der gutaussehende Bursche kam vom Kubangebiet, der andere von Aschkhabad, wo er in einer Druckerei gearbeitet hatte. Sie hatten die Flucht gewagt, weil ›das Brot zu sauer und die Zahltage zu rar waren‹. Es gab viele wie sie. Bei Schahrud hatte man Baracken gebaut, wo die Flüchtlinge wie die Fliegen an Malaria und Ruhr starben, und ihre Frauen konnten den kalten Winter nicht überstehen. Schon lange hatten sich die beiden bei einer Hilfsorganisation in Teheran einschreiben lassen, aber was nützte das?

Diese Burschen hatten so wenig Hoffnung, aber sie kämpften weiter. Sie hatten keine Bücher, wußten nichts von den Weltgeschehnissen. Der Drucker hatte begonnen, ein Tagebuch zu führen, ein großer Trost für ihn; aber aus Furcht vor allem Russischen hatte die Polizei es ihm fortgenommen.

Zwei Freunde der beiden hatten sich kürzlich erhängt. Beim Abschied sagte der Drucker: »Sie gehen zu Freunden, die Sie erwarten. Sie wissen gar nicht, was für ein Glück das bedeutet!«

Seine Bemerkung hatte mich tief berührt. Wir wissen nie das genügend zu schätzen, was wir haben. Und ich führte diese Begegnung an, um Christina zu zeigen, wie glücklich wir seien.

Trotz der Unterschiede zwischen uns hatten wir vieles gemeinsam. Wir versuchten beide, uns den Lebensunterhalt zu verdienen – ich, weil ich es mußte, sie, weil sie ohne ihre Rente auskommen wollte. Jede von uns lebte im allgemeinen für sich. Wir bedauerten, daß die Liebe, die wir zu geben vermochten, irgendwie armselig war; wir wußten, daß Liebe auf einem vollen und spontanen Herzenstrieb beruhen muß, und bisher war uns das nie geglückt. Sehr nachdenklich hatte sie mich einmal gefragt: »Kini, woran fehlt es bei mir? Diejenigen, die ich am meisten liebte, X, Y, Z, sogar Mutter (ich würde mein Leben dafür hingeben, sie wieder zu ›finden‹)... warum war es mir nie möglich, meinen Beziehungen eine richtige Basis zu geben? Obwohl sie alle mich zunächst lieben, erschrecke ich sie bald, quäle sie mit meiner Liebe, mit meinen ungestümen Forderungen...«

»Vielleicht bist du wie ich«, meinte ich, »bist in deine Auffassung der Liebe verliebt und gar nicht in den betreffenden Menschen!«

»Sie behaupten, ich würde ihr Leben zerstören... und nach einiger Zeit übergeben sie mich Fremden oder Ärzten. Da ich mich dann weigere, mich ihren idiotischen Regeln zu unterwerfen, ende ich in der Zwangsjacke. Und doch hat jeder Arzt zunächst gesagt, daß ich völlig normal sei...«

»Jawohl, ich habe gesehen, wie du die Menschen auspumpst. Du verlangst eine Liebe, die mit unseren gegenwärtigen Begrenzungen nicht vereinbar ist.«

Wir waren beide Reisende – sie lief stets vor einer Gefühlskrise davon (ohne zu erkennen, daß sie die nächste schon herbeiwünschte), ich hingegen suchte stets in der Ferne das Geheimnis eines harmonischen Lebens oder füllte die Zeit damit aus, mich in Gefahren zu begeben, angezogen von dem klaren scharfen ›Geschmack‹, den sie dem Dasein verleihen. Beide waren wir aktive Menschen, doch während ich mir immer wieder beweisen mußte, daß ich kein jämmerliches Wesen bin, fühlte sie sich im Gegensatz dazu so unantastbar, daß sie sich überhaupt nicht vorstellen konnte, wie irgendein Exzeß oder Experiment ihre Unschuld und ihre Gesundheit berühren könnte.

»Wie kann eine Droge, die ich aus Neugier versuche, mir, Christina, schaden?« hatte sie einmal vor Jahren in Berlin gesagt.

Geistig waren wir ganz verschieden. Sie war eine Dichterin, sie bewegte sich zwischen Gedanken, die sie mit ihrer Einbildungskraft formte und belebte, ihre Stimmungen wechselten die Welt. Ich hingegen glaubte noch immer an die Realität der Dinge und dachte, daß die äußere Welt mein subjektives Leben bestimme. Daher waren meine Schwingungen viel schwächer als ihre, und wenn ich, wie ich es jetzt tue, Christina zu erklären versuche, verrate ich sie, indem ich sie auf mein Niveau herunterziehe. Und ich kann ihre Widersprüche um so weniger aufklären, als ich es vermied, sie über sich selbst auszufragen. Ich hielt es für wichtig, ihre Aufmerksamkeit in eine andere Richtung zu lenken. Erst als sie mir ein Jahr später aus New York einen aufgewühlten Brief schrieb, kam es mir zum erstenmal in den Sinn, daß sie diese Welt ohne Warnung verlassen könnte.

Aber wir waren uns gleich in unserer Liebe zu etwas, das wir nicht zu bezeichnen vermochten. Wir hatten beide gewünscht, frei zu bleiben, um mit der Zeit eine übermächtige Verpflichtung uns gegenüber zu erfüllen, eine Prüfung oder eine Verpflichtung, deren Natur uns noch verborgen war. Das könnte man egoistisch nennen, aber ich fing an zu begreifen, daß unsere völlige Treue nur etwas Absolutem gelten durfte, dem gegenüber wir nichts waren.

Christina, das Zelt und der Ford in Bulgarien.

Autoverladung in Trapezunt am Schwarzen Meer.

Sultan-Achmet-Moschee, Istanbul.

Minarett im alten Bajazet.

Der uralte Ararat 5156 m im Sommer.

An der Grenze zwischen der Türkei und dem Iran treffe ich die gleiche Frau wieder, die schon bei meiner letzten Reise so dasaß. Allerdings war das Baby inzwischen größer geworden.

Trockenes Flußbett in Persisch-Aserbeidschan.

Kurdische Frauen in bunten Gewändern, Taslitschai.

Mausoleum des Sultan Üldscheitu in Sultanieh.

Dieser Turm bei Curgan erinnert an König Kabus, 997 n. Chr.

Turm im fernen Ghasni 1080 oder 1114 n. Chr.

Schiitische Moschee des Imam Reza in Meschhed.

Wenn Blicke töten könnten…
Polizisten beschützen mich im Gebetshof der Moschee, der für Frauen verboten ist.

Windmühle mit Flügeln aus Strohmatten in Schahbasch, einem Dorf zwischen der iranisch-afghanischen Grenze und Herat.

Abbas Abad: Man trocknet die Melonen auf den Dächern.

Man erzählt sich, die Prinzessin Djawhar Shad habe hier ihr eigenes Grab errichten lassen.

Kirgisischer Flüchtling in Herat.

Ein Taubenhaus.

Die Ruinen der Musalla-Minarette in Herat.

Minarette der Musalla-Moschee, die im letzten Jahrhundert von den Briten zerstört wurde.

Eine Karawane der Jats-Zigeuner auf dem Weg nach Indien.

Auf der Nordseite des Sauzakpasses.

Nomadenfrau mit vielen kleinen Zöpfen.

Afghanischer Autobus oder die Karawane der Neuzeit.

Der Genfer See auf dem afghanischen Autobus.

Der Buschauffeur.

Ein Land, in dem keine Frauengesichter zu sehen sind.

Unter all den Frauen, die uns im Haus des Gouverneurs in Bala empfingen, gefiel Christina dieses Gesicht am besten.

Vater und Sohn reiten zum Markt.

Der ruhevolle Frieden des Bamiantals.

13

Sultanieh

Als wir nach Kaswin fuhren, sahen wir fern in der Ebene ein Flimmern – es war der erste Blick, den wir von Sultanieh erhaschten: die glasierten Backsteine des hohen Mausoleums schillerten in der Sonne. Wir verließen die Straße, rumpelten über ausgetrocknete Gräben und näherten uns der früheren Hauptstadt der Ilkhane, die aufgegeben wurde, nachdem ein Erdbeben die Wasserversorgung unterbunden hatte.

Wenn ein Baum oder ein Fels allein in dem Nichts einer Wüste steht, nimmt er an der umgebenden Größe teil, indem er die Strahlungen der Unendlichkeit auf sich konzentriert; das ist der Reiz Tibets, diese Leere um den einfachsten Gegenstand. Wieviel stärker ist noch dieser Zauber dort, wo inmitten einer leeren Ebene das alte Grab des Sultans Üldscheitu einsam in schlichter Größe steht – ein gigantisches Ei in einem massiven sechseckigen Eierbecher, der hoch über das Land der Meder emporragt.

Steht man vor dem Monument, sieht man nicht die Kuppel, sondern nur die düsteren Mauern, jede oben durch eine dreifach gewölbte Loggia unterbrochen. Ein kleiner runder Turm verleiht jeder der sechs Ecken Leichtigkeit. Es scheint eine persische Abwandlung des Seldschukengrabes zu sein, das in Merw 1157 für Sultan Sandschar erbaut wurde. Es trägt das Datum 1316 und wurde vom Sultan Üldscheitu aus der Mongolendynastie der Ilkhane in Auftrag gegeben. Die Wandverzierungen aus geometrischen Mustern sind türkisfarben glasiert und glänzen an der Mauer aus rauhen lachsfarbenen Backsteinen wie Charmeuse-Seide.

Das intensive Türkis des alten persischen Bauwerkes kann mit nichts anderem verglichen werden; vom Himmel hebt es sich grün ab, gegen den Hintergrund der Laubbäume Samarkands schimmert es blau. Es verhält sich zum ungeschliffenen Türkisstein wie das Blau der Federn des Königfischers zur Farbe des Himmels; ich möchte es zentralasiatisches Blau nennen, weil es an den eisigen Bergsee Tien-Schan erinnert, der dieses strahlende, satte Himmelblau durch Grün gemildert zeigt.

In Sultanieh gibt es keine Arabesken, keine zarte Note wie die Blumenverzierungen der Blauen Moschee, außer einer Stuckverzierung über einer Tür, die wie ein gehäkeltes Spitzenmuster aussieht.

Als ich dieses verfallene, entweihte Bauwerk betrat, war ich sofort von der einfachen Struktur und ihrer Bedeutung beeindruckt – ich blieb stehen, voller Ehrfurcht vor etwas Erhabenem. Langsam hob sich mein Geist zu dem Frieden, der Gewaltigkeit der Kuppel, die sich etwa fünfzig Meter über mir wölbte. Es zählte jetzt nur noch die Form, denn die zarten Malereien und Inschriften waren zu Schatten verblaßt. Das gedämpfte Licht, das durch die hohen Fenster drang, war wie ein Versprechen, wie eine weite, köstliche Hoffnung – könnte man sich zu ihrer Höhe erheben!

Ich war überwältigt: hier war ein ganz einfaches Bauwerk, das plötzlich für mich Bedeutung erlangt hatte. Ich wollte unbedingt weitere Einzelheiten darüber erfahren.

Es war das Grab des Sultans Üldscheitu Chodabendeh, der von 1303 bis 1316 regiert hatte; allerdings war es erbaut worden, um die Gebeine Alis, des Schwiegersohnes des Propheten, aufzunehmen.

Heute ist nichts mehr von dem Grab zu sehen, aber 1637 sah ein Angehöriger der Gesandtschaft des Herzogs von Holstein beim Safawiden-Hof »die Reliquien … hinter einem Gitter aus poliertem indischen Stahl, in Damaszenerart geschmiedet; die einzelnen Stäbe waren so dick wie die Arme eines Mannes«*.

Im Mongolischen bedeutet Üldscheitu ›glücklich‹. Der Name wurde dem Sultan zur Erinnerung an seine Geburt verliehen. Seine Mutter war zu jener Zeit durch die wasserlose Wüste von Merw gezogen, und obwohl die Karawanenführer fürchteten, daß alle verdursten würden, mußten sie einige Tage haltmachen. Glücklicherweise verscheuchte ein unerwarteter Regenfall alle Sorgen. Als Üldscheitu von seiner Frau zum Islam bekehrt wurde, kannte man ihn auch unter dem Namen Chodabendeh – Gottes Diener. Und in seiner Kindheit

---

* Filmer, Pageant of Persia.

hatte ihn seine Mutter, Uruk Katun, auf den Namen Nikolaus taufen lassen.

Üldscheitu folgte seinem Bruder Ghasan (der die von Marco Polo gebrachte Prinzessin Kogatun geheiratet hatte). Über Ghasan schrieb König Haithon von Armenien: »Es ist erstaunlich, wie viele Tugenden und Fähigkeiten in einem so kleinen und häßlichen Menschen hausen können.« Arme Kogatun so schön und so jung! War sie mit solch einem Gatten unglücklich gewesen, und war das der Grund ihres frühzeitigen Todes?

Ghasan Khan war gemeinsam mit seinen hunderttausend tatarischen Soldaten zum Islam bekehrt worden – das erinnert mich an den christlichen General Feng, der vor einigen Jahren seine chinesische Armee mit dem Schlauch einer Feuerspritze hatte taufen lassen. Ghasan Khan starb 1304; er war der erste mongolische Herrscher, der seinen Begräbnisplatz bekanntgab; bis dahin hatten die mongolischen Herrscher gemäß den Sitten ihres Volkes stets ihre Gräber verheimlicht. Üldscheitu, ein Nachkomme Dschingis-Khans in der fünften Generation, erfuhr den Tod seines Bruders Ghasan, als er vierundzwanzig Jahre alt war; er hielt ihn geheim, bis er einen anderen Thronprätendenten hatte umbringen lassen.

Sultan Üldscheitu wußte recht gut über die Geschehnisse in der Welt Bescheid. Er empfing Gesandtschaften aus China – eine von ihnen verkündete einen Waffenstillstand zwischen den beiden Herrschern – und er korrespondierte mit Philipp dem Schönen, Eduard II. und Papst Clemens V. Seine Botschafter müssen die Tatsache verheimlicht haben, daß er Mohammedaner geworden war, denn seine königlichen Korrespondenzpartner erwarteten seine Hilfe, um die »abscheuliche Sekte Mohammeds auszurotten«. Üldscheitu benutzte Staatssiegel, die ihm der Groß-Khan verliehen hatte, und bezeichnete sich selbst als *daruga* – Gouverneur.

Wenn man die Schilderung seiner Bekehrung liest, erhält man einen Einblick in das Leben in Sultanieh, wo der Hof im Sommer residierte; der Winter wurde in Bagdad verbracht. Da er Sunnite war, hatte der Sultan einen Mann hinrichten lassen, der versucht hatte, ihn zur Schiitenlehre zu bekehren. Doch später, als er einem Disput zwischen Sunnitengelehrten der Hanefiten- und der Schafiitensekte beiwohnte, die in heftigen Argumenten »einander die abscheulichsten Beschuldigungen an den Kopf warfen, war Üldscheitu wütend über die beiden; sogar die mongolischen Edlen, die wahrlich nicht überempfindlich waren, widerte diese Zänkerei an, und sie fragten, ob sie deswegen auf Befehl Üldscheitus den Glauben ihrer Väter hatten aufgeben müssen; sie wünschten, daß Üldscheitu diesen Glauben wieder annehme.« Der Ilkhan war auch höchst beunruhigt durch ein heftiges Gewitter, das »gemäß dem mongolischen Glauben ein Zeichen göttlichen Unwillens ist. Er trat zum schiitischen Glauben über, nachdem er eine Vision von Alis Grab gehabt hatte, was ihn überzeugte, daß gemäß der Vorschrift des Propheten die Verehrung der Gläubigen Ali und dessen Nachkommen gebühre«*. Er ließ die Namen der Imane auf seine Geldmünzen prägen.

Im Alter von 35 Jahren starb Üldscheitu in Sultanieh an einem Anfall von Gicht, »tugendhaft, großmütig, nicht leicht durch Verleumdung zu beeinflussen, aber wie mongolische Fürsten geistigen Getränken ergeben und hauptsächlich mit seinen Vergnügungen beschäftigt«. Sein Begräbnis wurde mit großem Pomp begangen. Infolge von Intrigen unter seinen Ministern entstand das Gerücht, er sei vergiftet worden.

Der zwanzigjährige Abu Said folgte Üldscheitu und regierte zwanzig Jahre. In dieser Zeit wurde das Leben in Sultanieh höchst unruhig. Kuban, der Emir und Staatsminister, der Abu Saids Schwester geheiratet hatte, wurde von Tag zu Tag mächtiger. Arrogant und sittenlos ließ sich sein Sohn Dimaschk in eine Intrige mit einer der früheren Konkubinen Üldscheitus ein; er wurde ertappt, und es gelang ihm nicht zu entfliehen – sein Kopf wurde auf einem der Tore Sultaniehs aufgespießt.

Die Schuld an der großen Hungersnot 1319 wurde der moralischen Schlaffheit Sultaniehs zugeschoben. Abu Said ließ alle Bordelle schließen und gestattete nur eine Weinkneipe in jedem Viertel, und diese durften nur von Reisenden betreten werden. Er starb 1335 an einem Fieber, das er sich auf einem Kriegszug gegen ein Heer aus Kiptschak geholt hatte; vielleicht war er aber auch von seiner Frau Baghdad Katun vergiftet worden, die auf ihre jüngere Rivalin Dilschad eifersüchtig war. Er wurde in Üldscheitus Mausoleum beigesetzt.

---

* E. G. Browne: Literary History of Persia.

1335 war auch das Geburtsjahr Timur Lenks, der der Dynastie der Ilkhane ein Ende bereitete, nachdem er fast ganz Sultanieh zerstört hatte.

Im siebzehnten Jahrhundert schrieb Tavernier, daß Sultanieh wieder eine große Stadt sei, wo »viele christliche Kirchen in Moscheen verwandelt worden sind. Die Armenier behaupten, es habe in Sultanieh fast achthundert Kirchen und Kapellen gegeben.«

Als ich Sultanieh verließ, erinnerte mich das stolze Grab an einen persischen Spruch, den Upham Pope zitiert hat: »Große Kunst macht stark, jung und froh.« Stumm an einer Wegkreuzung Asiens stehend, war es das Symbol einer Zeit, da es Herrscher mit mongolischem Charakter gab, obwohl sie erst getaufte Christen gewesen und dann zum Islam übergetreten waren. Kraft, frischer Glaube und Erbarmungslosigkeit verschmelzen sich in diesem einzigartigen Monument.

14

Teheran

Drei verschiedene Häuser, drei verschiedene Lebensformen, drei Schwimmbassins (durchsichtige zitternde Herzen gepflegter Gärten) könnte man summarisch als Querschnitt unseres erzwungenen Aufenthalts in Teheran bezeichnen.

Zunächst wohnten wir im Bungalow von Dr. Davies, der in einer Ecke des Parks der britischen Gesandtschaft in Gulhek stand. Müde wie wir waren, wurde uns dieses Heim mit Schlichtheit geöffnet – gedämpftes Lampenlicht auf der Veranda, seidige Schwärze eines Cockerspaniels auf dem Teppich, große Gläser mit blassem Whisky vor und nach dem Essen sorgten für Wohlbehagen. Die goldgelbe Marmelade thronte am Morgen auf dem Frühstückstisch, während Kinder lärmend in dem klaren, himmelblau gekachelten Bassin plätscherten. Wir waren direkt zu dem guten Doktor gegangen, um ihm meine Hand zu zeigen. Nach einigen Tagen machten wir dann anderen Besuchern Platz.

Dann landeten wir im persischen Sommerhaus der Vernazzas – ein schmales Haus mit einer hohen Veranda, die sich in drei stilisierten Bogen auf einen symmetrischen Garten öffnet. Sein ehrwürdiges Bassin war nicht daran gewöhnt, nehme ich an, so viele Frauen in enganliegenden Badekostümen an seinem Rand sitzen zu sehen. Die Jadefarbe des undurchsichtigen Wassers leuchtete schimmernd, wo die Sonnenstrahlen, die sich im Wasser brachen, bis zu den dunklen Regionen vordrangen. In dem eleganten Hausinnern wurde als Apéro dunkler Wermut aus kleinen Gläsern getrunken, und nach dem Abendessen gab es ›fine Champagne‹. Während der Mahlzeiten wurde über das gute Essen gesprochen; das ein aromatischer Kaffee vervollständigte. Hier umsorgten die Eltern ihr einziges Kind zärtlich.

Aber die Hitze war so drückend, daß wir noch einmal umzogen.

Unser drittes Bassin inmitten eines Felsengartens war atemberaubend kalt: ein Kanal führte seine Wasser direkt von dem Elbursgebirge herbei, das den Himmel nördlich von Teheran versperrt. Diese drei Gärten lagen alle in Schimran, der großen Oase inmitten der Steinwüste auf dem Abhang zwischen der Stadt und dem Gebirge. Sie lagen nur einige hundert Meter auseinander, die großen Temperaturunterschiede waren den Luftströmungen zuzuschreiben.

Das letztgenannte Bassin erfrischte den Park der deutschen Gesandtschaft. Im Schatten stattlicher Platanen balgten sich fünf spitznasige Dackel wie junge Seehunde; das Haus, im europäischen Stil solide gebaut, war ein geeigneter Rahmen für das eiskalte Bier, das zu jeder Tages- und Nachtzeit getrunken wurde. Nach dem Abendessen ließ sich alles in der ›Bar‹ nieder, ein deprimierender Raum à la turque, wo der Herr Minister seine Schnapssammlung verwahrte. Sein Sohn pflegte sich frühzeitig zurückzuziehen, denn er arbeitete an einer Dissertation über die Bahrein-Inseln, diesen saftigen Zankapfel im Persischen Golf.

Wir wurden im Kavalier- oder Gästehaus mit den Worten einquartiert: »Sie können hier bleiben, bis Sie sich entschließen, nach Hause zu gehen, denn Sie werden nicht die Erlaubnis erhalten, weiter nach Osten zu fahren.«

Die gesamte Dienerschaft, Torhüter, Gärtner und Näherin inbegriffen, reckte, wann immer wir vorbeigingen, den Arm zum Hitlergruß; einige von ihnen fühlten sich verpflichtet, uns in gebrochenem Deutsch zu erklären, daß die Engländer ›Bssiar harab‹, sehr schlecht, seien – sie wußten wohl nicht, daß wir vorher auf dem Grundstück der britischen Gesandtschaft Gastfreundschaft genossen hatten. Der Koch, ein energischer Perser, dessen schlechtgefärbtes Haar peinlich anzusehen war und dessen Gebrüll zu oft meine Ohren verletzte, zeigte uns die *Breslauer Zeitung,* in der er anläßlich seines fünfzigjährigen Jubiläums im Dienste Deutschlands genannt worden war.

Bei unserem ersten Bassin fühlte ich mich miserabel, geplagt von meiner schmerzenden Hand. Bei dem alten Bassin im persischen Garten war die Hitze derart, daß wir nachts nicht schlafen konnten. Neben dem kühlen deutschen Wasser quälte ich mich mit meinen Artikeln herum oder sorgte mich um meine Freundin; ich war eine Beute der wechselnden Stimmungen, die mich während der ganzen Reise zwischen der objektiven und der subjektiven Welt hin- und herwarfen.

Bei Dr. Davies drehte sich die Unterhaltung hauptsächlich um Reiserouten, Lagerplätze, Reiseausrüstungen und Reisebequemlichkeiten.

Bei unseren französischen Freunden pflegte man den Stadtklatsch zu erörtern. Der charmante Prinz Firus, der Besitzer von Christinas Haus in Farmanieh? Der arme Mann war kürzlich im Gefängnis ›gestorben‹; er hatte das Pech, mit einem Prätendenten, der einst von den Engländern geschützt worden war, in Verbindung zu stehen... Was sagte man von Maud Rosens Buch? Sie umschmeichelte Sardar Akram, ihren treuen, geistreichen Führer, und schrieb dann jedes Wort auf, das er sagte. Er gehörte zu einer der zwei Familien, die ungestraft mit Fremden verkehren durften – was bedeutete, daß sie Berichterstatter des Schahs waren. Andere, die ihrem Beispiel folgten, fielen in Ungnade oder fanden den Tod. In unserem aufgeklärten Jahrhundert gibt es mehr als ein Land, dessen Untertanen nicht wagen, mit Europäern zu verkehren, die nicht nur ihre Poesie, sondern auch die Menschen selbst kennenlernen wollen. Jawohl, der Schah sah, wußte und bestimmte alles, was geschah.

Wußten wir schon das Neueste? Er hatte ein abgelegenes Dorf besucht. Der Bürgermeister hatte den königlichen Befehl, junge Bäume zu pflanzen, nicht ausgeführt; als Ersatz hatte er frischgeschnittene Zweige längs der Hauptstraße ausgesteckt. Der Schah kam und reiste ab, ohne etwas Besonderes zu sagen. Doch eine Woche später, als die Zweige verwelkt waren, kehrte er wie der Blitz aus heiterem Himmel zurück. Es heißt, der Bürgermeister sei erschossen worden, weil er versucht habe, den König der Könige zu täuschen.

In den weiten Räumen der deutschen Gesandtschaft wurde hauptsächlich von Machtpolitik gesprochen. Jawohl, das persische Volk sei entsetzlich arm, aber das seien auch die Preußen gewesen, bevor sie mächtig geworden waren. Nur ein Tyrann könnte in einem so verrotteten Land wie Iran Resultate erzielen. »Die liberalen Ideen die im Westen blühen, sind hier fehl am Platze, kann ich Ihnen versichern«, erklärte Herr Sment scharf, »und Sie würden das auch einsehen, wenn Sie nicht durch Vorurteile verblendet wären. Es ist die Pflicht des Schahs, möglichst rasch ein großes Vermögen anzusammeln; dadurch sichert er die Zukunft seiner Dynastie und macht eine neue Revolution unmöglich.«

Obwohl die Deutschen in Iran zehnmal so zahlreich waren wie die anderen fremden Kolonien, hätten sie in dem Land keine politischen Interessen, nur wirtschaftliche, wollte uns der Gesandte weismachen. Sie hätten schließlich ihr Ziel erreicht, aber erst, nachdem die besten Geschäftsleute persönlich aus Deutschland gekommen seien.

Während eines Diners saßen wir neben den Brüdern Mezzaforte, Zwillingen, die vor langer Zeit gleichzeitig Grafen und persische Untertanen geworden waren. Pianoforte und Whiskyforte, wie ihre Spitznamen lauteten, lachten darüber, daß England dem Koloß mit tönernen Füßen, Rußland, den Hof machte – ein Bündnis, das gegen den starken deutsch-italienischen Block machtlos sei. Da unser Schweigen als Zustimmung ausgelegt wurde, fügte jemand hinzu, daß Hitler ein Heiliger sei, der Europa vor dem Bolschewismus rette. Christina bemerkte ruhig, daß ein Heiliger niemals Gangstermethoden anwenden würde, und als der Herr erwiderte, sie sei einfach ein Opfer der Zeitungspropaganda, sah ich, daß sie vor Wut ganz starr wurde.

Unser Gastgeber machte aus seinen Nazi-Ideen kein Hehl. Aber sein Sohn war gerade in den Bann der veilchenblauen Augen der Tochter des britischen Gesandten geraten, und so behauptete er, daß die Engländer eine Mission auf Erden hätten: der germanischen Rasse mehr Schliff zu geben, sie zu verfeinern. (Da er überzeugt war, daß wir unsere Reise nicht fortsetzen könnten, wäre er beinahe mit unserem Wagen davongefahren, um Miß Blauauge zu folgen, die am Abhang des Demawend campierte!)

Der Vater glaubte, wir würden unsere Papiere nie erhalten. Er, eine höchst einflußreiche Persönlichkeit in Teheran, war nicht imstande, vier sehr beschäftigten Geschäftsleuten weiterzuhelfen, die von Deutschland nach Kabul unterwegs waren; seit drei Wochen schnaubten sie vor Wut in ihrem Hotel in Teheran und fluchten auf Herrn Sment wegen der Verzögerung, da sie nicht glaubten, daß die Behörden gegen ihre Reise seien.

In Ost-Persien war die Cholera ausgebrochen, ein Geschenk ›jener unmöglichen Afghanen‹ jenseits der Grenze. Die Straße nach Meschhed war gesperrt, mit einigen Ärzten war Impfstoff für siebzigtausend Menschen nach dem Seuchengebiet gesandt worden. Europäische Reisende, die bereits über Firuskuh hinausgekommen waren, hatte man nach der Hauptstadt zurückgeschickt.

Wir sprachen mit Beamten. Da wir beweisen konnten, daß wir nicht nach Teheran zurückkehren wollten, sondern entschlossen waren, uns unter die ›afghanischen Barbaren‹ zu begeben, und da die Zeit zu kurz war, um auf der Fahrt von der Seuchenzone nach der persischen Grenze krank zu werden, waren wir der Ansicht, daß niemand das Recht habe, uns zurückzuhalten. Aber wir mußten den Vorschriften Folge leisten und uns im ›Institut Pasteur‹ impfen lassen. Die drei Injektionen bedeuteten eine Woche Verzögerung.

Wir suchten Mohammed Nawros Khan auf, den afghanischen Geschäftsträger, um uns zu vergewissern, daß seine Regierung uns nicht zurückweisen würde. Obwohl wir seine verlängerte Siesta unterbrochen hatten, versicherte uns dieser charmante Herr, wenn wir erst einmal den Boden seines großen Landes betreten hätten, wären all unsere Schwierigkeiten beendet; dort würde niemand Erklärungen verlangen, sich nach dem Geburtsdatum unserer Eltern erkundigen, nach der politischen Partei, der wir angehören, oder nach der Höhe unseres monatlichen Einkommens!

Die niederdrückenden Prophezeiungen des Herrn Sment erinnerten mich an Moskau und Peking, wo es mir gelungen war, größere Schwierigkeiten zu überwinden. Aber Christina, die sich deswegen ernstlich zu ängstigen begann, behauptete, sie könnte nicht fortgehen, bevor sie all ihre Aufzeichnungen verarbeitet habe. Ich hielt das für reinen Wahnsinn. Unser Hauptziel war, in eine ›positive Umgebung‹ zu kommen, wo Arbeit und Pflege der Gesundheit Hand in Hand gehen würden. Jedenfalls rechtfertigten ihre unwichtigen Artikel keine Verzögerung, und unser dreiwöchiger Aufenthalt in Teheran hatte bereits die Zeit wesentlich verkürzt, die wir uns für den Besuch der Ausgrabungen der Hackins gesetzt hatten. Aber während ich diese Zeilen schreibe, habe ich das Gefühl, daß sie sich deshalb nicht die Zeit nahm, ihre Eindrücke langsam zu verarbeiten, weil ein Teil ihres Ichs ahnte, daß sie nicht mehr lange zu leben hätte.

An einem Tag arbeitete sie hart und verkündete vergnügt, daß sie nun ihre quälende Furcht losgeworden sei; am nächsten erklärte sie, daß sie nicht länger in dieser trostlosen, unglücklichen Stimmung leben könne – es war offensichtlich, daß sie noch weit davon entfernt war, eine gleichmäßige Gemütsverfassung zu erlangen. Auch ihre Gesundheit schwankte zwischen Fieber und einer Halsentzündung, zwischen Kopfschmerzen und Zittern in den Knien. Dr. Davies sah all das als die Folge von zu niederem Blutdruck an: Traubenzucker und Mitgefühl seien die Heilmittel dafür.

Aber ich spürte Gefahr in der Luft: wir waren in einer Großstadt, die gefährliche Versuchungen bieten konnte. Hatte sie sich nicht unerklärlich aufgeregt, als der Apotheker sie erkannte und ihr eine alte Rechnung präsentierte? Mir war dauernd unbehaglich zumute. Wollte sie allein in die Stadt gehen? Was hatte sie vor? Zusammen hatten wir das schöne Museum besucht, wo wir die Töpfereien studierten, damit wir eine Vergleichsmöglichkeit hätten, falls die Hackins etwas Ähnliches finden sollten. Doch wenn sie wollte, konnte sie leicht Vorwände zum Entschlüpfen finden. Einmal ging ich allein zu einer Teegesellschaft bei Schweizern, während sie den Platin- und Smaragdring suchte, den sie neben dem Bassin verloren hatte. Als sie zwei Stunden später zu mir stieß, wagte ich nicht, sie zu fragen, ob sie in Teheran gewesen sei, aber ich war so in meine Gedanken versunken, daß ich nicht wußte, was die Leute mir erzählten.

Ich vermied sorgfältigst, über die Vergangenheit zu sprechen. Ich fragte nie nach der schönen Yalé, die in der benachbarten Gesandtschaft gestorben war. Und wir gingen auch nie zu ihrem früheren Haus. Doch ich wußte, daß Christina tief bewegt war, wieder in dem Land zu sein, wo ihre Qual so groß gewesen war, in dem Land, das sie zu folgenden Zeilen veranlaßt hatte:

»Jeder Abend – ein Abschied, und am Morgen stehe ich dem Unbekannten gegenüber. Die Abenteuer sind vorüber, aber tausend Wirklichkeiten müssen noch geprüft werden. Ich packe sie, ich stürze mich darauf, ich liebe – und ich kann nichts vergessen. Hinter mir Zedern, Olivenhaine, Lieder, Säulen, Zelte, Segel. Und die Hufspuren der Pferde, die von ihren Reitern vorwärts getrieben werden. O weiter, immer weiter, weit hinter unbekannte Horizonte! Wie manche schlaflose Nacht es mich auch kostet, sie zu erreichen … wie ein scheuendes Pferd stürmt meine Geduld nach rechts und nach links – stürzt sich aber immer vorwärts. Die

Straßen sind verschleiert, gewunden, wie die Milchstraße. Kälte, Hunger, Durst – ich habe, was ich wünschte – und kein Ort, wo ich mein Haupt niederlegen könnte. Keine hilfreiche Hand. Wenn ich jetzt in einer dieser Nächte deine Straße beträte, würden die Nachbarn mich nicht mehr kennen, man würde mich nicht von den Blinden, den Stummen, den Bettlern unterscheiden können. Und ›Willkommen‹ würde ich hören; aber ich würde die Suppe, die dein Mitleid den Elenden anbietet, verschmähen. Der Hunger ist mein Freund. Ich begrüße jede Müdigkeit. Ich lege mich neben der Quelle nieder – vermag nicht meinen Durst zu stillen. Was tut's? Meine Ungeduld hat bereits die Berge überquert. Und ich gehe vorwärts, mit leichtem Herzen. Mein Herz ist so leicht, so leer, daß jede Art von Kraft Eintritt findet, alle Energien in mich strömen: die würzige Nachtluft und die salzigen Winde des Meeres und dann die Säfte, die in den Pflanzen emporsteigen, die lautlosen Regen, der Atem der schlafenden Blätter, Tiere und Menschen – jeder Pulsschlag. Und es steigt aus den Flüssen empor, schwebt über den Feldern wie der Morgennebel, gleitet über die Herden, treibt von den Weinbergen hinunter, liebkost die Spitzen der Zelte und die Wipfel der Bäume, sammelt sich um die Feuer der Schafhirten – ›Fürchte nicht!‹ Und es ist, als sähe ich zu beiden Seiten des Weges Legionen von Engeln und müßte Tränen der Freude vergießen.«

Zuweilen in der Abenddämmerung, wenn die Bäume des Parks in den Salon der Gesandtschaft einzudringen schienen, ließ Christina zart ihre Finger über die Tasten des Flügels gleiten. Ihre Silhouette war im Zwielicht kaum zu erkennen, aber ich konnte etwas von der Ehrfurcht spüren, die sie erfüllte, als die Grazie der Musik Mozarts aus dem fernen Europa aus dem Zimmer schwebte, um die persische Nacht zu erfüllen. Der Gegensatz zwischen den fiebrigen Verwicklungen ihres Lebens und der Vollkommenheit jener Musik, die mit der Leichtigkeit und Klarheit kristallener Schneeflocken sich bewegt, die auf einen leuchtenden Berggipfel fallen, dann auf einen dunklen Föhrenwald, rührte mich zu Tränen.

In der Nacht wurde ich wieder von dem Wolf geweckt, der in seinem Käfig heulte, heulte und jammerte wie Palazi, mein großer Eskimohund, wenn er im Schnee sitzt und bellt, seine glänzende dunkle Nase zu den Sternen über ihm reckend.

Dieses Heulen verstärkte noch mein Gefühl, daß wir rasch fortgehen müßten, bevor Teheran uns zum Verhängnis werden könnte. Ich war auch halb vergiftet von der Schalheit so manchen abendlichen Salongesprächs, ich war nicht gewappnet für diese wilden Schlachten im Leeren, Gesellschaftsleben genannt. Wir müßten nach Meschhed eilen, bevor die Straße endgültig gesperrt würde. Unser Ausreise-Jawass war uns versprochen worden – eine Stunde nach Erhalt müßten wir unterwegs sein. Wir freuten uns schon auf das Gesicht des deutschen Gesandten, wenn wir uns von ihm verabschieden und ihm für den erholsamen Aufenthalt danken würden, den er uns auf unserer Fahrt nach Kabul beschieden hatte!

15

GUMBAD-I-KABUS

»Der Antritt einer Reise in Persien ist wie eine algebraische Gleichung: sie kann aufgehen oder auch nicht«, schreibt Robert Byron in seinem *Road to Oxiana.* Wieder einmal fuhren wir der aufgehenden Sonne entgegen, glücklich, den Fängen der Bürokratie entronnen zu sein, die uns hätte lahmlegen können.

In einem Brief, den wir gerade noch erhalten hatten, riet uns Hackin, von Herat aus die Nordroute zu nehmen; die übliche südliche Straße über Kandahar sei unterbrochen, denn die Brücke sei vom Hochwasser des Hilmend weggerissen. Wir sollten auch Chinin schlucken, da das afghanische Turkestan von Malaria verseucht sei. Wir hatten schon ein wenig das Gefühl, als gehöre Afghanistan bereits uns, obwohl die Entfernung in der Luftlinie bis Herat noch etwa zwölfhundertfünfzig Kilometer betrug.

Die Serpentinenstraße führte uns durch die natürliche Gebirgsfestung, den Elburs. Christinas Glückliches Tal lag ganz in der Nähe, am Hang des großen Demawend, der, wie alle einzelstehenden Berge, vielen Sagen Stoff gegeben hat. In einer davon heißt es, der große Phönix Simurgh lebe auf ewig dort; mit einem Auge starre er in die Vergangenheit, mit dem andern in die Zukunft. Ich erinnere mich, daß ich schon vor Jahren von Simurgh gehört hatte, aber über tausend Meilen entfernt; ich kam damals am Fuß des kaukasischen Elbrus vorbei, der, wie sein persischer Namensvetter, ein riesiger erloschener Vulkan ist. Ich glaube, daß die Alten die beiden Berge miteinander verwechselt haben und daß daher der ähnliche Name kommt.

Simurgh rettete das Leben des Knaben Zal, der, obwohl ›schön wie die Sonne‹, von seinem Vater Sam in der Wildnis ausgesetzt und dem Tode nahe war, weil er weißes Haar hatte und sein Vater sich dessen schämte. Später empfing der reuevolle Erzeuger, damals Gouverneur von Hindustan, seinen Sohn mit großer Freude. Zal kam zu Pferd durch das Königreich Kabul zurück; ihm ging der Ruf voran, ein Jüngling von unvergleichlicher

Schönheit zu sein. Auch Rubadeh, die Tochter des Königs von Kabul, war wegen ihrer großen Schönheit berühmt. Es gelang den beiden, zusammenzukommen: die Prinzessin ließ von ihrem Balkon ihre Zöpfe hinunter und Zal kletterte daran zu ihr hinauf. Doch ihrer Glückseligkeit stand ein großes Hindernis im Wege: die Prinzessin stammte von Zohak ab, dem Erbfeind der Familie Zals. Aber schließlich entdeckten die Hofastrologen, daß alles in Ordnung sei, denn ihr Sohn würde Rustam sein, der große Held Persiens, der Vorkämpfer Irans gegen Turan.

Und am Fuß des Demawend legte Feridun der Gerechte den Dämonenkönig Zohak in Fesseln, nach dem wahrscheinlich die stolzen Ruinen benannt wurden, die wir bei Bamian sehen sollten.

* * *

Bald verließen wir die direkte Straße nach Meschhed; wir wollten das erhabene Gumbad-i-Kabus in der Steppe östlich des Kaspischen Meeres auftauchen sehen. Wir wandten uns nach Norden und fuhren jenseits des Firuskuh-Passes hinunter zum Meer. Die berühmte, den Paß überquerende transiranische Eisenbahn – die erste in einem Land, das dreimal so groß wie Frankreich ist – war 1938 eingeweiht worden. Innerhalb von vierundzwanzig Stunden begegneten uns drei Züge; auf jedem Güterwagen war das Wappen Irans aufgemalt, ein Löwe, der Alis Schwert der Erkenntnis in der rechten Vorderpranke hält.

Von zwei blanken, riesigen Lokomotiven gezogen, kroch ein Zug einen steilen Berghang hinauf, bevor er in einem der fünfundachtzig Tunnels verschwand, die die Bahn vom Meeresspiegel bis zu den 2100 Meter Höhe des Passes führen. Wie ein ungesunder Pilz, von der Eisenbahn – Symbol des Fortschritts, wenn es ihn überhaupt gibt! – gebracht, lag am Rand der Straße eine kleine Siedlung, deren Hütten aus verrosteten plattgedrückten Kanistern gebaut waren; es war eine häßliche Kopie gewisser Siedlungen in der Banlieue von Paris.

Wir kamen bald zum Unterland. In dieser kahlen Welt von farblosen Felsen, Schieferton und Geröll traf das grelle Grün des ersten Reisfeldes das Auge, wie nach einem allzulangen Schweigen der erste Freudenruf das Ohr erreicht. Dieses Grün, das so gleichmäßig dicht, so sauber geordnet hinter den halbmondförmigen Lehmdeichen der Terrassenfelder leuchtete, war so intensiv, daß man sich kaum vorstellen konnte, es seien keine künstlichen Farben. Noch weiter unten, wo der Reis schon reifer war, lag ein goldener Schimmer über dem Grün mit seinen wechselnden Schattierungen wie weicher Moiré.

Tiefer, immer tiefer ging es, durch eine Schlucht, danach in die feuchte Hitze des dichten Unterholzes eines Waldes, bis wir schließlich zwischen den brachen Feldern von Masanderan dahinrollten, der reichsten Provinz von Iran. Die strohgedeckten Hütten waren hier meist durch die Serienhäuschen ersetzt, deren Errichtung kürzlich der König der Könige verfügt hatte.

Schahi, mit einem großen Marktplatz und häßlichen modernen Häusern, war die erste Stadt, zu der wir kamen. Man konnte sich nur schwer vorstellen, daß es in der Nähe Dschungel gab, in denen Rehe, Tiger, Leoparden und Wildschweine hausen.

Christina fand eine neue Reisedefinition: »Man ist erst dann wirklich im Ausland, wenn man ohne besonderen Anlaß einen Umweg macht, nur um einen Landsmann zu treffen.«

Wir übernachteten bei der Familie eines Schweizer Ingenieurs, der Direktor einer Textilfabrik mit zweitausend Arbeitern war. Einige Bemerkungen unseres Gastgebers stimmten mit den Ausführungen des deutschen Gesandten überein: es sei gar nichts dabei, daß acht- bis zehnjährige Knaben in Fabriken arbeiten; sie lernten ein Handwerk, erwürben gewisse Kenntnisse und würden zu etwas Reinlichkeit angehalten. Wir könnten nicht unsere abendländischen Maßstäbe auf den Iran anwenden; diese Knaben würden sonst unter noch viel unwürdigeren Bedingungen arbeiten müssen, wo man sie ausnütze, schlage und ihnen nichts zahle.

Das Gesetz verbietet Europäern, Arbeiter anzurühren. Wenn aber der persische Aufseher bei seiner Runde einen ungeschickten oder faulen Arbeiter sieht, hebt er ohne weiteres die Hand und schlägt hart zu. Das sei die einzige Möglichkeit, erklärte unser Landsmann, in einem Land wie Persien Resultate zu erzielen. Er sei zuerst im Prinzip gegen das Schlagen gewesen, habe aber in dieser Hinsicht allmählich seine Ansicht geändert. Wenn ein Mann zum zweitenmal verletzt wird, weil er blöderweise seine Hand in eine Maschine steckt und dann behauptet, es sei Schuld des Vorarbeiters, so verabfolge er dem Burschen eine gute

Tracht Prügel. »Das wird dich lehren«, sage er, »den Vorarbeiter aus dem Spiel zu lassen!«

Es war Tatsache, daß überall, wo die Landesprodukte gewonnen und verarbeitet wurden, die Knaben und Mädchen gut arbeiteten, bis sie etwa achtzehn Jahre waren. Dann gaben sich die Burschen dem Opiumgenuß hin, und die Mädchen heirateten und bekamen ein Kind nach dem anderen.

Schah Reza übte seine Herrschaft wahrscheinlich ebenso grausam aus wie Schah Abbas oder Cyrus. Aber vermutlich war es die einzige Möglichkeit, die Leistungen zu erlangen, die er wünschte.

Wir mußten uns dauernd den Schweiß aus dem Gesicht wischen, und mir taten die Menschen leid, die in dieser Treibhausatmosphäre arbeiten mußten. In der Nacht war die Hitze wie eine drückende Decke, die man nicht abwerfen kann. Wir sehnten uns nach dem Wind, der einen bei der Fahrt fächelt.

Nach einer Stunde Fahrt an der Küste kamen wir von Schahi nach Babol-Sar, das ein wenig an den Strand von Trouville erinnert. Ein Casino und einige Badekabinen standen an einem verlassenen Strand, wo Turkmenen mit ihren langsamen Bewegungen aus einer primitiven Barke dunkles Eisenholz entluden. Ich ruderte in einem kleinen, aber unglaublich schweren Einbaum umher, dann schwamm ich, aber das reglose Meer belebte meinen schlaffen Körper nur wenig. In dem blaßgrünen Wasser gab es viele Störe, einige bis zu einer halben Tonne schwer; in einem nahegelegenen Schuppen, in dem die Fische verarbeitet wurden, erzählte man uns, daß der dortige Kaviar ›der beste der Welt‹ sei. Das hatte man uns auch von den modernen Teppichen und der neuen Eisenbahn erzählt.

Ein Palast-Hotel leuchtete weiß in der Sonne. Es war vor zwei Jahren eiligst fertiggestellt worden, als der Schah den Gegenbesuch Kemal Atatürks erwartete. Dort wurde mir in den Prunkgemächern (pst, pst!) ein in der Wand verborgenes Mikrofon gezeigt, das aber nie seinen Zweck erfüllt hatte, da Atatürk nicht kam.

Die Orangenbäume der Gegend waren beseitigt worden, weil sie Malariamoskitos beherbergten; so machte Babol-Sar damals mehr den Eindruck eines Brachlandes als eines Modebades.

Die Straße führte uns weiter nach Osten, durch dichte grüne Wälder voll zirpender Zikaden, durch üppige Felder, überragt von wackligen Ausgucken; an Dörfern vorbei, die durch Dornenhecken gegen Raubtiere geschützt waren, und an Baumwollfeldern, in denen rosafarbene und gelbe Blumen leuchteten.

Zwischen silbern wehenden Schilffahnen wanderten wir zu einem Bauwerk, das wie eine kleine morgenländische Kirche zwischen Gräbern aussah. Aus einem alten Ziegeldach, das rockförmig eine lange Veranda deckte, ragte ein runder Turm. Die Bauart ließ auf eine interessante Geschichte schließen. Die Spitze des Turmes bildete einen abgeflachten Kegel, einem Chinesenhut ähnlich, der Turm selbst saß auf einer Trommel, die sich über einer weißgetünchten Mauer mit Blendarkaden erhob. Einige herausgerissene Koranseiten in einer Nische zeigten, daß das Gebäude nun als Moschee benutzt wurde.

Eine Gruppe von Frauen und Kindern auf der Pilgerfahrt interessierte mich. Ich hatte solche Menschen noch nie gesehen. Sie waren alle ungemein plump und häßlich, fast affenartig, mit wirrem Haar und riesigen Mündern. Eine Sage fiel mir ein, nach der Dämonenvölker an der Küste des Kaspischen Meeres gehaust haben sollten, fern von den Hochebenen, der Heimat der Arier. Ein kleines Mädchen mit krausem Haar und dicken Lippen, die sie verzog, als wolle sie mich anknurren, vertrieb uns die Lust, die Leute zu befragen.

Diese kirchengleiche Moschee war vielleicht kein wertvolles historisches Bauwerk, aber wir freuten uns an ihr, weil sie unsere eigene Entdeckung war; kein Hinweis in einem Baedeker hatte uns zu dem Besuch verpflichtet.

Jede Radumdrehung brachte uns Sowjet-Turkestan näher. Wir aßen in einem Dorf zu Mittag, wo uns ein Russe, der mit Wodka handelte, als Dolmetscher diente. Er war kürzlich aus Baku gekommen, voller Hoffnung, in einem kapitalistischen Land rasch Reichtümer zu erwerben, aber die Apathie und die Armut, die überall in Iran herrschten, ließen ihn seinen Ortswechsel bitterlich bereuen.

Wir hörten, daß in Malakan eine Kolonie russischer Flüchtlinge lebe, während in Kargusch-Tepe echte Kirgisen wohnten, die die typischen Stiefel mit hohen Absätzen trugen und guten Käse machten. Es gibt viele Sowjetbürger, die in Iran Zuflucht gesucht haben. Im Jahre 1934 waren Tausende und Abertausende geflohener Turkmenen nach Meschhed gekommen; andererseits aber waren viele persische Untertanen nach Sowjet-Turkestan geflohen, da ihnen die neuen Gesetze, die Nomaden in ansässige Bauern verwandeln wollen, nicht paßten. Als meine Freundin Irene vor einigen Jahren Gumbad-i-Kabus besuchte, wurden in dem großen Turm viele Stammeshäuptlinge als Geiseln festgehalten, bis ihre Söhne aus Sowjet-Rußland zurückkehrten.

Als wir die Stadt Gurgan hinter uns hatten, blickten wir ungeduldig nach Norden, wo der Turm Gumbad auftauchen sollte. Sobald wir die Hauptstraße verlassen hatten, veränderte sich die Landschaft völlig; wir befanden uns in der Unendlichkeit der Steppe. Das hohe gelbe Gras, das bis zum Horizont im Wind wogte, erinnerte mich an die Einsamkeit zu beiden Seiten des Oxus. Aber hier gab es keine Kibitka – das runde Filzzelt, das ich in den Ebenen gesehen hatte, die sich vom Kaspischen Meer bis zur Mandschurei hinziehen. Hier, wo Tausende und Abertausende von Kamelen, Pferden und Schafen sich umherzutreiben pflegten, war kein Lebenszeichen zu sehen. Die Nomaden und ihre Lebensweise gehörten der Vergangenheit an. Selbst wenn wir noch weiter bis nach Budjnurd gegangen wären, hätten wir keinen der einst so berühmten turkmenischen Pferdezüchter gesehen – es gibt sie nicht mehr.

Vor uns ragte über einer kleinen Bauminsel ein Bauwerk, das wie ein Leuchtturm oder ein runder Silo aussah. Beim Näherkommen erkannten wir, daß es nicht glatt genug war, um eines von beiden zu sein: scharfgekantet wirkte es wie ein fantastischer Rotor, von einem längst vergessenen genialen Ingenieur an der Grenze von Zentral-Asien zurückgelassen – es war das Grab des Königs Kabus, vor tausend Jahren erbaut.

In der Dämmerung kamen wir zu einer kleinen Ortschaft, die wie eine Oase aussah: zwei von Bäumen umsäumte Straßen, die sich kreuzten. Dort verbrachten wir auf dem Dach des Hauses eines armenischen Geschäftsreisenden die schlimmste Nacht unserer Reise.

Drückende Hitze unter tiefhängenden Wolken erweckte in uns die Sehnsucht nach einem Sturm, der aber nicht ausbrach, während Schwärme von unsichtbaren Sandflöhen unsere Geduld fast völlig erschöpften. Hungrig warteten wir drei Stunden, bis ein rotznäsiger Knabe uns den Reis und den Kebab brachte, den wir im Gasthof bestellt hatten. Die gewöhnlich gleichmütige Christina verlor die Nerven und klagte über alles, als sei sie zum erstenmal in Asien; warum die Menschen so blöde, so schmutzig, die Häuser so schlecht gebaut seien, warum es unmöglich sei, sich zu waschen? Es gelang mir nicht, sie zum Lächeln zu bringen, indem ich ihr sagte, das seien eben die Freuden der Reise, wenn man nicht die Sprache des Landes kenne, durch das man kommt.

Wir teilten unser schmutziges ›Belvedere‹ mit noch einer Reisenden, einer russisch sprechenden Frau, die in Samarkand geboren und in einem Nachbardorf verheiratet war. Jetzt hatte sie schon zum drittenmal versucht, sich im Spital in Gurgan den Blinddarm herausnehmen zu lassen; diesmal war das Gebäude gerade vor ihrer Ankunft in Brand geraten. Sie litt nicht unter den unzähligen Sandflöhen, die uns so sehr plagten. Angesichts unseres Elends erklärte sie, daß diese Pest ihr tatarisches Blut nicht liebe, es sei seit ihrer Kindheit mit Wodka getränkt!

Die Nachbardächer, auf denen ausgestreckte Gestalten ebenfalls den Luftzug, der nie kam, zu haschen suchten, sahen wie halbdemolierte Dachböden aus; schwache Scheidewände und Binsengeflecht bildeten hier und dort einen Verschlag; kleine Öllampen glichen großen Glühwürmchen.

Ich sah einem Mann zu, der die halbe Nacht hindurch seine Opiumpfeife nicht aus den Händen ließ; er spürte bestimmt seinen schwitzenden Körper nicht mehr!

Über der Misere dieser keuchenden Menschen in einem Winkel Asiens erhob sich die Herrlichkeit des großen Grabmals, das die tiefen Wolken berührte – unbeweglich, herrschend, zum Nachdenken zwingend. Es erinnerte an König Kabus, der gemäß Nidhami von Samarkand »ein großer, tüchtiger Mann war, ein Freund der Gelehrten« – Kabus, der den berühmten Avicenna von Buchara beschützte und dem Albiruni seine ›Chronologie der alten Völker‹ gewidmet hatte.

König Kabus' Gastfreundschaft kannte keine Grenzen. Ein Daylami-Prinz, der sich unter seinen Schutz begeben hatte, wurde von racheheischenden Brüdern verfolgt. Eher als die Gastfreundschaft zu verletzen, lehnte Kabus hohe Angebote ab, verlor seinen ganzen Besitz und teilte mit seinem Gast voller Stolz das Exil, bis es ihm schließlich gelang, diesem wieder zur Macht zu verhelfen; und er hielt sich durch die Dankbarkeit des Prinzen, den er so edelmütig beschützt hatte, für belohnt.

»Kabus ist berühmt für sein ungewöhnliches Wissen und seine überragende Weisheit. Seine Worte wurden als Maximen wiederholt, und es scheint, daß er in allen seinen Leistungen seinem Zeitalter weit voraus war. Seine Lebensweise war streng und nicht geeignet, die Zuneigung der Menschen zu gewinnen, die, da sie in stürmischen Zeiten lebten, ihren Leidenschaften frönten, um sich für die Mühen und Gefahren zu entschädigen, denen sie ständig ausgesetzt waren. Er wurde in Gurgan im Einverständnis mit seinen Söhnen von meuternden Offizieren ermordet, deren Ausschweifungen er wahrscheinlich hatte beschränken wollen.«*

Der Himmel war noch immer bedeckt, als wir am nächsten Morgen vom Dorfe nordwärts zu dem Erdhügel wanderten, auf dem sich der ungefähr fünfzig Meter hohe Turm erhebt; der Hügel ist vermutlich der Rest einer Rampe, von den Arbeitern errichtet, um die Turmspitze zu erreichen.

Etwas diesem Turm Ähnliches hatte ich noch nie gesehen: mächtig, streng, nüchtern stellte er das einzige charakteristische Merkmal inmitten der Gleichförmigkeit einer öden Welt dar. Obwohl aus Backsteinen erbaut, hatte der Turm die Festigkeit eines Monolithen. Hätten nicht zehn scharfe dreieckige Flanschen vorgestanden, wäre er ein einfacher Zylinder gewesen; diese Flanschen stiegen streng parallel zur Spitze empor und gingen dort in den Kegel über, der das Dach bildete. Auf der Fläche zwischen den Flanschen verkündete der dekorative Gürtel der kufischen Inschrift: »Dieses erhabene Grab wurde auf Befehl von Schamsul-Mali Emir, Sohn des Emir Kabus, Sohn des Washmgir zu seinen Lebzeiten im Jahre 375 nach der Hedschra (997 n. Chr.) erbaut.«

Ein altes Ehepaar lagerte auf einem Gestell an der Turmmauer – wahrscheinlich waren es die Grabwächter. Der Turm wurde gerade repariert, und ein Gerüst, das einer stilisierten Fischflosse glich, reichte bis zur Spitze. Es war unmöglich, Backsteine von der gleichen Qualität wie die ursprünglichen zu brennen; für das kegelförmige Dach wurden neue Ziegel benötigt, die ganz genau ineinander passen mußten; es war eine sehr schwierige Arbeit, namentlich da die Ziegel nach oben hin immer kleiner sein mußten.

Das Innere des Turmes war leer, aber früher hing hoch oben, wo ein schmales Fenster nach Osten geht, vom Dach der Sarg des

---

* Sir John Malcolm: History of Persia.

Königs Kabus. Professor Godard schreibt in seinem ›Survey of Persian Art‹, daß das schön verzierte Fenster offen gelassen wurde, was auf einen bestimmten Grund hindeutet, »wahrscheinlich wegen der uralten Sitte, nach der die Zeltöffnung der aufgehenden Sonne zugewendet sein soll. Zweifellos hatte Kabus bestimmt, daß seine Leiche den ersten Sonnenstrahlen des Tages ausgesetzt werde. Das würde die Lage des Fensters erklären, und auch den Umstand, daß der Sarg aus Glas war, wie Jannabi sagt.« Sein Nachfolger ließ ihn herunternehmen.

Ich habe gelesen, daß im zwölften Jahrhundert der oberste Herrscher Persiens, Sultan Sandschar, der Seldschuke, Susa und seine berühmte Brücke besuchte; an dem einen Ende wohnten die reichen Juden, am anderen alle Armen der Stadt. Diese glaubten, der große Vermögensunterschied sei der Tatsache zuzuschreiben, daß der Körper des Propheten Daniel bei den Juden begraben lag. Nach langem Streit wurde beschlossen, daß der Leichnam abwechselnd ein Jahr auf jedem Flußufer ruhen solle. Doch Sultan Sandschar erklärte, daß das die Ehre des Propheten beeinträchtige, und er befahl, den Sarg in einem Glaskasten unterzubringen und diesen an Eisenketten unter der Mitte der Brücke aufzuhängen. Rabbi Benjamin von Tudela, der gegen Ende des zwölften Jahrhunderts Susa besuchte, sah dort diesen Sarg. Ich vermute stark, daß Sultan Sandschar vom Gumbad-i-Kabus inspiriert worden war.

Wir wanderten ein bißchen in die düstere Ebene, kamen an einem sinnenden Kamel (das richtige Tier an der richtigen Stelle) vorbei und setzten uns auf die Erde. Das Grabmal war imposant, unvergeßlich. Es schien voll unterdrückter Energien, eine fantastische, geflügelte Trommel, die ein Wüstensturm mit großem Heulen rundum treiben könnte, oder eine Rakete, die eines Tages nach einem fernen Planeten davonknattern würde.

Und ich dachte an die Siegestürme von Ghasni – von denen einer im Jahre 1030 von Mahmud von Ghasni erbaut worden war, dem Gründer eines Reiches, das sich weit bis nach Indien hinein erstreckte. Sie sind eleganter, viel schlanker – und weniger gewaltig – als der Gumbad. Auch daran dachte ich, daß ein Mädchen aus König Kabus' Blut nach Osten ging und vielleicht die Anregung zu diesen Türmen mit sich nahm: es war seine Enkelin, die Mahmud von Ghasni heiratete, den Eroberer Indiens.

Zunächst war ich erstaunt, ein so wunderbares Bauwerk wie

den Gumbad allein in jener Ebene zu sehen, als sei es vor tausend Jahren vom Himmel heruntergefallen. Aber jetzt weiß ich, daß damals in jenem Teil der Welt ein Goldenes Zeitalter blühte, trotz der Kriege gegen die seldschukischen Eindringlinge aus dem Norden. Nicht nur war Avicenna gerade im Begriff, sein Werk ›Summe alles Wissens‹ und Kei Kaus (ein Enkel des Königs Kabus) seinen ›Kabus Nama‹ zu schreiben, sondern Firdausi hatte eben sein unsterbliches Epos ›Schâh-nâme‹, das ›Buch der Könige‹, beendet. Das elfte Jahrhundert wurde berühmt durch Omar Chaijam, den ›Zeltmacher‹, Hassan ibn Sabbah, den Großmeister von Alamut, und Nizam-ul-Mulk, den Wesir des Schahs Malik, der das Reich so ausgezeichnet organisierte, daß die gleiche Geldwährung vom Mittelmeer bis zum Oxus Gültigkeit hatte. Damals wurde auch das bezaubernde Grabmal der vierzig Töchter in Damgan erbaut, ein entzückendes Monument, das mich an das kleine Tschesma Ayub erinnert, ein Mausoleum zwischen den runden Grabhügeln in der Nähe von Buchara.

Es war ein großes Jahrhundert. Zu seinem Beginn hatte Kabus, der König und Dichter, geschrieben:

Meine Liebe flammt auf im Gedanken an dich
Und durchschauert mein Wesen mit Glut und mit
Schmerz.
Jedes Glied meines Leibs redet einzig von dir,
Jedes Glied, dran du denkst, wird verwandelt zu Herz.

Ich kann mir nicht vorstellen, daß jener so streng und rigoros gewesen sei, der schrieb:

Sechs Dinge sind's, die zum Heim sich wählten
dein nächtlich rabenschwarzes Haar:
Gewirr und Gewinde, Gekräusel und Knoten
und Ringelwellen und Schmachtlockenschar.
Sechs Dinge verstehen, wie du magst sehen,
zu herrschen über mein Herz:
Gram und Verlangen und furchtbares Bangen,
Leidenschaft, Sehnsucht und Schmerz.*

* Nach E. G. Browne: Literary History of Persia.

16

CHORASSAN

Wir rasten den Paß im Süden von Gurgan hinauf und entwichen der Dampfbad-Atmosphäre, die uns während der drei Tage beim Kaspischen Meer so sehr mitgenommen hatte – Menschenkörper sind nicht dazu bestimmt, ständig zu tropfen wie ein Sack mit Quark.

Oben auf dem windgepeitschten Paß war es kalt; im Westen zerrissen die Gipfel der Elburskette die Wolken zu Fetzen. Die neue Straße war bald zu Ende, und wir mußten vorsichtig im ersten Gang hinunterfahren. Lange vor Schahrud kam ein Reiter wild auf uns zu galoppiert, um ausfindig zu machen, wer wir seien. Energischer Unterkiefer unter großem Filzhut – es war ein griechischer Ingenieur, dem dieser Sektor des Straßenbaus unterstand. Einsam und deprimiert wie er war, versuchte er uns zu überreden, mit ihm zu Abend zu essen. Er sehnte sich danach, in Länder wie der Kongo oder Abessinien, in denen er bisher gearbeitet hatte, zurückzukehren.

Wie tiefe Karfunkel klafften in regelmäßigen Zwischenräumen kleine Krater im Boden des abfallenden Geländes. Wir hatten schon viele dieser Kanats in der Nähe von Teheran gesehen, auch findet man sie in der ostiranischen Wüste, wo sie Karez heißen, sowie in Turkestan, Afghanistan und Belutschistan. Ich bin stets von neuem von ihnen begeistert. Wenn am Fuß eines Berges Grundwasser entdeckt wird – zuweilen in einer Tiefe von zweihundertfünfzig Meter –, wird ein unterirdischer Kanal gebaut, um es Meilen entfernt zum Vorschein zu bringen. Gelegentlich muß der Kanal auch gereinigt werden; aus engen Schächten, die etwa fünfzehn Meter auseinanderstehen, bringen kreischende Winden Ledersäcke voller Steine oder Schlamm, je nach der Bodenbeschaffenheit des betreffenden Kanals.

Da unten, wo es selbst im heißesten Sommer kühl ist, gräbt ein Arbeiter mit einer Hacke, einer Wasserwaage und einer Schnur einen abschüssigen Tunnel; von einer Nische her durchdringt der Schein einer winzigen Öllampe die Finsternis. Wir gaben den Männern am Schachteingang Zigaretten, wovon sie einige ihren Maulwurfskameraden hinunterließen. Beim Schichtwechsel setzt der neue Mann mit gestrafftem Körper den Fuß in eine Seilschlinge und wird so in den schlammigen Kamin hinuntergelassen.

Wird ein neuer Karez benötigt, so werden gleichzeitig mehrere Schächte gegraben, und dank einer unheimlichen Geschicklichkeit gelingt es den Leuten stets, die verschiedenen Tunnels zusammenzubringen. Diese kostspieligen, aber unentbehrlichen Arbeiten werden im allgemeinen von dem reichen Mann eines Dorfes finanziert, der entweder mehr Wasser benötigt oder einen ausgetrockneten Kanal ersetzen muß. Die Arbeitstrupps graben vom November bis März. Meist wird diese schwierige und zuweilen lebensgefährliche Arbeit von den gleichen Stämmen verrichtet.

Im Altertum scheinen die Kanatarbeiten von Arabern und Gabrs* ausgeführt worden zu sein. Strabo erwähnt Kanats bereits zu Beginn unserer Zeitrechnung. Ich habe einmal gelesen, daß noch immer unter dem Sand der Sahara wunderbare Kanäle vorhanden seien; diese Foggara sollen uralt sein. Ich nehme an, daß diese Art von Anlagen den Menschen, die sie benötigten, schon immer bekannt war.

* * *

Obwohl es eine höchst anstrengende Fahrt bedeutete, beschlossen wir, die etwa fünfhundert Kilometer lange Strecke zwischen Schahrud und Meschhed ohne Aufenthalt zurückzulegen; es gab unterwegs keine angenehme Campstelle. Da wir ›autark‹ waren, hätten wir allerdings unseren Spezialleinensack für Trinkwasser benutzen können; er hing an der Außenseite des Wagens, wo die Verdunstung das Wasser eiskalt erhielt; der Straßenstaub an der feuchten Oberfläche verwandelte sich dabei in eine dicke Lehmschicht. Doch ein Bad und ein sauberes Bett im britischen Konsulat in Meschhed waren ein Ziel, das einige Anstrengungen lohnte.

---

* Gabr ist die lokale Aussprache für das französische Guèbres, die feueranbetenden Anhänger Zarathustras.

Wahrscheinlich würden wir für lange Zeit solchen Komfort nicht mehr finden, namentlich nicht, wenn die Hackins noch immer bei ihrer ›Grube‹ arbeiteten.

Wir begannen uns dem Land anzupassen und hatten bereits jenes Stadium erreicht, in dem wir unwillkürlich persische Wörter in unser Französisch mischten. Zum Beispiel kannten wir schon seit langem die Wörter für ›Mann‹, ›ja‹, ›Frau‹, ›sehr teuer‹, und ganz unbewußt sagte Christina: »Ein nafar ging mir nicht von der Seite, er sagte dauernd ›Baleh, Khanum‹, das ist nicht ›kheili gheran‹; so habe ich schließlich seine Zigarettenspitze aus Speckstein gekauft.« Von ihrem früheren Aufenthalt in Teheran her kannte sie noch Lazim niist (nicht gewünscht), ein Ausdruck, den wir oft in Garagen benutzten, wo die Mechaniker immer am Wagen herumbasteln wollten.

Auch hatte ich einen Fluch zur Verfügung, der stets wie ein Zauber wirkte, wenn wir nicht farda (morgen) als Antwort auf einen dringenden Befehl annehmen wollten. Lange wagte ich nicht, nach der Bedeutung des Wortes zu fragen; ich wiederholte einfach das, was ich 1937 in Ispahan von einem deutschen Touristen gehört hatte, der es mit großem Erfolg anwendete; er sprach fließend persisch und konnte sich rühmen, auch Unterwelt-Kenntnisse der Sprache zu besitzen, denn was er wußte, hatte er in der Berliner Untergrundbahn gelernt. Später fand ich dann heraus, daß dieses wunderbare Wort nichts anderes als ›Hundesohn‹ bedeutete.

Auch der Wagen wurde ›persianisiert‹: Christina hatte am Kühler einige der reizenden blauen Perlen angebracht, die den Tieren an die Hälse gehängt werden, um sie vor dem bösen Blick zu schützen. Um eine noch schlimmere Art von Unglück zu bekämpfen, führten wir nun zwei wie Dachrinnen gebogene Blechstreifen mit, für den Fall, daß der schwere Ford im Schlamm oder Sand stecken bleiben sollte.

Als weitere Vorsichtsmaßnahme hatte ich Christina überredet, einen Rock zu kaufen; ich hatte sie überzeugt, daß sie, solange sie ihre grauen Hosen trug, für einen Mann gehalten würde und afghanische Harems ihr deshalb verschlossen blieben. Auch konnte ich ihr klarmachen, daß, wenn in Asien Schwierigkeiten auftauchen, Frauen leichter geholfen wird, wenn sie ohne Männerbegleitung sind.

Chorassan ist eine trübselige Gegend, eine Reihe riesiger, ausgetrockneter Wasserbecken, die durch graue Kieshügel oder nackte felsige Bodenstreifen voneinander getrennt sind. Das ganze Gebiet sieht noch öder und verlorener aus als Russisch-Turkestan. Aber am Morgen und am Abend verwandelt ein herrliches Spiel wechselnder Lichter diesen traurigen Hintergrund für kurze Zeit in eine Welt von beispielloser Schönheit.

Gold und Blau, Blau und Gold, das war am heutigen Morgen das Schauspiel: einige vergoldete Sträucher, die sich gegen den Hintergrund von Bergen abheben, die dunkelblau wie reife Pflaumen in der Ferne aufragen, während in der Tiefe des blauen Himmels goldner Staub und goldnes Licht wogen. Wegen dieses Himmels sind Wüsten so ergreifend; dieser weite Himmel, der größte Raum, den man auf einmal mit dem Blick umfassen kann, ein Himmel, in dessen zarten Dunstschleier der ganze Zauber, alles Wesentliche dieses einst fruchtbaren Landes gestiegen ist und Zuflucht gefunden hat. Jawohl, Christina, das Leben ist schön!

Auf den Feldern in der Nähe eines Dorfes sahen wir riesige kaffeefarbene ›Eispuddings‹ – neugierig untersuchten wir den nächsten. Es war ein hoher Schlammhaufen, der über einer tiefen, mit dem Eis des vergangenen Winters angefüllten Grube errichtet war. Dank einem dieser Yakschal war unser nächstes Zitronenwasser überraschend kühl – und angenehm, solange wir vermieden, auf den schlammigen Grund des Glases zu schauen.

In Sabzewar grüßte uns das schlanke Minarett von Khosrowgird, erbaut im Jahre 1111, als Sultan Sandschar, der Seldschuke, Gouverneur von Chorassan war – lange bevor er nach Susa ging und den Sarg Daniels sah. Das einfarbige Backsteinmuster des Turmes erinnerte mich an Buchara, wo ein fünfzig Meter hoher Turm an der einen Ecke der Kalyan-Moschee steht; ein ›Todes-Minarett‹ von imponierenden Ausmaßen – die vom Emir von Buchara zum Tod Verurteilten pflegten von dort hinuntergestürzt zu werden.

Bereits vor Mittag herrschte die Hitze über unserer Welt. Jede Einzelheit der Landschaft zitterte, als sei sie am Kochen. Jeder Windstoß, der von der backofengleichen Wüste kam, war so sengend, daß wir das windseitige Fenster hochschraubten und bedauerten, keinen Vorhang zu haben, der die Sonne daran hinderte, mich zu verbrennen. Immerhin war unser Verdeck mit rotem Flanelltuch ausgeschlagen, was sehr kühlend wirken sollte.

Wir bemühten uns nach Kräften, ein Tempo von siebzig Kilometern einzuhalten; sowie wir langsamer fuhren, glitten die Räder nicht mehr ohne weiteres über die wie aus Blechwellen gebaute Straße, und der Wagen holperte teuflisch. Eine weitere Belästigung war der Staub; es herrschte immerhin so viel Verkehr, daß dauernd eine dicke Staubwolke über der Straße wirbelte.

Unsere Rücken sowie die Ledersitze waren von Schweiß durchtränkt. Wenn wir eine Weile in dem starken Wind stehen blieben, fühlten wir uns eiskalt, bis wir trocken waren, denn Wasser verdunstet in dieser ganz trockenen Luft fast ebenso rasch wie Benzin.

Immerhin war unsere Fahrt bequemer als meine Reise vor zwei Jahren in einem überfüllten Autobus. Nach Tagen einer holprigen Fahrt auf derselben Straße hatte sich mein Rükken derart an einem Brett gerieben, daß, als wir die Garage in Schahrud erreichten, meine Kleider durchgescheuert waren; damals war mein Rücken ›gestählt‹, denn eines Hexenschusses wegen mußte ich mit einem Metallkorsett reisen. Diese Unannehmlichkeit und dazu die Hitze eines persischen Sommers machten die Dinge etwas schwierig; da wir tagelang neben der Straße gemeinsam campieren mußten, wenn Pannen uns lahmgelegt hatten, war es unmöglich, sich auszuziehen. Ich suchte mich etwas zu ermuntern, indem ich daran dachte, was mir Irene von ihrem Vater, Lord Curzon, erzählt hatte, der nach dem Pamir in einem ähnlichen Panzer gereist war, weil er an chronischem Ischias litt.

Die Reise mit dem Autobus war höchst interessant gewesen, obwohl nicht so pittoresk wie mit einem afghanischen Lastauto. Das persische Vehikel enthielt keine auf goldgerändertem Papier geschriebenen Gebete an Allah, auf der Außenwand keine bunten Abziehbilder, auf denen der Genfer See und sogar das Schloß Chillon zu erkennen waren, auch keine prächtigen Afghanen, die in der Wüste ihr Gebet verrichteten, während das Auto auf ihr Verlangen hin hatte haltmachen müssen, keine langen Turbanenden, die wie Isadora Duncans Schleier hinterher wehten, keine so tief verschleierten Frauen, daß sie beim Auf- und Absteigen kaum unser hohes Trittbrett erkennen konnten, keine Windeln, die einem auf die Rücklehne des Sitzes aufgehängt wurden, keine entsetzten Afghanen, die zum erstenmal die unverschleierten Gesichter persischer Frauen und krumme Beine mit Korkzieherstrümpfen sahen.

Nachdem wir unsere Pilgergarage in Meschhed verlassen hatten und dann am Imam-Reza-Schrein vorüberfuhren, stießen alle Passagiere einstimmig den üblichen Schrei der Pilger aus – eine Anrufung Alis, die inbrünstig und drohend zugleich klang. Jener Autobus hielt nur an, wenn er eine Panne hatte; da das so ungefähr stündlich passierte, hatten die Frommen genügend Zeit, niederzuknien und ihre Verbeugungen zu machen.

Einmal, als ich gerade den kleinen Vorhang bewunderte, der uns vor der Sonne schützte, wurde der Draht, der ihn hielt, abgeschnitten – er wurde benötigt, um das Auspuffrohr, das auf dem Boden schleppte, hochzubinden. Dann fiel das Trittbrett hinunter, und bald kamen durch einen Kurzschluß unsere Scheinwerfer zum Erlöschen. Beim nächsten Reifendefekt konnte nichts getan werden, bis einer der Passagiere seine Taschenlampe zur Verfügung stellte; der Chauffeur legte sich in einem Graben schlafen, während sein junger Geselle arbeitete; die Haut dieses Burschen war vor Öl und Schmutz ganz grau. Später ging ein Bolzen verloren und wurde durch irgendeinen Behelf ersetzt. Bis dahin hatte niemand ein Wort der Klage geäußert.

Aber der Höhepunkt der Reise wurde erreicht, als durch unseren Kotflügel ein Mann von seinem Esel geworfen wurde. Der Chauffeur hob ihn auf und fuhr ihn zu einem einfachen Khan; jammernd behauptete der Verunglückte, er müsse sterben, und seine Gefährten wollten den Chauffeur nicht weiterfahren lassen, bis er eine große Summe als ›Blutgeld‹ bezahle; das Palaver und Handeln nahm acht Stunden in Anspruch.

Der Khan war ein Gasthof mit einem dunklen Gewölbe; auf einer Lehmestrade lagen ausgestreckt einige müde Kunden und rauchten Opium. Es gab nichts zu essen. Meine hungrigen Reisegefährten versuchten die langwierige Diskussion abzukürzen. Einige von ihnen machten sich etliche hundert Meter weit auf die Suche nach Essen … und kamen mit einem Ei zurück, das einzig Eßbare, das sie hatten auftreiben können!

Außer einem Schulknaben, der nach Teheran zurückreiste, schienen alle Passagiere Pilger zu sein, die von einem Besuch des heiligen Schreins in Meschhed zurückkehrten. Ein ungemein fetter Mann (es gelang ihm, einen breiten Ledergürtel unter seinem umfangreichen Wanst zu tragen und an Ort und Stelle zu halten) war ein Teehändler aus Bagdad; ein anderer handelte in Karachi mit Teppichen, ein dritter fiel dadurch auf, daß er während der ganzen fünftägigen Reise eine Flasche zwischen den Knien hielt. Es wird wohl heiliges Wasser gewesen sein, das über das Vorlegeschloß des Grabes des Imams gegossen wurde; ich kann mir nicht vorstellen, daß Arak oder Öl mit solcher Sorgfalt paradiert worden wäre.

Die meisten meiner Nachbarn trugen arabische Kleidung mit den wollenen Schnüren um das Kopftuch; sie redeten einander mit Hadschi an, waren also offensichtlich in Mekka gewesen. Ein pockennarbiger Mann, der englisch sprach, war Schneider in Hamadan. Sein Bruder, ein Mullah in Meschhed, war wütend geworden, als er sah, wie abendländisch er sich trug: glatt rasiert und bekleidet mit einem eleganten blauen Pullover über einem Tennishemd, das in die Hosen gesteckt war! (Östlich von Istanbul bezeichnen die Hemden den jeweiligen Breitegrad: das mohammedanische Hemd, die russische Rubaschka, die indische Dschibba, alle flattern über den Hosen oder den Dhoti; so kann die Luft zur Haut dringen.) Aber der größte Fehler meines Schneiders war, daß er noch keine Frau hatte!

Sein Bruder, der Mullah, wußte bestimmt, daß Schah Reza, obwohl er politisch gegen die Priester eingestellt war, einen Priester als Ratgeber hatte. Dessen Rat folgend, hatte der Schah gerade einen seit langem angekündigten Besuch der heiligen Stadt Meschhed verschoben – die Stadt war noch immer unsicher für ihn.

1935 hatten die Soldaten des Schahs mit Maschinengewehren auf eine fanatische Menge im weiten Hof des Schreins gefeuert, wobei einige hundert Menschen getötet worden waren. Dieser Zwischenfall war dadurch entstanden, daß ein bedeutender Mullah das neue Gesetz verflucht hatte, das den Gebrauch abendländischer Hüte vorschrieb – solche Hüte würden die Gläubigen daran hindern, während des Gebetes mit der Stirn den Boden zu berühren (Mohammedaner dürfen nicht barhäuptig gehen). »Es ist eine Schande«, hatte der Mullah erklärt, »sogar die Engländer haben unseren indischen Brüdern niemals ein so gemeines Gesetz auferlegt! Schaut, was ich mit diesem Hut anstelle: Ich reiße ihn in Stücke!« Die Wut stieg rasch hoch in den Menschen, die sich sicher glaubten, da der Schrein stets ein unverletzliches Heiligtum gewesen war. Doch an jenem Tag mußten sie erfahren, daß ihre religiöse Welt vom Staat zertrümmert wurde. Nach jener Katastrophe mußten viele Mullahs in Irak oder in Afghanistan Zuflucht suchen. Seit damals werden die Pilger nur noch nach Zehntausenden gezählt, während es vorher Hunderttausende gewesen waren; außerdem machen die neuen Devisenvorschriften in allen mittelöstlichen Ländern die Reise schwierig.

Dank jener blutigen Unterdrückung wurde uns, obwohl Ungläubige, erlaubt, ein Grabmal zu besuchen, das, wie es heißt, die schönste Moschee Persiens enthält.

Für schiitische Mohammedaner ist Meschhed der vierte der bedeutendsten Wallfahrtsorte, nach Mekka, Kerbela und Nedschef. Die Schiiten erkennen im Gegensatz zu den Sunniten die ersten drei Nachfolger Mohammeds nicht an.

»In Persien gehörte die Macht dem König, dem Sohn Gottes, auf Grund seiner göttlichen Abstammung, die mit dem göttlichen Ruhm – Farri Yazdan – verbunden ist. Durch politische Revolutionen übertrug Persien auf das Haupt des Arabers Ali – des legitimen Erben Mohammeds, der vom Kalifat ausgeschlossen wurde – alle Würden und allen Glanz der alten nationalen Monarchie. Er, der vorher in den Staatsprotokollen ›der göttliche König, der Sohn des Himmels‹ und in den heiligen Schriften ›Herr und Führer‹ (Herr in den weltlichen Dingen, Führer in den geistigen) genannt wurde, erhielt einen arabischen Namen: Imam, der Chef – der einfachste Titel, den man sich vorstellen konnte, und zugleich der erhabenste, denn alle Herrschgewalt, die irdische und die geistige, war darin enthalten. Gegen die Kalifen, die auf das blinde Geschrei der Massen hin durch Intrigen und Verbrechen zur Herrschaft gekommen waren, wurde das Erbrecht des Imams Ali verkündigt, als unfehlbar und durch Gott geheiligt erklärt. Nach seinem Tod wandte sich Persien seinen zwei Söhnen Hassan und Hussein zu, und nach ihrem Tod deren Nachkommen. Da Hussein eine Tochter des letzten Sassanidenkönigs geheiratet hatte, wurde das Imamat des alten Persien und des persischen Islams mit dem Blut Husseins auf dem Schlachtfeld bei Kerbela besiegelt.«*

Es hat zwölf geoffenbarte Imams gegeben. Der letzte wird der Mahdi sein, der zur Zeit der zweiten Wiederkunft Christi mit dem Propheten Elias erscheinen wird. Der achte unter ihnen war Imam Reza, der in Meschhed begraben liegt. Er war ein großer Heiliger und soll Wunder vollbracht haben. Nach der Überlieferung schweben dauernd zwanzigtausend glorreiche Engel über seinem Schrein.

Als ich diesmal, mit Christina neben mir, die goldene Kuppel von Meschhed sah, beneidete ich die Gläubigen, die da glauben:

»Am Tage der Wiederauferstehung werden vier der frühen heiligen Männer, Noah, Abraham, Moses und Jesus, und vier der späteren, Mohammed, Ali, Hassan und Hussein, im obersten Himmel sitzen und den Platz vor dem Thron Gottes durch ein Seil absperren. Alle jene, die die Wallfahrt zu den Gräbern der Imams unternommen haben, werden zu Füßen des Thrones sitzen; jene aber, die zum Grab des Imams Reza gepilgert sind, werden am nächsten sitzen, und ihnen werden größere Gunstbezeugungen zuteil werden als den andern.

Der Mann, der eine Wallfahrt zum Imam Reza macht, wird am Auferstehungstag, der siebzigtausend Jahre dauern wird, ein eigenes Pult vor dem Thron Gottes haben, und an diesem Pult wird er sitzen, bis Gott seine Abrechnung mit der Menschheit fertiggestellt hat. Dann wird Gott ihn in den Himmel nehmen.«**

---

* J. Darmesteter. Zend Avesta.

** Mullah Noruz Ali ›Tuhfat al Rizawiyah‹, zitiert von B. Donaldson in ›Wild Rue‹.

17

MESCHHED

Wir wanderten zum Heiligtum, die Kameras unter dem Arm verborgen, denn wir hatten keine Erlaubnis, in Persien zu fotografieren; die Behörden in Teheran waren wohl zu überlastet, um, obwohl wir wiederholt persönlich darum einkamen, unsere Gesuche um die entsprechende Erlaubnis zu bearbeiten. Wenn wir ertappt werden sollten, hatte ich vor zu versuchen, die Konfiszierung dadurch zu verhindern, daß ich einen bereits vor zwei Jahren verfallenen Erlaubnisschein vorwies.

Die breiten Alleen erinnerten mich an Taschkent. Müde Frauen ohne Hut mit schmutzigen Regenmänteln gingen mit einem Korb am Arm zum Markt. Zweispännige Droschken fügten dem Bild eine russische Note hinzu; die weißen Mähnen der Pferde waren rotgefleckt wie die Bärte alter Männer – ein sicheres Zeichen, daß sie mit Henna gefärbt waren. Die Kinoplakate waren in russischer und persischer Sprache, und in den Läden verstand jeder Dritte russisch. Die neue antireligiöse Propaganda trug ebenfalls zu einer sonst nur oberflächlichen Ähnlichkeit bei: wie in Kiew und in Buchara war in Meschhed ein modernes Spital mit Geld erbaut worden, das man religiösen Körperschaften fortgenommen hatte.

Offiziell war nun der Zutritt zum Grab auch Nichtmohammedanern gestattet, doch in der Praxis gab es viele Widerstände gegen die zwangsweise Durchführung einer Verordnung, die die Gefühle der Mehrheit verletzte. Wir wollten lieber nicht durch die großen Gebäude schlendern; nachdem wir durch das Gittertor gegangen waren, fühlten wir uns befangen und unruhig. Unauffällig schritten wir durch den ersten Hof und gingen rasch zu den Bureaus.

Der Haupthof, über hundertzwanzig Meter im Quadrat, wurde von einer doppelten Arkadenreihe umgeben. Schah Abbas hatte ihn zu Beginn des siebzehnten Jahrhunderts erbaut; der schlaue Herrscher war von Isfahan zu Fuß nach Meschhed gepilgert und hatte beschlossen, einen Wallfahrtsort auf persischem Boden zu gründen. Er hielt es für unangebracht, daß nur die heiligen Stätten Arabiens und des Irak durch den ständigen Pilgerstrom bereichert würden.

In der Mitte einer jeden Seite befand sich ein herrlicher Iwan – der für persische Moscheen typische Torbogen. Jeder Zoll der Wände glitzerte von glasierten Ziegeln, aber das Bemerkenswerteste in dem Hof war das Gold, das die hohen Minarette bedeckte, die Innenseiten der Torbogen der Iwane überzog und prunkhaft auf der bombenförmigen Kuppel über dem heiligen Grab erglänzte. Die Fugen der viereckigen vergoldeten Kupferplatten waren deutlich sichtbar; leicht gebogen, erinnerten sie mich an reichgesteppte Polsterdecken. Die goldene Kuppel wies einen breiten blanken Kupferstreifen mit historischen Inschriften auf. Wie überirdisch muß solche Pracht dem Bauern vorkommen, der nur die in der Sonne gedörrten Lehmziegel der Wohnlöcher seines Dorfes und die sonnenverbrannten Steine der Wüste kennt!

Der Eingang zum Grabe selbst, ein großes Portal mit vergoldetem Gewölbe, glich der dunklen kielbogenförmigen Öffnung einer Höhle; es führte zum Herzen des goldenen Heiligtums.

Wir baten einen der Beamten, uns zur Grabkammer zu führen. Ausweichend zeigte er uns zunächst die Schätze der Bibliothek. Unter den achtzehntausend Bänden waren etwa fünftausend Korane, viele davon berühmte Meisterwerke. Jede Seite prunkte mit illuminierten Originalzeichnungen, die Ränder füllten goldene und azurblaue Arabesken, grünes und rubinfarbenes Blumengeranke – eine ganze Schar moderner Maler auf der Suche nach neuen Mustern könnte sich daran inspirieren. Auch Alis in Schlangenhaut gebundener Koran mit großen kufischen Schriftzeichen befand sich unter den bibliophilen Schätzen. Zu meinem Erstaunen entdeckte ich auf den Regalen sogar Bücher wie Thiers' ›Révolution française‹ und selbst ›Les trois mousquetaires‹ von Dumas.

In einem großen Gemach hing ein Bildnis Alis, und seltene Teppiche wurden uns gezeigt, darunter ›Die vier Jahreszeiten‹, 1650 in Kerman angefertigt; er schimmerte in köstlich wechselnden Schattierungen, als der Wächter verschiedene Stellen gegen das Licht hielt. Der Schrein mußte wirklich viele Schätze enthalten, denn die Pilger haben zehn Jahrhunderte hindurch dem Heiligen ihre Gaben dargebracht.

Ali ibn Musa Ur-Reza war im Jahre 770 geboren. Er wurde im Jahre 800 das Haupt des Hauses Ali – als Harun al Raschid Kalif in Bagdad war – und somit der Imam der Schiiten. Der Kalif starb an einer Krankheit auf dem Weg nach Samarkand, wo er einen Aufstand unterdrücken wollte. Mamun, der Sohn Haruns, versuchte die Schiiten und Sunniten zu einigen und ernannte deshalb Imam Reza zum Erben des Kalifats und gab ihm seine Tochter zur Frau. Die Schiiten jubelten, aber die Sunniten von Bagdad waren empört über diese kühne Neuerung. Mamun befand sich in einer schwierigen Lage, doch zu seinem Glück starb im Jahre 819 der Imam Reza infolge unmäßigen Traubengenusses. Die Schiiten behaupten, daß die Früchte vergiftet gewesen seien, und beim Besuch des heiligen Schreins verfluchen sie Harun und Mamun, deren Gräber sich in einer benachbarten Kammer befinden.

Unser größter Wunsch war, die Grabkammer im Erdgeschoß zu betreten, aber unser Führer verlangsamte absichtlich seinen Rundgang. Das Stimmengewirr, das zu uns drang, zeigte uns an, daß dort viele Pilger sein mußten. Als ich jedoch abermals der engen Treppe zuschritt, sagte mir der Beamte, es sei nun zu spät, hinunterzugehen, und gefährlich, sich unter so viele Menschen zu mengen.

Wir waren schon vorher auf die ausweichende Art der Grabwächter aufmerksam gemacht worden, wußten aber nicht, was wir dagegen tun sollten. Durch ein kleines rundes Fenster erhaschte Christina einen Blick in die dunkle Halle, die mit Pilgern angefüllt war. Ich erzählte ihr nun, was ich vor zwei Jahren dort erlebt hatte:

Vier Wächter hatten mich ins Schlepptau genommen, und es wurde mir bedeutet, ich sollte ihre Gesten nachahmen. So mischten wir uns unter die Menge der Pilger, eine ungeheure Menge, die wie ein Strom einherzog, wehklagte, sang und betete, alles zugleich. Der Lärm schwoll zu lautem Geschrei an, als wir eine mit zahlreichen Fazettenspiegeln geschmückte Halle betraten, in der jeder Ton widerhallte. Ich ging weiter, eingepreßt in eine fanatische Menge, deren Augen in Ekstase glühten. Wir kamen zur Grabkammer.

Dem Beispiel der andern folgend, hatte ich erst ein prächtig bossiertes Silbertor geküßt, dann eine dunkle geschnitzte Holztür, und genau wie sie die Stirn an eine rosafarbene Marmorwand gepreßt. Aber darüber hinaus konnte ich nicht mitgehen: Sie waren in Trance, sie schauten, schienen aber nichts zu sehen. Ich jedoch vermochte alles zu beobachten; das Grab unter einem Baldachin in einer Ecke des Raumes war mit einer blauen Atlasdecke verhüllt und von einem silbernen Gitter umgeben. In diesem engen Raum schwoll der Tumult an, donnerte und hallte wider wie eine mächtige Brandung in einer Höhle. Die silbernen Stangen des Gitters wurden gestreichelt, geküßt und umklammert in Ausbrüchen inbrünstiger Verehrung, die das ganze Wesen der Pilger verzehrte – sie nahmen an der Heiligkeit des Heiligen teil.

Sie murmelten, schrien und brüllten, ohne es zu wissen, schlurften weiter und preßten ihre Bündel an die heiligen Wände. Zwischen einem hochgestellten Kragen und einem möglichst tief in die Stirn gedrückten zerknitterten Filzhut funkelten fiebrig die Augen einer Frau, beturbante Männer erinnerten an wilde, ausgehungerte Tiere. Sie blickten nicht in eine irdische Welt – von glühender Leidenschaft fortgerissen, hatten sie etwas berührt, das größer war als sie selbst.

Ich gehörte dort nicht hin. Sie zu beobachten, wie ich es tat, verhältnismäßig kühl, war ungehörig, ja Gotteslästerung. Für sie bedeutete es den Höhepunkt ihres Daseins, der Moment, da sie sich wie durch ein Wunder über sich selbst erhoben. Wie durfte ich es wagen, sie zu mustern, wie ich es tat?

Während fast alle Pilger durch mich hindurchblickten, beobachteten mich zwei bärtige alte Männer, erkannten mich als das, was ich war; sie waren so gekränkt, ihre Gesichter drückten einen so heftigen Schmerz aus, daß es mir weh tat. Hätten sie mich gelyncht, ich glaube, ich hätte ihnen sogar zugestimmt… Mit würdeloser Hast schlüpfte ich hinaus. Selten hatte mich etwas derart bewegt, und ich fragte mich, ob einer der berühmten Wallfahrtsorte Europas eine ähnliche religiöse Inbrunst zu erwecken vermochte.

Trotz meiner Erregung – das zeigt, wie unabhängig die Sinne arbeiten – hatte ich bemerkt, daß, ungerührt und häßlich, eine japanische Wanduhr Sekunde um Sekunde banal wegtickte.

* * *

Den wirren Lärm hinter uns lassend, gingen Christina und ich einen engen Gang entlang, der uns zum Frieden von Gauhar Schad führte, dem köstlich einfachen Hof jener vollendet schönen Moschee. Inmitten der Masse formloser Lehmhäuser der großen Stadt wirkte Gauhar Schad wie ein blauer Lichtteich. Wir sonnten uns darin und fühlten uns erfrischt, als seien wir in das reine offene Meer getaucht, in tiefblaues Wasser mit weißen Schaumkronen, die fröhlich hier und dort aufspritzen.

Zwei Arkadengeschosse umgaben den Hof, dessen vier Seiten durch je ein Portal verschönt wurden, die Wände waren mit intensiv farbenen Mosaiken bedeckt.

Der Haupt-Iwan wurde von zwei Minaretten flankiert, die ein Netzwerk von dunklen Rhomben schmückte; die Zwickel über dem beschatteten Durchgang des größten Portals waren mit glasierten Blumen dicht besetzt, und an der Fassade stand die Inschrift: »Aus ihrem Privatbesitz und zu ihrem Heile im Jenseits hat Gauhar Schad diese große Moschee erbaut. Baisungur, Sohn des Schah Roch, Sohn des Timur Gurkhan, schrieb dies in der Hoffnung auf Allah, im Jahre 1418.« (Gurkhan ist der höchste türkisch-mongolische Titel, den die Kerait, die Kara Khitai usw. benutzt hatten.) Über dem Haupt-Iwan erhob sich die Ellipse einer köstlichen türkisfarbenen Kuppel mit verschlungenen weißen Arabesken. Ein schaumweißer kalligraphischer Fries lief rund um das Gebäude und verband die kostbare Farbenpracht der glasierten Mauern. In einem Reinigungsbrunnen spiegelte sich diese strahlende Vision: schöne Proportionen, herrliche Farben, ewige Harmonie.

Timur starb im Jahre 1405, und im selben Jahr begann seine Schwiegertochter Gauhar Schad den Bau dieser Moschee. In Herat sollten wir das Grab dieser bedeutenden Frau sehen.

Diese Mosaike waren fast ebenso schön wie die schwer beschädigten Wandverzierungen in der Blauen Moschee in Täbris und wirkten viel stärker als die gekachelten Zierflächen, die Schah Abbas im großen Hof des Grabes hatte anbringen lassen. Das Verfahren, das Schah Abbas angewandt hatte, wird haftrenghi genannt: es werden, wenn nötig, bis zu sieben Farben nebeneinander auf eine Kachel gesetzt, bevor sie in den Brennofen geschoben wird. Das bewirkt, daß das einzelne farbige Detail vom nächsten nicht so scharf wie bei Mosaik-Fayence getrennt ist, wodurch ein etwas verschwommener, zarterer Eindruck entsteht. Bei dem Siebenfarben-Prozeß ist es unmöglich, die stärksten Farbtönungen zu erhalten, da jede Farbe einen anderen Schmelzpunkt hat.

Ich setzte mich auf den Rand des viereckigen Beckens.

Am Morgen hatten wir eine Teppichwirkerei besucht. Und jetzt empfand ich die reichen Muster eines Gebetsteppichs als eine Version in Wolle der Mosaikfassade eines gewölbten Portals, und dieses wiederum ist eng verwandt mit der Pracht von Koran-Illuminierungen. Diese drei Höhepunkte der persischen Kunst können vielleicht auf die leuchtenden Blumenbeete in persischen Gärten zurückgeführt werden – kompakte geometrische Flächen mit vielfarbigen Blumen, die zu jedem Daseinsmoment in diesem von der Sonne versengten Land gehören.

Ich fühlte, daß ich diesen Bau liebgewann. Und das warf ein Problem auf, das mich interessierte. Bis jetzt hatte ich mich immer in mächtige dreidimensionale Kunstwerke verliebt: den Turm des Kabus, den Wagenlenker von Delphi, die Chinesische Mauer, die Reinheit der Abteikirche von Vézelay, die Mächtigkeit des Parthenon, die tiefverwurzelte Freude der romanischen St.-Philibert-Kirche in Tournus, die Trimurti* der Elephanta-Höhle. Was hatte ich also mit einer asiatischen Moschee zu tun, einer deckellosen Büchse, in der lediglich innere Flächen, von Malerei und Lack glänzend, zu sehen sind?

Ich wußte, daß die Moschee Gauhar Schad gute Kunst war, und sie übte einen starken Zauber auf mich aus. Dennoch zog ich die türkis- und ultramarinblauen Lüsterfayencen vor, die ich in Samarkand bewundert hatte, wahrscheinlich, weil ich dort zum erstenmal den reichen Glanz sah, der von jenen Glasuren ausgeht, wenn sie Seite an Seite gebraucht werden. Dort, neben dem Reghistan-Platz, betrachtete ich vom Dach der Tilla-Kari-Medressee aus, wo mir der ›Sovtourist‹ eine Zelle zugewiesen hatte, die untergehende Sonne. Zwischen mir und dem mächtigen Kuppeldom, dessen hohe Trommel ein riesiges kufisches Schriftband umgürtete, war eine vertraute Beziehung entstanden. Meine Tilla-Kari schien eine schwache Nachahmung zu sein, aber ich befand mich auf Steinwurfweite von dem wunderbaren Ulugh-Beg-Kol-

* Die Götterdreieinigkeit des Hinduismus. *Anm. d. Übers.*

leg, das nach dem Astronomen, einem Sohn der Gauhar-Schad, benannt ist.

Die alten Bauwerke Samarkands haben ihr Pathos, denn die meisten von ihnen sind zerfallen: die kühne Kuppel von Bibi-Khanum, die noch immer bei Sonnenuntergang den blaugrünen Himmel herausfordert; die Überreste einer schönen Arkade vor Timurs Mausoleum; die Gräberstraße in Schah Zinda; die Paläste und die Jagdhäuser im Lande herum, die in Staub zerfallen. Lieben wir das mehr, was im Begriff steht zu vergehen? Würde der Parthenon uns ebenso stark bewegen, wenn sein Farben- und Goldschmuck noch immer glänzte? Die Zeit, Kriege und Erdbeben haben die Bauwerke Herats bös zugerichtet, aber das wenige, was geblieben ist – ein Grab mit Minaretten inmitten eines Weizenfeldes – rührt mich wie das Abschiedslächeln einen Freund.

Gut erhalten und gepflegt besitzt die Moschee Gauhar-Schad nichts von diesen anziehenden Eigenschaften. Ich mußte erst Popes ›Einführung in die persische Kunst‹ lesen, um zu begreifen, was mich daran so bewegte. Und ich erkenne nun klar, daß Wissen ›das Auge übt und ergänzt‹:

»Obwohl der persische künstlerische Geist sich vor allem in Linien offenbart, kann er nicht als zweitrangig bezeichnet werden denn im gleichen Sinne sind sowohl die Musik wie die Architektur Zeichnung, Beweis genug, daß die Linie in einem höheren Sinne großen Ernst und tiefe Bedeutung erhält und zu einer der bedeutendsten Leistungen des Menschen wird. Das Ornament spricht nicht unmittelbar zum Menschen und hat keine direkte Beziehung zur Natur; aber seine Abstraktheit, seine Lösung von einem spezifischen ideellen Inhalt oder einer gefühlsbetonten Verstrickung ist eine Quelle stiller Gewalt. Auch besteht diese Kunst nicht lediglich aus einer Reihe verlockender Formen; wie großartige Musik kann sie letzte Werte enthüllen und charakterisieren und den allgemeingültigen Formen des Geistes selbst Ausdruck verleihen. Große Ornamentik hat die Maßgeblichkeit der Logik, sie steht in der gleichen Beziehung zur Schönheit wie die Logik zu Philosophie und Mathematik. Die Zeichnung ist die richtige Einführung in die Kunst, ihr unentbehrlicher Rahmen und vielleicht ihre bedeutendste Leistung.«

18

Abbas Abad

Imam Reza ist der Schutzpatron der Reisenden, und ich stelle mir gerne vor, daß er uns am Tag unserer Abreise von Meschhed zur afghanischen Grenze geholfen hat.

Die Gegend, durch die wir fuhren, dehnte sich weit und war langweilig, nur zwei tönerne Löwen, die uns am Eingang des Dorfes Fariman, eines Gutes des Schahs, begrüßten, boten eine kleine Abwechslung. Diese vergoldeten Bildwerke harrten geduldig eines Herrn, der nun schon seit drei Jahren vergebens erwartet wurde.

Gegen Mittag rollten wir in das trostlose Städtchen Turbet-i Scheich-Dschami. Viele zerfallene Lehmhäuser kehrten langsam und sicher zur Erde zurück, aus der sie errichtet worden waren. Männer in Plüschpantoffeln schlurften einher, die formlosen Mützen über ein Ohr gezogen, die erloschene Zigarette im Mund; andere tranken ihr Glas Tee in einer schmutzigen Tschai-khana; einige saßen auf wackligen Stühlen beim Coiffeur; wieder andere standen planlos vor einer neuen Tankstelle; ein verwahrloster Bengel zerrte ein blökendes Lamm hinter sich her. Es sah aus, als würde Turbet sich nie mehr von einem jahrhundertealten Verfall erholen.

Es paßte zu dem trübseligen Tag, daß wir von einem Polizisten angerufen wurden, gerade nachdem wir uns in ein halbzerfallenes Zimmer in unserer Tschai-khana zurückgezogen hatten, um dem grellen Licht der Straße und der Verfolgung lästiger Wanzen zu entziehen. Vor dem aus Brot und Melonen bestehenden Lunch hatten wir das große Grabmal des Scheich Dschami besucht, eine schattige, saubere Insel am Fuß eines großen gewölbten Portals. Jenseits des gepflasterten Hofes und der Marmorgrabsteine fotografierte ich eine Frau, die an einem frischen Grab wehklagte. Jetzt wollte der Polizist wissen, nachdem er sich meinen Erlaubnisschein angesehen hatte, ob wir noch andere Aufnahmen gemacht hätten.

Er nimmt mein abgelaufenes Dokument mit und sagt uns, daß wir den Gasthof nicht verlassen dürften. Dann kommt er zurück und verlangt barsch einen besseren Ausweis. Ich stelle mich dumm und drohe ihm, mich bei seinem Vorgesetzten zu beschweren. Das macht keinen Eindruck auf ihn, und er geht fort, um seinem Chef unsere Ankunft zu melden – einen Kollegen läßt er zu unserer Bewachung zurück.

Wir arbeiten einen Fluchtplan aus: Christina geht zum Wagen, und als der Polizist sie zurückzuhalten sucht, erklärt sie, sie müsse tanken, und fährt weg. Ich täusche eine Kolik vor, verschwinde schwerfällig hinter einer Mauer und hinter noch einer; unser Geschirr und unsere Umhängetaschen habe ich gut verborgen. Anscheinend gemütlich eile ich zu Christina, und vor Erregung zitternd fahren wir auf und davon.

Das war unser kurzer Besuch des Dorfes, das seinen Namen dem Dichter, Gelehrten und Mystiker Dschami gegeben hatte, dessen Werke von Fitzgerald übersetzt wurden und der über den Kaiser Babur geschrieben hat, er sei »zu erhaben, als daß man ihn lobpreisen müsse«. Dschami starb gegen Ende des fünfzehnten Jahrhunderts in Herat, wo sich die großen Männer jener Zeit zu versammeln pflegten.

Am Abend sollten wir in Karez den persischen Zollposten passieren. Natürlich würden wir vorher unsere Kameras leeren; falls man sie fände, würden wir behaupten, sie seien nicht benutzt worden; da jedoch die Kinokamera nicht versiegelt war, würde sie wohl konfisziert werden. Wenn aber die Polizei von Turbet aus unseretwegen in Karez anriefe, wären wir erledigt.

* * *

Wir kamen jetzt durch eine noch trostlosere Gegend. Die Kanats schienen verschüttet zu sein; ihre Krater waren verfallen, von den Stürmen zerfressen. Die Dörfer, durch die wir fuhren, waren anders als die früheren: statt flacher Dächer aus mit Erde bedeckten Pappelästen sahen wir Lehmkuppeln, auf denen Sonnenschein und Schatten wundersam spielten. Diese Bedachung hatte den Vorteil, kühl zu sein, und zudem, selbst wenn Bäume in diesem Wüstenteil Chorassans verfügbar gewesen wären, hätten die Balken den Legionen weißer Ameisen nicht widerstehen können. Einige dieser Halbkugeln waren, Souffleurkästen ähnlich, von einer Art breiten Schornsteins überragt; es waren Luftschächte, die den Hundertzwanzig-Tage-Nordwind, der dort das Leben während des Sommers erträglich macht, auffingen. Diese Schächte sind ganz anders als die Ventilatoren mit hohen Tragflächen in Haiderabad-Sind, die der Silhouette jener Stadt ein so erstaunliches Aussehen verleihen – ungeheure rhomboide Drachen, die jedes Haus der Stadt überragen und je nach der Windrichtung verstellt werden.

Von Feldern, auf denen ich nichts außer Steinen erkennen konnte, wurde die Ernte eingebracht und auf diesen Kuppeldächern zum Trocknen ausgebreitet – halbmondförmige Melonenscheiben, die schmale Kost der Wintermonate. Unter langen Hemden trugen Frauen bis zu den Knöcheln reichende Hosen; schmale Bänder hielten ihre großen Kopftücher zusammen; ihre vollen runden Gesichter erinnerten mich an die afghanischen Hasaras und an die Kasaken und Kirgisen von Turkestan.

Wir machten im Schatten eines zerfallenen Khan halt, wo der heiße Wind unerwartet von kühlen Luftstreifen unterbrochen wurde. Vor dem blendenden Licht der Welt fliehend, setzten wir uns im Zwielicht einer überdachten Zisterne nieder. Christina hatte etwas auf dem Herzen, und was sie sagen wollte, war typisch für ihre Empfindsamkeit.

In Meschhed hatten wir ein junges französisches Paar kennengelernt. Den ganzen Weg von Paris aus waren sie geradelt und hatten die Absicht, bis nach Hinterindien zu fahren. Sie hatte ihre Rechtsanwaltpraxis gegen die Lenkstange eingetauscht und er war Alpinist. Ich entdeckte, daß er der war, der mir einmal geschrieben und mich gefragt hatte, ob man über den Himalaya nach Kaschgar radeln könnte (ich hatte irgendwo einmal geschrieben, daß Kamele, obwohl aristokratisch, lästige Gefährten seien, und daß ich nicht einsähe, warum ein Velofahrer nicht von Peking aus nach Tibet gelangen könnte). Gemeinsam hatten wir uns im Schwimmbassin des Konsulats bespritzt, waren zusammen durch die Gassen des Basars gebummelt, hatten um Teppiche, Schmuck, billiges Parfum und wunderbar bunte Socken gefeilscht, hatten zusammen gescherzt und gelacht.

Christinas Französisch – wir sprachen französisch miteinander – war nicht sehr flüssig, da ihre Muttersprache Deutsch war, und sie war überrascht, als sie sah, wie fröhlich und ausgelassen ich mit Nicole und Raymond sein konnte. Sie schloß daraus, daß sie mich langweile, und ich daher vorzöge, mit unseren neuen Freunden weiterzureisen. Sie wünschte schon sehnlich, die Reise allein fortsetzen zu können.

Ich gab zu, daß ich mit diesen jungen Leuten viele Berührungspunkte hatte, fragte aber Christina, ob mich wohl Nicole verstehen würde, wenn ich ihr sagte, daß ich Afghanistan (ein Land, das bisher kaum vom Abendland verändert worden war) studierte, da ich Europa unter einem neuen Gesichtswinkel betrachten wollte, um den tieferen Grund unseres Irrsinns zu verstehen. Und wenn ich dann unseren Erdteil ergründet hätte, hoffte ich, zu begreifen, weshalb meine Zeitgenossen nicht mehr ihrem inneren Wesen entsprechend leben. Auf der anderen Seite der Grenze vor uns würden wir einen Lebensstil kennenlernen, der einfach, patriarchalisch und harmonisch war, wahrscheinlich weil er noch immer Raum ließ für eine unbekannte Kraft, die göttliche genannt, während das Leben in der Heimat, wo die Menschen, Prometheus gleich, alle Naturkräfte an sich gerissen hätten, jedermann dem Wahnsinn entgegentreibe.

Und was würde Nicole sagen, wenn ich ihr gestände, daß mein höchster Wunsch sei, mein lästiges Ich loszuwerden, meine flatterhaften, jeder Weisheit baren Wünsche? Ich wollte es nicht tun, indem ich Selbstmord beginge oder mich wie bisher in immer neuen Ländern ruhelos herumtriebe, nicht einmal dadurch, daß ich Aussätzige pflegte, eine Tätigkeit, die einem wahrscheinlich dazu verhelfen würde, das eingebildete Ich loszuwerden. Es müßte eine weniger sentimentale Art geben, dieses Ich rational zu durchdringen, es zu verändern.

»Nein, Christina, ich bin sehr dankbar, daß ich dich bei mir habe, denn ich weiß, daß du mich verstehst.«

Wie mir Christina gestand, war sie noch immer voller Angst; in den verflossenen Monaten sei sie nur während zwei oder drei Stunden davon frei gewesen. Sie würde nicht von der Sucht nach Drogen verfolgt (sie verschafften ihr kein Vergnügen, sondern nur für einen langen Augenblick den einzigen Frieden, den sie kenne), sondern nur von der Furcht, Sklavin dieser Sucht zu werden.

Um ihr zu helfen, sagte ich naiverweise laut, was ich bisher für mich behalten hatte: »Glaubst du nicht, es hänge damit zusammen, daß du in einer Mischung von Intellekt und Gefühl zu leiden suchst, um darin Erfüllung zu finden? Sogar Schmerz bedeutet die Freude, intensiv zu leben … aber solange du im Schmerz wühlst, wirst du seine Gefangene sein. Schmerz ist nur dann erhaben, wenn man ihn bezwingt, wenn man durch ihn seiner eigenen Tiefen bewußt wird, dessen bin ich gewiß …«

Ruhig wie ein Arzt, der von irgendeinem anonymen Patienten spricht, erklärte Christina, daß die Menschen meist deshalb Drogen nähmen, weil sie ihr Bewußtsein schärfen oder erweitern wollten. Sie aber nähme sie nur, um ihre Qualen zu vergessen, und da sei die Wirkung sehr begrenzt.

Warum nahm sie sie dann wieder und wieder, nachdem sie es monatelang nicht getan hatte?

»Eines Tages wirst du deiner Angst kühn entgegentreten, dann wirst du dein wahres Ich erfassen«, erwiderte ich und las laut den Satz aus Shri Aurobindo Ghoses ›Gedanken und Einblicke‹ vor: »Bewußt-Sein und Seligkeit sind die ersten Eltern. Sie sind auch die letzten Stufen. Unbewußtsein ist nur ein Zwischenzustand, Ohnmacht oder dunkler Schlaf des Bewußtseins. Im Schmerz und im Verlöschen des Selbstes sieht die Wonne des Seins sich selber, nur um sich anders oder anderswo zu finden.«*

Ich fragte sie auch, ob sie nicht inzwischen soviel gelernt hätte, daß sie die Grenzen der Wirkung der Drogen erkannt habe. Ich könnte mir denken, daß sie nicht mehr an der Integralität des Experimentes interessiert sei, sondern nur an der Form – eine perverse Neigung, dem Folge zu geben, was ein Teil ihres Ichs als naturwidrig verdammt. Sie wolle diese Perversität ganz auskosten, um zu sehen, wohin sie führen könnte. Durch die Ausübung von etwas Negativem hoffe sie, ein positives Resultat zu erzielen. Im selben Moment würde sie erkennen, daß die Natur und ihre Gesetze uns nicht binden können, sie würde in sich selbst eine über die Natur hinausgehende Freiheit empfinden, sie würde das Reich des Geistes betreten und seine Wirklichkeit an sich selbst erleben.

* Übersetzung: Alwina v. Keller

Dann würde sie nicht länger von der Notwendigkeit besessen sein, ihren Dämon zu bekämpfen. Wenn sie darüber hinaus wäre, wenn sie den Genuß des reinen Seins, in dem Liebe die aktive Kraft ist, gekostet hätte, würde sie etwas haben, an das sie sich während ihrer Rückfälle klammern könnte; wenigstens würde sie den Circulus vitiosus, daß sie dauernd daran denken müsse, ihre Furcht zu vergessen, durchbrochen haben. Bis dahin schmiede sie jedesmal, wenn sie an ihre Besessenheit denke, ein neues Glied in der Kette, die sie feßle.

Als wir wieder auf der ebenen Straße einherfuhren, kam uns das öde Land vor uns wie eine leere Kinoleinwand vor, auf die wir die Silhouetten von T. E. Lawrence und Alain Gerbault projizierten.* Nach dem, was wir wußten, schien es, als habe Lawrence, der zeitweise seine Gedanken nicht mehr ertragen konnte, versucht, seine Sinne zu benebeln, indem er einfacher Soldat wurde, der nicht zu denken braucht. Und Gerbault, der für Gedanken, die das Leben in Europa erweckt, nichts übrig hatte, entschloß sich, Südsee-Insulaner zu werden und sich nur um Meer, Wind, Sonne und Dichtung zu kümmern. Beide handelten so, weil ihnen die Gedanken, die sich unaufhörlich im Kreise drehten, unerträglich wurden.

Und so ging es auch Christina.

Am Spätnachmittag kamen wir nach Karez. Im Hof des Zollhauses standen keine Lastautos. Der Chef oder Reis hielt uns eine Stunde in seinem Bureau zurück und versuchte herauszufinden, was mit unseren dreißig Pfund Sterling geschehen war, die entgegen den Gesetzen des Landes verschwunden waren, ohne eine Spur in unseren Pässen zu hinterlassen. Wir unterbreiteten ihm unsere Abrechnungen vom Tag unserer Abfahrt aus Genf und rechneten ihm dann unsere Reisespesen vor, so versuchten wir, ihm zu beweisen, daß wir diese Summe nie besessen hatten. Ob er schließlich glaubte, daß beim Betreten seines Landes ein Irrtum unterlaufen sei, weiß ich nicht. Jedenfalls ließ er schließlich die Frage auf sich beruhen und ging zu unserem Ford. Nach dem Zwischenfall in

---

* Gerbault starb im Dezember 1941 an Tropenfieber in Portugiesisch-Timor. Nach Aussagen von Perreira de Costa verschwand später seine Yacht; ein Chinese segelte auf Befehl der Japaner mit ihr davon.

Turbet trug dieses Intermezzo dazu bei, unsere Nerven aufs höchste zu spannen, lange bevor wir die afghanische Grenze erreicht hatten, es sollte eines der großen Erlebnisse unserer Reise werden.

Christina berief sich auf ihre diplomatischen Privilegien und behauptete, daß alles Gepäck mit Ausnahme eines Handkoffers ihr gehöre; sie hoffte, daß unsere Schachtel mit Filmnegativen nicht gefunden und unsere fotografische Ausrüstung infolgedessen nicht untersucht würde. Da wir annahmen, daß Zöllner verborgene Ecken lieben, hatten wir unsere Kameras einfach unter meinen niedrigen Sitz geschoben. Nachdem mein Koffer wieder verschlossen war, entstand eine unerträglich lange Pause. Was ging wohl in dem Kopf des Mannes vor?

Schließlich fragte er bloß, ob wir ein Mittel gegen entzündete Augen hätten. »Ja«, antworteten wir triumphierend. Er rief sein Töchterlein von der Terrasse, auf der ich zwei Jahre zuvor geschlafen hatte, und wir gaben ihr eine Tube mit Salbe.

Erleichtert atmeten wir auf – es sah aus, als habe sich Turbet noch nicht mit Karez in Verbindung gesetzt. Jetzt mußte nur noch ein Hindernis überwunden werden; die Dunkelheit war schon hereingebrochen, und der Reis nahm als selbstverständlich an, daß wir auf seiner Terrasse übernachten würden. Wir sagten ihm aber, daß wir weiterfahren wollten.

»Aber Sie können doch nicht jetzt diese zwanzig Kilometer durch das Niemandsland fahren! Selbst bei Tag kann man kaum den Weg erkennen!« widersprach er.

Die Furcht, eine Verzögerung vermöchte den Erfolg, den wir fast mit Händen fassen konnten, in Frage zu stellen, veranlaßte uns zu lügen – möge der Imam Reza für uns beten. Wir erklärten, wir könnten unsere Ehemänner am afghanischen Grenzposten nicht zu lange auf uns warten lassen, und eine Nachtfahrt durch ein Niemandsland sei gerade das, was uns gefalle.

Der Reis stand sprachlos da. Christinas Fuß setzte den Motor in Gang … unsere Scheinwerfer wiesen uns den Weg durch das Tor.

19
DIE GRENZE

Toll vor Freude rasten wir rumpelnd durch die Wüste – man hielt uns nicht länger davon ab, in ein schönes, kaum bekanntes Land, genannt das Land der Afghanen, zu fahren. Nun gehörte es uns, mit seinen riesigen Bergen, seinem prächtigen Volk, seinen eisigen Flüssen, seinen Ruinen, ›so alt wie die Welt‹, dem Frieden, der Abgeschlossenheit. Wir stießen ein Triumphgeheul aus, beglückwünschten einander, lachten wie Verrückte, sagten die törichtesten Dinge, die uns gerade in den Kopf kamen.

Es war großartig! Unsere Scheinwerfer bildeten einen Lichttunnel in der Finsternis vor uns. Aus der Dunkelheit auftauchend, schwebten riesige weißbrüstige Vögel mühelos in diesem fließenden Strom. Sie glitten einher, indem sie nur ab und zu mit einer Bewegung ihrer braunen Flügelspitzen das Gleichgewicht sicherten; sonst sahen wir nur die unirdische Blässe ihrer unteren Flügelflächen. Konnten wir uns eine prächtigere Eskorte wünschen? Und wer weiß, ob nicht Simurgh, der edle Geier, einer von ihnen war und über uns wachte?

Unheimliche Laute ertönten, wenn harte Disteln den Wagen kratzten. Fantastische Silhouetten von riesigen Schierlingssträuchern, die Meile um Meile über verdorrten Pflanzenbüscheln Wache standen, leuchteten auf.

Plötzlich fuhren wir langsamer: zwei Männer – weiße Turbane, blitzende Zähne, weiße Hemden unter engen Westen, Hosen mit Ziehharmonika-Falten – richteten ihre Gewehre auf uns. Ihr Anblick, ihre Haltung waren eine so typische Einführung in Afghanistan, daß ich laut lachend herausplatzte: »Habe ich es nicht gesagt? Sind sie nicht großartig?«

Wir waren zu ihnen herangekommen. Einer der Soldaten – denn es waren Soldaten, Gott sei Dank hatte man sie noch nicht in enge Khaki-Uniformen gezwängt – kauerte sich zwischen Kotflügel und Motorhaube, der zweite war wie eine Katze über unseren Rücksitz geklettert und plumpste, krampfhaft seinen

Schießprügel festhaltend, zwischen uns… und vorwärts ging es.

Zwei rechtwinklige Wegbiegungen markierten die Grenze. In meiner Freude verkündete ich, was mir durch den Kopf schwirrte: »Ich mache dich darauf aufmerksam, daß wir hier, obwohl die Wüste die gleiche wie die in Persien ist, obwohl die Einwohner von Meschhed derselben Rasse angehören wie die von Herat, dennoch eine Grenze überschreiten, eine richtiggehende Grenze, die zwei ganz entgegengesetzte Länder trennt. Völlig verschiedene Lebensweisen – gegenseitig verachtet – sind der Beweis dafür. Der persische Reis bemitleidete uns, weil wir zu jenen ›wilden Afghanen‹ reisen müssen…, und ich wette meine Kinokamera, daß der afghanische Zollchef uns bemitleiden wird, wie er es schon vor zwei Jahren getan hat, daß wir mit ›diesen persischen Würmern‹ zu tun gehabt haben. Hier hat sich die Lebensweise nicht geändert, hier denkt der Sohn noch immer, wie sein Vater es getan hat, hier sind die Männer noch immer stolz darauf, Männer zu sein. Im Abendland gibt es derweil nichts als ständigen Wechsel, niemand weiß, was er denken soll, niemand fühlt sich sicher – am wenigsten die Reichen –, und das sogar in sogenannten Friedenszeiten. Hier gibt es keine Huren mit hohen Absätzen und kurzen Röcken – du kommst in das Land, in dem die Frauen nicht zu sehen sind, wo die Männer, in schneeweißen Mousseline gehüllt, mit schweren Schuhen, die Gondeln gleichen, einherschreiten. Du kommst in das Land, das noch nie unterjocht wurde, weder von Alexander dem Großen noch von Timur noch von Nadir oder John Bull. Es ist die Schweiz Asiens, ein Pufferstaat ohne Kolonien und ohne Zugang zum Meer, ein Land, dessen hohe Berge fünf Rassen schützen, die drei völlig verschiedene Sprachen sprechen. Ein Land der einfachen Bergmenschen und der wohlerzogenen Städter, die…«

Ich konnte meinen Gedankenflug nicht richtig weiterverfolgen, denn ich wurde durch unseren neuen Nachbar abgelenkt und durch das, was in seinem Kopf vor sich ging. Er konnte sich nicht erklären, was das für schnatternde Wesen seien. Hatten sie vielleicht den Wagen gestohlen, daß sie so aus dem Häuschen waren? Konnten das wirklich weibliche Wesen sein, diese beiden?

Der leichte Schimmer der Lämpchen am Armaturenbrett beleuchtete nur den unteren Teil unserer kleinen Kinne, die weiblich aussahen. Aber auf beiden Köpfen war das Haar kurz geschnitten … Da Versuche, eine Unterhaltung anzuknüpfen, keine Aufklärung verschafft hatten, beschloß der Afghane, das Geheimnis auf seine Weise zu lösen; ganz langsam begannen seine Hände die Kurven unserer Körper abzutasten! Hat es je eine lächerlichere Situation gegeben? Wir konnten es uns nicht leisten, die Beleidigten zu spielen und den Zorn dieser wilden Soldaten heraufzubeschwören, denn schließlich waren wir ihnen ja auf Gnade und Ungnade ausgeliefert. Erklärungen und scharfe Proteste waren ebenfalls zwecklos. Unsere lustige Stimmung unterdrückend, hofften wir, daß unsere beleidigte Haltung unseren Gefühlen Ausdruck verleihen würde. Und dann tauchte unser Ziel auf.

Ein moderner rechteckiger Bau inmitten von Nirgendwo, ein langer Gang, eine Petroleumlampe, ein Wohnzimmer, Vorhänge, eine Plüschtischdecke und Stühle – unsere erste Nacht in Afghanistan! Nachdem wir unsere Schlafsäcke neben dem Fenster, wo wir vielleicht etwas Kühle erhaschen könnten, entrollt hatten, schliefen wir ein, mit befriedigtem Lächeln um die Lippen. Aber bald wachten wir auf … unbehaglich … beunruhigt. Jawohl, am Fenster flüsterte eine männliche Stimme. Brauchten wir eine Waffe? Wir hatten keine. Aber dann mußten wir zum letztenmal an diesem Tag lachen und vielleicht am herzlichsten – wir begriffen, daß der ›Bandit‹ bettelte: »Khanum, sigret (Lady, Zigarette)!«

* * *

Es stimmte, daß die Grenze wegen der Cholera geschlossen war – in den letzten vier Wochen war nur ein türkischer Wagen durchgekommen. Der Weg, auf dem wir am nächsten Morgen fuhren, sah recht verlassen aus.

Der Zollchef war sehr angenehm gewesen. Er sprach russisch, trug eine kleidsame, spitze graue Astrachanmütze, hatte blaue Augen in einem wettergegerbten Gesicht. Das afghanische Wappen wurde in unsere Pässe eingestempelt: die Fassade einer Moschee mit einer Kuppel zwischen zwei Minaretten. Islam-Kaleh hatte sich seit meinem letzten Aufenthalt verändert (Kaleh ist der Name für die großen befestigten Häuser, die so charakteristisch für Afghanistan sind; ein solches mußte früher dort gestanden haben). Die alte Karawanserei mit ihren kühlen dunklen Zellen, in der ich vor zwei Jahren die heißen Stunden des Tages verbracht hatte, war leider dem Erdboden gleichgemacht worden. Hatte die persische Gewohnheit, alles Altertümliche zu demolieren, bereits auf Afghanistan übergegriffen?

Strahlende Sonne, ein surrender Wagen in der Wüstenebene, das Gelb der Kamele, die am Grün der feingefiederten Tamarisken knabberten, das Gefühl, daß sich vor uns Berge türmen würden … ich wußte, daß Christina so glücklich war, wie sie es überhaupt sein konnte.

Wir kamen zu einem Sandhügel, der sich wie ein gefältelter Rock ausbreitete und dessen Saum den Weg bedeckte. Wir arbeiteten uns mit dem Wagen hindurch, da wir zu der zwanzig Schritt vor uns liegenden Überbrückung eines Grabens kommen mußten – und brauchten drei Stunden, um diese Strecke zurückzulegen.

Hätten wir uns an diese Arbeit gemacht, wenn wir gewußt hätten, daß uns die Anstrengungen beinahe das Kreuz brechen würden? Das Typische bei solchem Abrackern ist, daß man sich dauernd sagt: »Der nächste Kniff wird uns aus diesem Schlamassel herausholen.« Wir ließen die verschiedenen Gänge spielen … die Räder rutschten zurück, versanken, rasselten und surrten … wir saßen und überlegten die Lage … Unsere jugoslawische Schaufel verursachte uns Blasen an den Händen … wir schoben die Rinnen aus Teheran unter die Räder … wir schwitzten wie Kulis unter den Hüten aus Triest … wir fluchten auf russisch und schweizerdeutsch: jede große Offensive brachte uns nur um eine Rinnenlänge vorwärts.

Ich gab als erste auf und saß trübe, erschöpft da, während Christina weiter schaufelte. Wo hatte sie bisher ihre Kraft verborgen? Wie nutzlos waren die Muskeln, auf die ich mir gewöhnlich so viel einbilde!

Dann, o Glück, sah ich drei Männer auf uns zukommen. Ich begrüßte sie lächelnd, machte erklärende Gesten und drückte dem Jüngsten den Spaten in die Hand. Zwei von ihnen arbeiteten einige Minuten abwechselnd, der dritte saß gelangweilt daneben. Gerade als ich unserem Glücksstern dankte, gingen sie weg … ich lief hinter ihnen her, überzeugt, daß das Wort Bakschisch ihren

Sinn ändern würde. Aber nein! Sie wollten mein Trinkgeld nicht haben – einfach so. Wie weit waren wir von dem bettelnden Persien entfernt!

Wie herzlich lachten sie, als ich dem Gelangweilten mein Halstuch fortnahm – ich weiß nicht, wie es an seinen Hals gekommen war –, auch das war ein neues Erlebnis.

Schließlich kamen wir auf die sicheren Pflastersteine der Brückenwölbung.

Und dann – welch ein Lohn! – wurde die ausgedörrte Wüste durch das intensive Indigoblau eines Flusses unterbrochen, der auf uns zuströmte. Halb geblendet von der grellen Helle des sengenden Mittags stürzten wir in den Schatten einer alten massiven Brücke, rissen uns die klebrigen Kleider vom Leib und betrachteten, auf einem Felsblock stehend, die wunderbare Bläue, die uns gleich aufnehmen würde. Aber schweißfeucht, wie wir waren, zitterten wir in dem starken Wind, obwohl die Temperatur der Luft über fünfundvierzig Grad sein mußte, und rasch sprangen wir in den Fluß. Bis zum Hals im Wasser, die Körper federleicht, war unsere Müdigkeit weggewischt, wir fühlten uns wie im Paradies – das weiche Wasser glitt um unsere Glieder, die Augen füllten sich mit dem Blau, das uns umgab, während schnelle Wellen einander lustig jagten.

Dieser klare Fluß hatte das Hasareidschatgebirge gesehen, das, noch immer unseren Blicken verborgen, vor uns lag, jene Berge Zentral-Afghanistans, wo die großartige Landschaft von Bamian in Frieden atmet. Unter dem Namen Heri-Rud war das Gewässer an Herat, unserem heutigen Tagesziel, vorbeigeflossen. Nachdem es die Grenze zwischen Persien und Afghanistan bezeichnete, wird diese köstliche Bläue in der Sandwüste Russisch-Turkmenistans versickern. Ein Schrei Christinas unterbrach mein Entzücken; unsere samtige Seife war ihr aus der Hand geglitten, und wir bekamen sie nicht wieder. Das war nun das dritte Stück, das wir wider Willen den Najaden der asiatischen Flüsse opferten. Dort, am Rande des Wassers, stand Christina, schlank und zart, und bat um Entschuldigung – ihre Hüften, die so mager waren, daß es fast schmerzte, sie anzusehen, erinnerten mich an die Schlankheit indischer Jünglinge.

Da wir schläfrig waren, suchten wir ein schattiges Plätzchen, um uns eine Stunde auszustrecken. Wir fuhren zur Mauer eines zerfallenen Khan, aber Landstreicher hatten sich bereits dort niedergelassen. In der Hoffnung, einen Baum oder einen Felsen zu finden, rollten wir weiter und weiter durch eine ausgedörrte Welt, die gleichmäßig kahl und eben blieb. Endlich, nach langer Zeit, erspähten wir mit unseren zusammengekniffenen Augen zwei, drei Kilometer vor uns im Süden ein gelbes Dorf – oder richtiger gesagt, wir sahen seine Befestigung, eine riesige Mauer mit zwei runden Türmen, die wie in Ghasni das Tor flankierten. Der einzige grüne Fleck in unserer Welt, ein ummauerter Obstgarten, lag am Fuß der nördlichen Mauer.

Einsam in der Wüste stiegen drei Türme empor, massiv, viereckig, mit seltsamen senkrechten Schlitzen in den Mauern. Als wir näherkamen, sahen wir hoch oben komplizierte Takelungen. Doch erst als wir dicht darunter waren, erkannten wir, daß es riesige, mit Strohmatten bedeckte Flügel eines großen Rades waren: die Flügel einer Windmühle. Diese Vorrichtung hatte jenes altertümliche sinnreiche Aussehen, das auch chinesischen Wasserrädern zu eigen ist. Die eine Mauer war in solch einem Winkel gebaut, daß sie die starken ›Hundertzwanzig-Tage-Winde‹, die *bad o sad o bist ruz,* den Flügeln zutrieben. Reihenweise angeordnete kleine Öffnungen in einer anderen Mauer wirkten in dem einfachen Bau wie eine schöne Saumnaht; vermutlich sollten sie Durchzug bewirken oder waren Entlüftungslöcher.

Im Schatten der Nordmauer verrichtete eine verschleierte Frau auf dem Wüstenboden kniend ihr Gebet. Hätten wir in ihrer Nähe ruhen wollen, wären wir bald gestört worden; eine Schar Kinder kam auf uns zugerannt, ihre langen weiten Hemden flatterten im Wind; die Zurückhaltung, mit der sie uns begrüßten, war mit einer Freundlichkeit gemischt, die wir in Iran nie angetroffen hatten. Das gleiche traf auch auf die Erwachsenen zu, die sich um uns drängten, als wir am Ende des Weges zur Festungsmauer kamen. Von einem seichten Teich führte ein schmaler Damm zum Haupttor. Ein Schafhirt trieb seine braunen und weißen Tiere am Fuß der beigefarbenen Mauer entlang. Unter dem tiefblauen Himmel und inmitten dieser nüchternen Farbtöne glänzten die Gewänder der Dorfbewohner blendend weiß. In Zeit und Raum fühlten wir uns fern von allem, was wir kannten.

Ich glaube, das Dorf hieß Schahbasch – mehr interessierte uns nicht. Von unserem Standort aus sah es vollkommen aus, aber wir hatten Angst, wir würden beim Betreten nur verfallene Häuser sehen, wie Nägel und Leim auf der Rückseite eines guten Gemäldes.

Als wir wieder auf der Fahrstraße und außer Sicht waren, machten wir halt, stellten den Ford quer und legten uns in seinen Schatten. Sofort schliefen wir ein, mitten auf dieser internationalen Landstraße!

Spät am Nachmittag wachten wir auf; ein Bauer stand da und betrachtete uns. Er hatte drei Melonen im Arm – mit einem breiten Lächeln, das seine gesunden Zähne zeigte, bot er sie uns an. Eine Gottesgabe für unsere durstigen Kehlen! Der Mann ging über ein Brachfeld davon, nachdem er das von uns angebotene Geld zurückgewiesen hatte.

Nicht alle Afghanen sind so freundlich wie dieser Wohltäter. Einige Wochen später waren wir mit zwei Rädern in einem Graben festgefahren. Vier kräftige Nomaden kamen vorbei; mit ihren schwarzen Turbanen und bestickten Westen über weißen Hemden, das Weiß ihrer Augen durch Antimon stark betont, sahen sie wie Räuber aus. Als sie den Wagen auf die Straße zurückgehoben hatten, drückte Christina dem größten eine Fünf-Afghani-Note in die Hand – er schaute die Note an, blickte dann Christina an, gab die Note zurück und ging davon, ohne sie auch nur eines Wortes zu würdigen. Noch nie habe ich stolzere Augen und eine stolzere Haltung gesehen.

Wären wir in der Wildnis gewesen, hätten wir annehmen können, daß Geld diesen Bergbewohnern nichts bedeute, aber nicht dort an der Hauptstraße südlich von Kabul, wo in jedem Dorf Tschai-Khanas den Reisenden in Versuchung bringen!

Während wir uns Herat immer mehr näherten, erfüllte uns tiefe Freude. Nicht nur hatten wir ›unser‹ Land erreicht, das Land, das wir mit Liebe erforschen wollten, sondern die Menschen, die wir im Laufe des Tages getroffen hatten, waren freundlich, verstanden zu lächeln, benahmen sich wie unseresgleichen und nicht wie Jammergestalten; sie bewegten sich ungezwungen in einem Rahmen, der ihnen gemäß war.

20

Herat

Wieder in Herat zu sein, in dem Rasthaus unmittelbar vor den geschleiften Befestigungen der alten Stadt, weckte in mir Erinnerungen, an denen ich Christina teilnehmen ließ. Die Glasscheibe, die in dem wackligen Oberlicht über dem Speisesaal zu klappern pflegte, klapperte noch immer, als klopften Einlaß heischend sämtliche Dschinns Arianas an.

Mein erster Besuch Herats war nicht angenehm gewesen. Da der persische Gesandte in Kabul erfahren hatte, daß ich Journalistin war, weigerte er sich, das Visum zu erteilen, bevor ihm von Teheran mitgeteilt würde, daß ich bei seiner Regierung Persona grata sei. Nachdem drei Wochen verstrichen waren, und wir auf unser Telegramm mit bezahlter Rückantwort immer noch keinen Bescheid erhalten hatten, war ich fortgefahren, entschlossen, meinen Weg in das Land zu erzwingen.

In Herat hatte ich mich als Touristin ausgegeben und bat beim persischen Konsul um die Erlaubnis, nach Meschhed zu reisen. Er sagte ›Ja‹ – was im Orient die verschiedenste Bedeutung haben kann. Als ich meinen Paß verlangte, verzögerte er die Angelegenheit so, daß ich den wöchentlichen Autobus nach Persien verpaßte. Obwohl ich an die Schwierigkeiten modernen Reisens gewöhnt war, wurde ich diesmal nervös: in einem Monat sollte ich eine Vortragstournee in den wilden Bergen Schottlands beginnen, und die Verzögerung brachte mich gerade um die Zeit, die ich benötigte, um Schah Reza und Kemal Atatürk für meine Pariser Zeitung zu interviewen.

Endlich bekam ich meine Papiere und glaubte schon, das sei meiner Gerissenheit zu verdanken, aber ich mußte erfahren, daß das Visum telegrafisch aus Kabul erteilt worden war.

Abgesehen von diesem Zwischenfall war mein Aufenthalt angenehm. Ich hatte den energischen jungen Gouverneur, der elegante europäische Kleidung trug, kennengelernt, und er hatte mich zu einem aus verschiedenen Pilaws bestehenden Mahl eingeladen. Auch unterhielt ich mich mit dem einzigen Europäer, der außer dem russischen Konsul in Herat lebte: ein deutscher Ingenieur, der seine Einsamkeit unerträglich fand – jeden Tag versicherte er mir, was für ein Genuß es sei, mit jemandem sprechen zu können. Seine Frau sollte zu ihm kommen, aber er fürchtete, daß er noch vor ihrer Ankunft wahnsinnig würde. Überarbeitet und besessen wie er war, wirkten seine blassen Augen schreckenerregend, und meine Versuche, ihn dazu zu bringen, mir von seiner Arbeit zu erzählen, hatten wenig Erfolg.

Ihm unterstand die Modernisierung Herats. Wenn er in der Provinz umherreiste, um Brücken zu bauen, lebte er unter den Nomaden. Als er hörte, daß ich im Basar ein Paar Satteltaschen-Teppiche suchte, bot er mir an, die seinen zu verkaufen; er könne sich von seinen Nomaden neue machen lassen. Später wollte er sie mir mit anderen seiner Besitztümer schenken, und eines Tages brachte er einen dicken Ballen von schwarzem Atlas, mit dem er mein Herz zu gewinnen glaubte. Infolge dieser komischen Szene beschloß ich, nicht mehr mit ihm zusammenzukommen, obwohl ich seinen Stadtklatsch vermißte.

Meine Nachmittage verbrachte ich faul in der Nähe des Grabes von Gauhar Schad, der Prinzessin, die die wunderbare Moschee von Meschhed erbaut hat. Ich ging dorthin auf einem Weg, der von Fichten eingesäumt war. Wie der Deutsche mir gesagt hatte, wurden diejenigen mit dem Tod bestraft, die ihre Ziegen an den Bäumen knabbern ließen; nur durch Androhung solcher Strafe sei es möglich, den Afghanen Verständnis für die Aufforstung beizubringen.

Die dunkle Fichtenreihe stand an einem gelben Weizenfeld, über dessen schimmernder Fläche die starren Überbleibsel der Vergangenheit emporragten, sechs oder sieben Minarette, die von weitem wie Fabrikschornsteine wirkten. Beim Näherkommen sah man aber das Glitzern der blauen Mosaike, das Weiß der großen Inschriften, die Verkleidung mit Marmorplatten. Obwohl sehr imponierend, schauten die zwei größten Minarette wie kolossale Würste aus; die teilweise heruntergefallenen türkisfarbenen Arabeskenornamente hatten eine verwitterte braune Terrakottafläche enthüllt.

Aber die Minarette beim Grab waren unglaublich schön. Die

satten Farben, die Klarheit der Blumenmuster, der Glanz, den diese stolzen Säulen ausstrahlten, veranlaßte mich, rundum zu rennen und den hoffnungslosen Versuch zu machen, einen Punkt zu finden, von dem aus eine Farbaufnahme solch wunderbaren Kontrasten gerecht zu werden vermöchte. Doch die Fotografie vermag ebensowenig die samtenen Töne dieser Fayencen wiederzugeben, wie sie den Glanz eines kostbaren Teppichs einfangen kann.

Am anderen Ende des Feldes stand eine gerippte Kuppel, die auf den vier Mauern der Gauhar Schad ruhte, ein Bauwerk, das dem Beschauer tiefen Frieden einflößt. Strahlende türkisfarbene Fayencen verliehen dem Ganzen eine fröhliche Note. Je höher man in den Bergen steigt, desto tiefer wird das Kobaltblau des Enzians, das Grün der Wiesen, das Rot der Alpenrosen. Das Gleiche scheint bei den asiatischen Mosaiken der Fall zu sein, je weiter man in die Zeiten zurückschreitet. Im Gebirge herrschen, wenn man eine gewisse Höhe erreicht hat, Felsen und Gletscher vor, und alle Vegetation ist verschwunden. Gerade so gab es, soviel ich weiß, vor dem zwölften Jahrhundert keine farbigen Fayencen – der asketische, einfache Backstein regierte unbestritten neben dem Weiß des Stuckwerks.

Christina und ich saßen an die Ruinen des Mausoleums gelehnt; ein Kind und der Wind waren die einzig lebendigen Dinge in unserer Welt. Der Knabe, dessen intelligentes Gesicht unter einem schwarzen Turban bleich wirkte, erklärte uns durch rasche Gesten den Grund, warum ein Grabstein, der vor dem Mausoleum verlassen dalag, ausgehöhlt war. Mit Hilfe eines Pflastersteines zerquetschen Leute, die an Halsschmerzen leiden, Beeren in diesem improvisierten Mörser; dann essen sie den entstandenen Brei, und – o Wunder! – jene, die die Stimme verloren hatten (der Knabe stieß einige unartikulierte Laute hervor), können wieder glücklich plappern. Selbstverständlich wird diese Heilung dem Geist der Heiligen, die hier begraben liegt, zugeschrieben.

Am Standort von Herat, beim Heri-Rud, muß es stets eine Stadt gegeben haben; erst hieß sie Haraeva gemäß dem Vendidad, dann Artacoana, dann Alexandria, Aria oder Heri; sie war einst ein wichtiger Kreuzpunkt der Handelsstraßen, auf denen Seide und Jade von China über den Pamir oder über die Oxusebene gebracht wurde.

In Sultanieh hatten wir die mongolischen Ilkhane kennengelernt, die gegen Ende des vierzehnten Jahrhunderts von Timur vernichtet wurden. Die Ruinen, bei denen wir jetzt saßen, vergegenwärtigten uns die Timuriden und das Goldene Zeitalter Herats im fünfzehnten Jahrhundert, nachdem Samarkand als Hauptstadt Zentralasiens aufgegeben worden war. Wenn wir die Jahrhunderte mit den verschiedenen Dynastien verknüpfen, erfahren wir, daß Babur (der im sechzehnten Jahrhundert Indien eroberte, weil er Samarkand nicht wiedergewinnen konnte) in seiner Jugend Herat besucht hatte, gerade bevor es in die Hände der usbekischen Eindringlinge fiel (im Jahre 1506). Und Zeit und Raum abermals überspringend, lesen wir, daß der letzte dieser Timuriden, der Mogul Bahadur Schah II., 1858 abgesetzt und nach Rangoon verbannt wurde, während man seine Söhne und Enkel hinrichtete. Königin Victoria war die nächste Herrscherin Indiens.

Den chinesischen Historikern zufolge sandten die Timuriden den Herrschern des Reiches der Mitte Tribute. Einer dieser Historiker berichtet, daß er 1410 als Gesandter einen Löwen aus Herat mitbrachte, ein Geschenk des Schah Roch, Sohn Timurs, an den Kaiser von China. Ich frage mich, wie wohl dem Löwen die Kälte im Hochland Pamir gefallen haben wird.

Ein anderer chinesischer Gesandter gibt uns eine Beschreibung von Herat in der zweiten Hälfte jenes glänzenden fünfzehnten Jahrhunderts. Alle Sitten und Bräuche wichen völlig von denen in China ab:

»Die Häuser sind aus Stein gebaut und gleichen einer hohen Terrasse. Das Innere, das aus einigen Dutzend Zimmern besteht, ist leer. Die Türen und Fenster haben wunderschöne Holzschnitzereien, die mit Gold und kostbaren Steinen verziert sind. Die Bewohner breiten auf dem Boden Teppiche aus, auf denen sie mit untergeschlagenen Beinen sitzen. Sie rasieren ihre Köpfe und binden ein Stück Tuch darum; die Frauen verhüllen ihre Köpfe mit weißen Tüchern und lassen nur eine Öffnung für die Augen frei. Weiß ist die Farbe der Freude, schwarz die der Trauer. Sie benutzen zu den Mahlzeiten weder Löffel noch Eßstäbchen, sie haben Porzellangefäße. Wein wird aus Trauben gemacht. Münzen mit dem Wappen des Königs werden mit einer Steuer von zwei auf zehn Stück belegt. Zwei Schwestern dürfen die Frauen desselben Mannes werden. Die Trauerzeit beträgt hundert Tage. Särge sind unbekannt, die Toten werden in ein Tuch gehüllt. Den Ahnen werden keine Opfer dargebracht. Die Menschen beten zum Himmel.«*

Auch bis heute noch haben sich diese Sitten wenig geändert, außer daß die modernen Häuser aus gewöhnlichem Lehm bestehen und getüncht sind. Das alte Herat war gerade abgerissen worden, um modernen Straßen Platz zu machen. Als der Gouverneur einem Schweizer Ingenieur die Stadt zeigte, sagte er bei einem alten Haus, daß es zum Gegenwert von zweihundert Pfund Sterling zu verkaufen sei. Im Innern entdeckte der Schweizer polierten Marmor, farbige Glasfenster, mit Messing und Silber eingelegte wunderschöne Holzschnitzereien. Er wurde ganz beredt: »Das darf nicht verkauft werden, es muß von Ihren französischen Archäologen wiederhergestellt und erhalten werden. Ist Ihnen, Exzellenz, bewußt, daß dies das beste Beispiel hervorragenden Kunstgewerbes ist, das ich in Afghanistan gesehen habe? Ihr wollt euer Land erwecken und aufbauen, damit ihr stolz darauf sein könnt, aber wir Ausländer können das nicht für euch tun. Das muß aus eurer eigenen Begeisterung heraus geschehen. Auf dieses Haus können Sie stolz sein; stellen Sie es Ihren Handwerkern als Beispiel zur Verfügung, zeigen Sie ihnen, was ihre Vorväter vollbracht haben. Sagen Sie ihnen, daß die Menschen mit solcher Geschicklichkeit und Liebe nur bauen, wenn ihr Land groß und frei ist – so wie es Afghanistan heute ist.«

Wer weiß, ob der Schweizer und der Chinese nicht das gleiche Haus gesehen haben?

Nach Timurs Tod im Jahre 1405 herrschte sein Sohn Schah Roch von Herat aus. Von seinen beiden Eltern hatte er mongolisches Blut in den Adern. Sein Vater kam aus dem Stamme der Berulas, dessen Ahnherr ein Bruder des Kabul-Khans war, des Urgroßvaters von Dschingis-Khan; seine Mutter Saral Mulk Khanum war eine Tochter Kasans, eines Nachkommen des Dschingis-Khan. Gauhar Schad, die Frau des Schah Roch, war eine Schwester von Kara Yusuf aus der Dynastie der ›Schwarzen Hammel‹. Baisungur und Ulugh Beg, der Astronom, waren ihre Söhne.

Gauhar Schad hatte in Herat das Mausoleum bauen lassen, das

* Bretschneider: Medieval Researches.

noch immer existiert, aber das Kolleg und die große Musalla-Moschee, die sie hatte errichten lassen, sind verschwunden. Im Alter von achtzig Jahren wurde sie von dem Herrscher Abu Said getötet, weil sie zugunsten ihres Enkels intrigierte. Auf ihrem Grab wurden die Worte eingemeißelt: »Die Bilkis ihrer Zeit.« Und vierhundert Jahre später schrieb Mohun Lal, Sekretär von Burnes, daß das Volk von Herat sie noch immer ›Die unvergleichlichste Frau der Welt‹ nannte.

Sultan Hussein Beikar folgte auf Abu Said und herrschte umgeben von berühmten Männern wie Bihzaad, der Maler, Mirkhond, der Historiker, und Dschami, der Dichter. Unter dem Namen Husseini schrieb der Sultan selbst Gedichte. Kaiser Babur zufolge hatte Hussein gemeinsame Züge mit den Ilkhanen und den Timuriden: »... er hatte geschlitzte Augen und den Rumpf eines Löwen, war aber schlank von der Hüfte abwärts. Von beiden Seiten her war er von bester Abstammung, ein Herrscher aus königlichem Geschlecht. Während sechs bis sieben Jahren nach seiner Thronbesteigung war er abstinent, später erniedrigte er sich durch den Trunk. In den fast vierzig Jahren seiner Herrschaft in Chorassan gab es wohl nicht einen einzigen Tag, an dem er nicht nach dem Mittagsgebet trank; vorher trank er allerdings nicht. Und seine Söhne, die Soldaten und die Einwohner der Stadt gaben sich alle im Übermaß den Vergnügungen und dem Laster hin. Kühn und verwegen war er. Kein Mann des Geschlechtes von Timur Beg soll ihm je im Gebrauch des Schwertes gleichgekommen sein.«

Babur wurde von Sultan Hussein nach Herat befohlen, wahrscheinlich weil er gerade Kabul erobert hatte. Nachdem er der Aufforderung Folge geleistet hatte, schrieb Babur in seinen Memoiren: »... in der ganzen bewohnten Welt gibt es keine Stadt, wie Heri unter dem Sultan Hussein Mirza geworden ist, auf dessen Bemühungen und Befehle hin ihre Pracht und Schönheit wie von eins zu zehn gestiegen ist, oder richtiger von eins zu zwanzig.«

Danach war es bald zu Ende mit Herats Größe.

Im Jahre 1885 wurden die große Musalla-Moschee und Gauhar Schads Kolleg sinnlos zerstört: eine afghanische Abteilung war bei Pandsche, nördlich von Herat, von den Russen besiegt worden. Emir Abdur Rahman, der von Offizieren der indischen

Armee beraten wurde, fürchtete für Herat. Es wurde beschlossen, die Bauwerke zu sprengen, damit nicht die Russen von ihren Dächern aus Herat beschießen könnten, falls sie so weit nach Süden kämen.

* * *

Ich führte Christina zu einem anderen Monument, das mich bezaubert hatte. Einsam auf einem weiten steinigen Berghang steht das Gazur-Gah-Grabmal, wo Kwaja Abdullah Ansari begraben liegt. Colonel Yate zufolge wird der Name Gazur Gah (Bleiche) durch folgende Inschrift erklärt: »Sein Grab ist ein Waschbrunnen, in dem die Wolke der göttlichen Vergebung die schwarzen Sündenregister der Menschen weißwäscht.«

Zunächst kommt man in einen riesigen Vorhof für Karawanen, dann begrüßen einen in einem zweiten Hof schattenspendende Bäume, gepflasterte Wege und ein schimmerndes Bassin. Bärtige Mullahs mit schneeweißen Turbanen wandeln umher; einige von ihnen sind wahrscheinlich Flüchtlinge von den Unruhen in Meschhed.

Der dritte Hof zwischen hohen Mauern leuchtet ernst, er ist voll weißer Marmorgrabsteine. Gegenüber dem Torbogen erhebt sich der große Iwan mit seinen edlen Mosaiken, von denen einige chinesischen Einfluß erkennen lassen: dunkles Rot glitzert zwischen den klassischen Tönungen Türkisblau, Indigo und reinem Weiß. Nachdem ich eine der Zellen in der einen Mauer besichtigt habe, wende ich mich wieder dem Hof zu; er ist auf einmal von gelbrot karierten Hügelchen belebt, die zwischen den bleichen Gräbern aufleuchten. Es sind kniende Mädchen, die scheinbar alle demselben Stamm angehören. Sie schielen aus ihren Tüchern zu uns herüber. Sie sind jung. Ihre schlauen Gesichter drücken Langeweile aus, aber auch Stolz darüber, daß man ihnen zusieht, wie sie ihre Andacht verrichten.

Unter einem knorrigen Baum hinter hölzernem Gitterwerk neben einer hohen Stange, die die Anwesenheit eines mohammedanischen Heiligen verkündet, befindet sich vor dem Iwan das riesige Grab des großen Mannes. Überall hängen Schnüre und Lumpen als Opfergaben herum; kleine Öllampen können in dunklen Nischen angezündet werden. Die köstlichen Skulpturen in dem hohen dicken Grabstein glänzen. Daneben steht ein ebenfalls schön bearbeiteter kleinerer Stein, das Grab von Dost Mohammed, dem Emir Afghanistans, der 1863 starb.

Wieder einmal bezauberte mich die Atmosphäre, die von tiefem Frieden erfüllt ist; dieser Friede ist wahrscheinlich nicht nur auf die schönen Proportionen des Baues zurückzuführen, sondern auch auf die Stimmung der Pilger, die durch die Jahrhunderte hindurch von dem Wesen des Heiligen inspiriert wurden.

Abdullah Ansari starb im Jahre 1080. Das jetzige Grabmal wurde von Schah Roch erbaut. Als Babur es besuchte, sah er, wie Leute neben dem Grab in Ohnmacht fielen, wenn Dschalal-ud-din-Rumis ›Masnawi‹ rezitiert wurde. Ansar bedeutet ›Treuer Helfer‹ des Propheten; es war der Name einer Sekte, die der Heilige gegründet hatte. Wie Dschelal-ad-din-Rumi, der Gründer des Maulawi-Derwischordens, war Abdullah Ansari ein Mystiker, der überzeugt war, daß nur Gott ist.

* * *

Eines Abends beobachteten wir auf unserem Heimweg vom Basar ein aufregendes Spiel. Nachdem wir uns den Weg durch hartknochige Zuschauer (natürlich nur Männer) gebahnt hatten, sahen wir einem Kampf zweier kräftiger Männer zu. Zunächst glaubte ich, sie seien mit kurzen Gummiknüppeln bewaffnet, aber es waren nur Stöcke, die lediglich durch die Gewalt, mit der sie gehandhabt wurden, den Eindruck von Knüppeln erweckten. Die zwei Kämpfer machten Ausfälle und Täuschungsmanöver wie Boxer; ab und zu sauste ein Stock mit aller Gewalt hinunter, dann wurde der Schlag mit ledergepanzerter Faust pariert.

Nachdem er hintereinander mehrere Gegner besiegt hatte, blieb ein schwitzender Tapferer lange Zeit unbesiegt. Obwohl dick, kämpfte er mit der Gewandtheit einer wütenden Katzenmutter.

Ich beobachtete auch die Zuschauer, ihre schmalen Gesichter, ihre scharfen Augen, die spöttischen Münder unter den unordentlichen Turbanen, die ihnen ein so gutes Aussehen verliehen. Im Gegensatz zu einem Land wie Iran, in dem diese Kopfbedeckung abgeschafft ist, hat dieses turbantragende Land viel für sich; da die Menschen von dem, was sie tragen, beeinflußt werden, hält dieses Volk den Kopf stolz erhoben, und der Afghane, der an Würde und Schönheit gewinnt, indem er sich ein langes Tuch um den Kopf windet, wäre ja ein Narr, wenn er sich die zerlumpte Kappe des Persers aufsetzte. Selbst ein rundes Käppchen ist schön, wenn es in lebhaften Farben bestickt ist. Aber wenn man bedenkt, was der Perser heutzutage auf dem Kopf trägt, ist es kein Wunder, daß er sich selbst bedauert.

Wir gingen weiter, wir erweckten zuviel Aufmerksamkeit, und ich für mein Teil wünschte, mein Rock wäre länger. Uns überholend erklärte uns der Verwalter des Rasthauses mit wenigen Worten die Situation: »Denken Sie daran, daß diese Männer bisher nur die Gesichter von vier Khanums gesehen haben – ihrer Mutter, ihrer Schwester, ihrer Frau und ihrer Tochter.«

Ab und zu kamen wir an einigen dieser verhüllten Frauen vorbei – vermummte Gestalten, deren durch Spitzentücher verhüllte Augen kaum ihre Schritte zu lenken vermochten. Für den Autofahrer bildeten sie eine öffentliche Gefahr: sie sahen wenig und hörten noch weniger. Erst wenn man ganz dicht an sie herangekommen war, sprangen sie zur Seite, erschrocken wie gackernde Hühner.

Die Karawanenstraßen Zentralasiens sind tot, und der Fremde, der Herat besucht, fühlt, daß er sich weit abseits der modernen Verbindungslinien befindet; Bagdad und Teheran liegen viele Tagesreisen im Westen und Kabul und Peschawar weit im Osten. Etwa hundert Kilometer nördlich endet in Kuschk eine Zweiglinie der russischen Transkaspischen Eisenbahn, die aber nur dem Post- und Güterverkehr dient.

Vor uns lag, etwa fünfmal so groß wie England, ein Land, von dem wir soviel als möglich zu sehen wünschen. Wir beabsichtigten, das Paropamisgebirge, das zwischen Herat und Masar-i-Scherif aufsteigt, zu überqueren. Eine schlechte, achthundert Kilometer lange Straße verbindet die beiden Städte. Aber der polnische Ingenieur, der nun in Herat arbeitete, sagte uns, daß die Brücke über den Murghab, die mein deutscher Bekannter aus dem Jahre 1937 erbaut hatte, im letzten Frühjahr vom Hochwasser fortgeschwemmt worden sei. Eine neue Brücke werde gerade fertiggestellt, und wir sollten die Nachricht abwarten, daß die Straße wieder passierbar sei. Die letzten Schneefälle seien schwer gewesen, und noch viele andere Straßenbauten seien vom Hochwasser zerstört worden. Doch auch die Deutschen und die Sitten

Asiens seien daran schuld. Ausländische Ingenieure machten einen Kostenanschlag, und der entsprechende Betrag werde eines Tages von der Regierung in Kabul ausbezahlt. Doch infolge der Korruption, die zuweilen bereits hohe Kreise erfaßt habe, erhalte der Ingenieur nie in genügenden Mengen Baumaterial. Wenn er kühn sei, gehe er der Sache auf den Grund, mache die Schuldigen ausfindig und überrede sie, ihre Habgier zu zügeln; eine zehnprozentige Kommission, die in der ganzen Welt zugestanden wird, sollte ein Maximum sein, das nicht überschritten werden dürfte. Auf diese Weise könne in Afghanistan Arbeit verrichtet werden, während das Huhn, das die goldenen Eier legt, noch willig und gesund ist; nach einigen Jahren werde dann der Profit ebenso groß sein wie auf die alte Weise. Aber damit solch eine Methode Erfolg habe, dürfe das Land keine Revolutionen erleben, sonst würden die Habgierigen möglichst viel an sich raffen, solange sie könnten. (Wenn der Ingenieur das öffentlich erklärt hat, ist er vielleicht schon entlassen worden!)

Vom Außenminister erfuhren wir, daß ›unsere‹ Brücke fertiggestellt sei, nicht aber ein fünfzig Kilometer langer Sektor der neuen Straße, die hinführt. Als er unsere Niedergeschlagenheit bemerkte, fügte er hinzu, daß er uns dem Gouverneur der Provinz, der vorübergehend in Kala-Nau war, empfehlen werde; wenn wir erst einmal dort wären, würden wir dann schon sehen, was wir tun könnten.

Ich wollte durchaus die nördliche Route nach Turkestan einschlagen und tat alles, um diesen Entschluß durchzusetzen. Da der Wagen nicht mir gehörte, fiel es mir wahrscheinlich nicht schwer, zu vergessen, wie sehr er darunter leiden könnte.

21

Bala-Murghab

Endlich kam ich in eine mir unbekannte Gegend. Die weite Reise lohnte sich allein schon, um wieder einmal die Erwartung, die tiefe Erregung, die das Unbekannte hervorruft, zu verspüren. Jeden Morgen würde ich mit dieser Ungeduld aufwachen, mit dem Bewußtsein, daß jede Minute der Fahrt mir völlig Neues bieten werde.

Unser Faktotum in Herat hatte uns den Weg aus der Stadt gezeigt, direkt nach Osten, am neuen Regierungsgebäude vorbei – wir könnten die Straße nach Karokh nicht verfehlen, erklärte er. Nachdem wir den Außenminister überzeugt hatten, daß wir keinen Platz für die Eskorte hätten, die er uns anbot, waren wir für uns allein. Wir hatten eine indische Generalstabskarte 1:190 000, die uns auf jeden Fall Vertrauen einflößte.

Am 2. August morgens nahmen wir Abschied von Herat... am Abend desselben Tages waren wir mit hängenden Köpfen wieder in dem Haus mit dem klappernden Oberlicht angelangt.

Wir waren durch ein kahles Land mit Bergen im Norden gefahren und wunderten uns nach zwei Stunden, daß wir noch nicht zum Sauzakpaß, vermutlich dem ›Zarmast‹ unserer Karte, hinauffuhren. Obwohl wir durch ein schlafendes Dorf mit fensterlosen Lehmhütten kamen, in dem viereckige Türme die Klarheit der Luft durch ihre tiefen, scharfen Schatten betonten, trafen wir keine Menschenseele, die uns hätte sagen können, wohin dieser allzu gerade Weg führte.

Im Süden türmten sich auch Berge, und dann sahen wir zu unserem Erstaunen zwischen diesen und uns einen breiten, tiefen Fluß, der schluchtengleich die Erde spaltete. An seiner Größe und seinem blauen Wasser erkannten wir, daß es sich nur um unseren Freund, den Heri-Rud, handeln konnte. Wir befanden uns auf der modernsten Straße Afghanistans, der direkten Verbindung nach Kabul über den Hasaredschat. Teilweise war die Straße sehr steil, und bis jetzt hatten sie nur einige Beamte benutzt – ein Lastauto mit Benzin war ihnen vorausgefahren. Bei meinem Aufenthalt 1937 in Kabul wäre ich beinahe dieser Straße gefolgt; in letzter Minute hatte jedoch leider der Amerikaner, den ich begleiten sollte, eine Landsmännin getroffen und sie statt meiner nach Bamian mitgenommen.

Jetzt standen wir am anderen Ende dieser Straße. Obwohl wir unvernünftigerweise versucht waren, ihr zu folgen, machten wir schließlich doch kehrt, um die Hauptstraße nach Turkestan zu suchen.

Einige Tage später benutzten Nicole und Raymond diese Hasaredschat-Straße. Tapfer ihre Velos die steilen Stellen hinaufschiebend, verlief ihre Reise sehr hungrig. Die Dörfer lagen weit auseinander und die Leute waren so arm, daß sie weder Mehl noch Milch zu verkaufen hatten. Lange vorher, ehe Babur Kaiser von Indien wurde, hatte er ebenfalls diesen Weg eingeschlagen. Er verirrte sich und wäre fast umgekommen, denn der Weg war unter dem tiefen Schnee verschwunden; doch mit großer Willenskraft arbeitete er sich weiter, bis er Höhlen fand, in denen seine Leute schlafen konnten.

* * *

Da wir die Straße nicht finden konnten, baten wir um einen Begleiter. Wir konnten mit unserem Mann kein Wort wechseln, und auch in der Zeichensprache versagte er. In der Nähe von viereckigen Türmen, die sich als Taubenschläge herausstellten, führte er uns an einigen Mauern vorbei, und dann direkt in das steile Flußbett des ausgetrockneten Paschtan. Zweimal blieben wir in Sandanhäufungen stecken. Unser Mann bezeugte gar keine Lust, den Spaten zu handhaben, und da der Wagen im Weg stand, konnte man den Spaten auch nicht auf afghanische Art benutzen, indem man einen Strick gerade über dem Blatt anbindet, an dem dann ein zweiter Mann zieht.

Weiter oben, als wir auf eine gute Straße mit sanften Steigungen gekommen waren, begegneten wir verschleierten Frauen, die auf Eseln ritten; ihre spitzen Schuhe hingen baumelnd an ihren bestrumpften Füßen. ›Die Nacht ist für den Schlaf, der Tag für die Ruhe, der Esel für die Arbeit‹ lautet ein afghanisches Sprichwort.

Plötzlich tauchte direkt vor uns eine kompakte dunkle Masse von Vegetation auf, die inmitten eines so kahlen Landes besonders dicht wirkte. Und hinter einer Mauer befand sich ein Fichtenwald, der ein Grabmal umgab. Es war Karokh.

Schattige Wege führten uns zu dem Grab. Es war im vorigen Jahrhundert erbaut, ein einfacher Sarkophag mit der üblichen Stange, den Lumpen und Widderhörnern. Die Fichten aber waren für uns eine große Erholung und Freude – Asien lehrt einen großartig, Bäume zu schätzen. Die hölzernen Säulen einer Moschee erregten meine Aufmerksamkeit; ich fuhr mit der Hand darüber und hatte das Gefühl, ich kannte sie bereits. Jawohl, sie erinnerten mich an die großen Holzpfeiler, die ich im Khans-Palast in Chiwa bewundert hatte; ich dachte damals, daß sie mit uralten Formen zusammenhingen.

Der Ortsvorsteher nahm sich unser an (er war dick, hatte ein rundes Gesicht, Mongolenaugen, trug neue Knickerbocker) und führte uns in sein kleines Haus, wo er uns mit Tee bewirtete, während wir auf einem lebhaft gemusterten Teppich saßen. Der Raum war kahl; die Fensterscheiben waren wie in China durch Papier ersetzt. Seine Wasserpfeife machte die Runde unter seiner Gefolgschaft, aber einige der Männer boten sich auch gegenseitig kleine Schnupffläschchen an. Christina war bezaubert von den Augen und den samtenen Wimpern eines schönen, aber schrecklich verwöhnten Kindes. Die Unterhaltung beschränkte sich bald auf einen Austausch von Lächeln, und schließlich gingen wir in den Garten des Ortsvorstehers. Afghanische Weinberge sind originell: kleine, parallel liegende, steile Böschungen werden nach Norden zu gebaut, und die Reben wachsen auf dieser Seite, wo die Sonne nicht so sengend ist.

In Karokh hatten wir keine einzige Frau zu Gesicht bekommen.

Der Karte zufolge war der scharfe Grat, der sich im Norden erhob, das Paropamisgebirge. Auf und ab ging es nun von einer Geländerippe zur anderen – es war wie eine Fahrt mit einer Berg- und Talbahn auf einem Rummelplatz. Von dem Paß, der am Ende unseres immer enger werdenden Tales lag, sahen wir nichts.

Am Rand einer kleinen Wiese standen dicht beieinander einige schwarze Zelte. Mit einer wunderbaren Bewegung, einen Arm aufgereckt und scheinbar bewegungslos, wirbelten zwei Frauen über ihren Köpfen einen langen Faden mit einem Wollball am Ende. War das ihre Art zu spinnen? Dieser mit rasender Geschwindigkeit umhersausende Ball sah wie ein Zauberkreis aus, der zwei strenge Priesterinnen schützt. Als wir zu ihnen kamen, stellten wir fest, daß sie, abgesehen von ihrer Haltung, häßlich waren. Sie gehörten dem Maldar-Kutchi-Stamm an, der in der Nähe von Schahbasch überwintert, dem Dorf mit den alten Windmühlen.

Während wir einem klaren Kanal entlangfuhren, dachte ich an die Worte des Postmeisters von Herat, daß das Wasser südlich des Sauzak gut sei; er wollte aber damit nicht sagen, hygienisch einwandfrei – gutes Wasser ist eine Gabe, die einem guten Tee und gutes Brot verschafft. Auch in China, wo der Tee das Wichtigste ist, werden Gegenden und ihre Wasser ebenso eingeschätzt, wie es der Franzose mit seinen Weinbergen tut.

In Charschambeh machten wir am Ufer eines Gebirgsbaches unter Maulbeerbäumen Rast. Drei bärtige Hadschis saßen in unserer Nähe und blickten sehr streng, bis ich, eingeschlummert, fast ins Wasser gerollt wäre. Dann halfen sie uns, Tee zu bestellen. Das dicke, flache, schmackhafte und gutriechende Brot war das beste, das wir bisher bekommen hatten; das Fleisch der zarten Pfirsiche war süß wie weißer Honig. Zwei Kätzchen balgten sich auf dem Teppich herum und – willkommene Abwechslung! – die Wände bestanden aus richtigen trockenen Steinen statt trübseligem Lehm. Auch die Luft war gut; ich fühlte mich besonders lebendig, neugierig, unternehmungslustig – sogar bereit, persisch zu lernen!

Auf dem Weg zum Paß begegneten uns Esel mit rosafarbenen und gelben Holzklötzen beladen – Zedern, Fichten oder Wacholder? Konnte in dieser kahlen Landschaft ein Wald verborgen sein? Hatte der polnische Ingenieur das gemeint, als er mir sagte, er wolle in diesen gottvergessenen Bergen ein Sanatorium bauen?

Der Weg öffnete sich; ein weites Land breitete sich zu unseren Füßen aus, fern im Norden begrenzt durch die rosafarbenen Felswände eines riesigen Tafellandes. Im Westen stieg es zu einer Reihe scharfkantiger Zacken empor, die intensiv orangefarben und purpurrot leuchteten, ein überraschender, großartiger Anblick. An einem Berghang in unserer Nähe verstärkte noch die Schwärze einiger alter knorriger Bäume das Farbenspiel; diese

Bäume, Archa oder Archalek geheißen, was Konifere bedeutet, müssen eine Art Wacholder sein. Zwischen ihnen verschwand die Erde unter dunklen runden Nadelkissen von Zwergbüschen, auf deren rosigen Blumen Sonnenstrahlen spielten.

Unsere Talfahrt war sehr aufregend. Der Weg war an einem sandigen Berghang ausgehackt worden. Christina, die steuerte, saß an der Bergseite, was ein Glück war: von meinem Sitz aus schien es, als hingen unsere Außenräder in der Luft. An einigen Stellen war die abbröckelnde Erde mit Reisigbündeln verfestigt. Während wir um scharfe Kurven herumrutschten, erinnerte mich der schimmernde Schiefer an die eisige Piste, auf der ich vor einem halben Jahr in Zakopane die Skiläufer hatte hinuntersausen sehen. Ich sagte nichts – bis zum heutigen Tag bin ich sicher, daß Christina nicht ahnte, wie gefährlich diese Rampe war.

Was für eine Erleichterung, als wir unten ankamen und über einen sanften Hügelrücken fuhren, der gelb von reifendem Weizen war; drei stolze Kamele wanderten den Berg hinauf. Die Landschaft war reich vergoldet durch die letzten Strahlen der Sonne, aber unsere poetische Stimmung konnte nicht die Übelkeit unseres Afghanen verscheuchen, der an Fahrten um so scharfe Kurven nicht gewöhnt war.

Die Landschaft verengerte sich, als wir in das ärmliche, trübselige Kala-Nau kamen. Dorfbewohner standen hastig auf, als wir vorbeifuhren – eine Respektbezeugung, die man in Asien noch immer findet. Einige, die uns für Beamte hielten, grüßten militärisch – seit einigen Monaten schon hatte es keinen Privatauto-Verkehr mehr gegeben.

Auf einem ummauerten Grundstück standen drei Lehmhäuser; das eine beherbergte den Gouverneur der Provinz, das andere ein Bureau voller Benzinkanister, im dritten befand sich ein Mihmankhana oder Gästehaus.

In dem Hof waren mehrere tiefliegende viereckige Blumenbeete, die durch Berieselung unter Wasser gesetzt werden konnten. Schöne dunkelviolette Petunien versuchten zwischen Lehmstreifen zu blühen. Bald wurden von einem gutaussehenden Diener Reis, Brot und eine Schüssel mit Spinat gebracht – er musterte uns ungeniert aus seinen lachenden männlichen Augen.

Der kleine Gouverneur lächelte ebenso spontan wie sein Diener. Er trug lange, weite Knickerbocker und hatte auf dem Kopf eine gerade Kola aus braunem Lammfell; mit rundem Gesicht, mandelförmigen Augen, einer leicht gebogenen Adlernase und einer Haut, die kaum brauner war als die meine, gehörte er der herrschenden Muhammadzai-Sippe an. Für Eingeweihte ist dieser Umstand wichtig, obwohl die Regierungsleute in Kabul einem erzählen wollen, daß das Stammessystem seine Bedeutung verloren habe; wenn man einen von ihnen nach seinem Stamm fragt, lautet die Antwort: »Ich bin einfach ein Afghane!« Der Gouverneur hatte keine Kinder, und da seine Frau krank war, war er allein – ein höchst deprimierender Zustand, erklärte er.

Er war erst kürzlich zum Oberhaupt dieser armen Provinz ernannt worden. Früher, als noch Wälder die Nordhänge des Gebirges bedeckten, mußten Klima und Fruchtbarkeit besser gewesen sein. Jetzt findet man hier nur noch wenige kleine Pistazienbäume, obwohl diese auf der ganzen Strecke bis zur persischen Grenze vorkommen. Weiter im Norden, sagte er uns, kämen wir durch das Gebiet der Karakul-Schaffelle, die Afghanistan so hohen Gewinn bringen.

Er bot uns Trauben an, die so ausgezeichnet waren, daß ich, wenn man mir erzählt hätte, es seien Tautropfen aus dem Paradies, weder überrascht gewesen wäre, noch es blumenreiche persische Sprache genannt hätte. Die Pfirsiche, süß wie reife Feigen, kamen, wie er uns sagte, aus Chiwa. Ich überlegte, ob unser Gastgeber, der lebhaft französisch sprach (er hatte eine der drei ausländischen Schulen Kabuls besucht), außer den Nomadenfrauen, die unverschleiert gehen, und den Angehörigen seiner Familie je Frauen mit ›offenem‹ Gesicht gesehen habe.

Obwohl die Straße noch nicht fertiggestellt war, kehrte der Gouverneur nach Bala Murghau*, seinem ständigen Amtssitz, zurück. Am nächsten Morgen brachen also unsere beiden Wagen zusammen auf. Ich saß im Chevrolet des Gouverneurs; meinen Platz neben Christina hatte ich ihm abgetreten. Ich plauderte mit dem afghanischen Chauffeur, der russisch sprach. Er glaubte nicht, daß bei seinen Landsleuten, die bedürfnislos seien und nur Brot äßen, die Sowjetpropaganda Erfolg haben würde. Der Afghane, der noch immer unter dem Einfluß seiner Mutter stehe

* Murghau: regionale Aussprache für ›ab‹ = Wasser.

und fest am Islam hänge, neige kaum dazu, den gottlosen Doktrinen seiner Nachbarn im Norden zu lauschen.

Große Löcher in der Straße zwangen uns, langsamer zu fahren, aber dennoch scheuten weidende Pferde vor uns und rannten um ihr teures Leben. Zwischen schwarzen Zelten standen runde Filzjurten – Turkestan war nahe. Wenn unsere dampfenden Kühler Wasser benötigten, kamen auf den Ruf des Gouverneurs Männer mit Wasserschläuchen über den Schultern herbei.

Gegen Mittag machten wir im Dorf Dareh Boum halt, wo uns eine Delegation von Würdenträgern erwartete. Die Dorfältesten küßten die Hand des Gouverneurs, der dabei charmant unbekümmert dreinblickte. Auf gesattelten Pferden ritten wir zu weißen Zelten, die für uns aufgeschlagen worden waren. Nachdem wir Doukh (Molken, das erfrischendste Getränk Asiens) mit Pfefferminz gewürzt getrunken hatten, setzten wir drei uns mit gekreuzten Beinen zu einem großen Mahl nieder, das wir mit unserer rechten Hand aßen – üppige Kababs, Pilaw mit Mandeln und Gewürzen gespickt, und aus tiefen Holzschüsseln löffelten wir mit einem Stück flachen Brotes rahmige Dickmilch. Als Abschluß gab es zur Auswahl grünen oder roten Tee in Näpfchen. Dann wurden eine Wasserkanne und Handtücher zum Händewaschen herumgereicht.

Einige der Bauern, die uns bedienten, hatten karottenfarbene Bärte – so sieht mit Henna gefärbtes weißes Haar aus. Gemäß einem Rat des Propheten sollte jeder Gläubige vier Dinge tun: sich mit Henna färben, die Zähne reinigen, eine Frau nehmen und Parfüm benutzen. »Der Gebrauch von Henna bringt viele Vorteile. Sie treibt stechende Schmerzen zu den Ohren hinaus, stärkt schwache Augen, hält die Nasenhäutchen zart, verleiht dem Mund einen süßen Geruch und stärkt die Zahnwurzeln, beseitigt Körpergerüche, sowie die Verführungen des Satans, erfreut die Engel, beglückt die Gläubigen, versetzt die Ungläubigen in Wut, ist ein Schmuck für den Gebraucher und vermindert die Prüfungen im Grabe.«* Weit entfernt, mich in Wut zu versetzen, machen mich diese flammenden Bärte stets fröhlich, wenn ich sie inmitten einer Menge im Basar leuchten sehe.

Die heißesten Stunden verbrachten wir in den Zelten. Als wir

---

* B. Donaldson: The Wild Rue.

zu den Wagen zurückkehrten, fanden wir ihre Hauben mit Teppichen bedeckt – zum Schutz gegen die wütende Hitze.

In dem windigen Tal peitschte der große Murghab-Fluß seine wilden grauen Wasser gegen die Pfeiler der eingestürzten Brücke. Der von Deutschen errichtete Bau war durch ein außergewöhnlich starkes Hochwasser eingerissen worden; es sei aber Aufgabe eines Ingenieurs, solche Möglichkeiten in Rechnung zu stellen, meinte der Gouverneur.

Der Fluß bewässert Merw in Sowjet-Turkmenistan, und seit dem englisch-russischen Vertrag von 1907 ärgern sich die Russen über diese Grenze. Zuweilen beschuldigten sie die Afghanen, sie benutzten zuviel von ›ihrem‹ Wasser, und der Emir mußte ihnen beweisen, daß die Schneefälle und nicht seine Untertanen für solche Unregelmäßigkeiten verantwortlich seien. Heutzutage befindet sich am Fluß, gerade auf der russischen Seite der Grenze, ein Musterdorf.

Eine richtiggehende Straße fanden wir nicht. In knöcheltiefem Staub folgten wir einem Weg, der steile Hügel zu kühn angegriffen hatte. Wenn bei einer Steigung die Wagen zu spucken und zu keuchen begannen, schütteten Arbeiter Geröll in diesen pulvrigen Lehm, und zwölf bis fünfzehn Mann folgten uns von Steigung zu Steigung, breiteten vor den Rädern Binsenmatten aus und schoben die hilflosen Vehikel. Aber nun wurde der Gouverneur ungeduldig – er wollte vor dem Sonnenuntergangsgebet ankommen.

Erleichtert erblickten wir endlich die neue Brücke, die viereckigen Mauern einer Zitadelle und schlanke Bäume, die über ummauerten Gärten zitterten.

Unser großer Hof war mit den üblichen versenkten Blumenbeeten gefüllt. Die Nacht verbrachten wir auf dem flachen Dach vor unserem Zimmer im ersten Stock. Dort, zwischen Himmel und Erde, lullte uns das Rascheln der Pappeln in den Schlaf, bevor wir noch Zeit hatten, zwischen den aufgehenden Sternen in ein unendliches dunkles Meer zu versinken.

Wir blieben einen Tag in Bala Murghab, da der Gouverneur uns zwei Pferde versprochen hatte, damit wir einen campierenden Nomadenstamm besuchen könnten. Die Tiere tauchten aber nie auf; so hatten wir Zeit, unseren Rucksack zu ordnen, und fanden dabei einige Zwiebeln aus Triest – der Gouverneur pflanzte sie sofort, er war begierig zu sehen, ob sie in seiner Provinz gedeihen würden.

Wir waren bis auf eine Höhe von 500 Meter heruntergekommen, und von jetzt an erfüllte der Gedanke an Hitze dauernd einen Teil unseres Bewußtseins. Während der heißen Stunden suchte der Gouverneur Zuflucht in seinem Sardab oder Kaltwasserzimmer, einer Art Keller, durch den ein Bächlein floß. Wenn ich aus der backofengleichen Außenwelt dort hineinkam, erschauerte ich vor Kälte, so groß war der Temperaturunterschied.

Obwohl unsere Ankunft telefonisch gemeldet worden war und ein auseinandergenommener Ford eine Ecke des Gartens zierte, fühlte ich mich wie im Mittelalter. Sanft dahinfließend schien das Leben unveränderlich. Der Basar war friedlich, ja schläfrig. Gläubige verrichteten auf dem Boden ihrer Kramläden kniend ihre Gebete. Untertanen küßten ihrem Herrn die Hand. Das gelangweilte I-ah von Eseln erfüllte die Luft. An einer Straßenecke hielt ein in Lumpen gehüllter Fakir seinen Bettelnapf hin.

Es machte uns Spaß, mit dem Gouverneur zu plaudern, und Ruhe war sehr wichtig für uns, damit Christina sich nicht übermüde. Da unser Gastgeber bemerkt hatte, daß sie eine starke Raucherin war, verehrte er ihr mehrere Schachteln russischer Zigaretten mit Pappmundstück. Das war Pech. Ich hatte gerade Christina davon überzeugt – oder glaubte es wenigstens –, daß sie, bevor sie versuche, die Schwäche, die ihr solche Gewissensbisse verursachte, zu meistern, ihren Willen trainieren müsse. Durch kleine Siege, wie zum Beispiel Einschränkung des Rauchens, würde sie dann Selbstvertrauen gewinnen. Und sie stimmte mir zu, zweifellos zum Teil deshalb, weil ihr Zigarettenvorrat stark abgenommen hatte.

Der Gouverneur erzählte uns, daß Erdöl – ›das beste der Welt‹ – in seiner Provinz gebohrt worden sei, und die gleiche Qualität habe man so weit südlich wie Farah gefunden. 1936 hatte die ›Inland Exploration Company‹ von New York in West-Afghanistan eine Konzession von über zweihunderttausend Quadratmeilen erhalten; die gleiche Interessentengruppe hatte sich auch eine Konzession auf persischem Boden gesichert, damit kein Konkurrent ihre Ölquellen von jenseits der Grenze aus anbohren könnte. Aber können die Bohrmaschinen so weit transportiert und das Öl über tausend Meilen weit durch die Wüste nach Tschahbar am Indischen Ozean geleitet werden? Durch einen fünfjährigen Kontrakt waren den Afghanen zwanzig Prozent der Gewinne zugesagt worden; doch nach zwei Jahren hatte die Gesellschaft plötzlich auf die Konzessionen verzichtet. Einige Leute behaupten, die Amerikaner hätten wegen der Erdölenteignungen in Mexiko Angst bekommen.

Die Schatten im Garten wurden länger, die Unterhaltung wurde persönlich.

Der Gouverneur wunderte sich: Wie konnten wir so lange und so weit entfernt von unseren Ehemännern und Freunden leben, wie konnten wir ohne sie in fremden Ländern reisen, wo uns zweifellos alles feindselig oder zumindest ungewöhnlich vorkommen mußte? Einmal habe er auf einer Dienstreise bereits nach zwei schlaflosen Nächten gefunden, daß er es nicht ertragen könne, von seiner Frau getrennt zu sein – er sei zurückgefahren und habe sie geholt.

In der folgenden Nacht standen wieder Christinas Couch und die meine nebeneinander unter den funkelnden Sternen Zentralasiens. Vor dem Morgengrauen hörten wir dicht neben uns die Stimme unseres Gastgebers »Madame!« rufen. (Wir wußten, daß er in unserem Flügel des Hauses campierte, denn er hatte seine Zimmer einem Beamten, der ihn besuchte, abgetreten.) Schweigend verschoben wir die Antwort bis zum Sonnenaufgang. Dann erzählten wir ihm, wie tief wir gewöhnlich an geschützten Orten schliefen, während uns in einem Zelt sogar das Rascheln von Blättern störe.

Der Gouverneur entschuldigte sich, daß er uns geweckt hatte. Aber die Nacht sei so lang, er habe nicht schlafen können und hätte so gerne mit uns geplaudert. Er stand in seinem europäischen Schlafrock aus dunkelblauer Seide im Türrahmen, und seine Haltung war schüchtern und kühn zugleich. Dann blickte er charmant und schlicht über uns hinweg und sagte: »Ich hätte so gerne den blumigen Duft Ihres Gesichtes eingeatmet!«

Ich nahm an, daß diese Bemerkung nicht für mich bestimmt war, denn mein Gesicht war bisher nur mit einem Pferdekopf, einem Schiffsbug oder Schilfgras verglichen worden.

22

SCHIRBICHAN*

Der Weg führte uns um den Westteil des Gebirges Bend-i-Turkestan herum, durch eine erstaunliche Landschaft mit steilen runden Hügeln, wo nur Distelgestrüpp zu sehen war. An einer Stelle war es offenbar in großen Mengen abgeschnitten worden, und der Wind hatte es zu einem Wall aufgeschichtet, der die tief eingeschnittene Straße in der Nähe eines Passes sperrte. Sich durch dicke Ballen von Stacheln durchzugraben, war ein neues Erlebnis. Der große Aminullah, unser neuer Begleiter, half uns bereitwillig.

»Östlich von Bala-Murghab verbindet das Gebirge Bend-i-Turkestan die Hochebene Firus-Kuh und die Sandsteinformationen des Tschal. Es ist eine gradlinige düstere Bergkette, von deren Grat aus man wie von einer Mauer diese eigentümliche, ungeheure Löß-Ablagerung, der Tschal genannt, sehen kann, die sich nördlich bis zum Oxus erstreckt, Erhöhung hinter Erhöhung, Welle auf Welle, wie ein weites, vom Sturm gepeitschtes gelbgraues Meer.«**

Um uns breitete sich eine trübselige, bedrückende, sandfarbige Welt aus. Doch plötzlich wurden wir munter, erregt; eine bunte, regellose Karawane kam auf uns zu. Reiter, Fußgänger, Bären, Affen, Kinder begrüßten wir mit Momentaufnahmen unserer Kameras. Dann ging es mit dem ›Woher- und Wohin-Fragen‹ los. Es waren Dschatts oder Zigeuner, die nach Kandahar und noch weiter südlich zogen. Ein Mann klappte sein tragbares Harmonium auf und zwang seinen Affen zu tanzen. Schmutzige Kinder in roten Lumpen zeigten schon den unbändigen Charakter ihres Volkes; eines von ihnen hatte riesige, kühne graue Augen. Fuchsähnlich, aber doch irgendwie königlich ritten Männer vorüber, ohne haltzumachen. Ihnen folgte ein Pferd, beladen mit einem Paar Kesselpauken; ein rebellischer weißer Hengst hatte sich am

---

* So in Stielers Handatlas. Lokale Aussprache: Schibarghan.

** Encyclopaedia Britannica, Ausgabe 1875: Artikel ›*Afghanistan*‹.

Gebiß blutig gescheuert; ein rötlichbraunes Pferd trug als rubinfarbenen Stirnschmuck ein Schlußlicht, wie man sie hinten an den Velos aufzuschrauben pflegt. Glöckchen, Glasperlen, Halsbänder, weite Röcke – Frauen, ebenso eindrucksvoll wie die Männer – es war ein erregender Anblick, der an ähnliche Begegnungen in einem anderen Erdteil erinnerte. Den leibhaftigen Bruder ihres schmutzigen, von Motten zerfressenen Bären hatten wir vor zwei Monaten in Jugoslawien gesehen.

Mittags ruhten wir in einem sauberen kleinen Zimmer auf dem Dach der Kaleh-Wali-Karawanserei. Der freundliche Aminullah sorgte dafür, daß uns Trauben, dicke Milch und Eier gebracht wurden. Es war Markttag, und in der Straße unter uns drängten sich die Menschen. Es gab keine Bäume, nur gelbe Erde und gelbe Lehmmauern, zwischen denen das Weiß der Turbane und das Rot der Kaftane fröhlich wie in der Komposition eines Meistermalers vibrierte. Wie üblich, war keine einzige Frau zu sehen.

Als wir zum Wagen zurückkehrten, umdrängten uns die neugierigen Müßiggänger derart, daß unser Wirt – strahlende gelbe Augen, noch betont durch die weinrote Farbe seines langen Gewandes – eine Peitsche benutzen mußte, um uns den Weg zu bahnen.

Christina gefielen diese Männer immer mehr, diese kräftigen, lustigen Männer, die einander am kleinen Finger hielten; zuweilen versuchten sie, wenn wir vorüberfuhren, sich spaßeshalber gegenseitig zum Wagen zu stoßen und waren höchst entzückt, wenn ihr Kamerad sich erschreckte. Andere lachten laut, wenn ihr Pferd entsetzt davonrannte, stolz auf ihre Reitkunst.

Wir waren in ein weites, flaches, biblisches Tal gekommen. Neben riesigen Heuschobern wurden Rinder im Kreis herumgetrieben, um das Korn zu dreschen. Die Sonne schien heiter, und hätte ich nicht die kirgisenähnlichen Gesichter gesehen, die von einer Mauer aus kicherten, hätte ich glauben können, ich sei in der Gegend von Kandahar, wo ich mit so großer Freude zugesehen hatte, wie Bauern am Tagesende ihre erregenden, kraftvollen afghanischen Tänze auf der staubigen Dreschtenne tanzten.

Der Anblick erregte mich immer, ich fand diese Tänze sogar noch wilder und urwüchsiger als die akrobatischen kaukasischen Tänze ähnlicher Art. Die magische Gewalt der Pauken kommandiert die Sprünge, das immer rascher werdende Stampfen der

Füße. Mit unglaublicher Geschwindigkeit wirbelnd, warfen die sonnengebräunten Männer ihre schwarzglänzenden Haarmähnen zurück, zur Seite – Haarbüschel, die bis zu den Schultern reichen. Wie lebende Kreisel sehen sie aus, wenn sie ihre weiten weißen Röcke unter den engen Westen hervor zum Schwingen bringen wie Ballettröckchen. Am Knöchel festgebunden, erinnern die dicken Falten der Hosen an die eleganten Rundungen der graeko-buddhistischen Skulpturen, die in diesem Land gefunden werden. Nach dem Tanz wickeln die Männer wieder den Turban um den Kopf und wischen sich mit dessen langem Ende, das am Rücken hinunterhängt, ihre glänzenden Gesichter ab.

Sie scheinen zu tanzen, wann immer ihnen danach zumute ist – es gibt keine Zuschauer, keine Mädchen, denen sie gefallen wollen, keinen Alkohol, der sie anfeuert. Auf diese schöne, männliche Art drücken sie ihre Gefühle aus, ihre überflutende Vitalität. Fußballmatchs, die für die Abendländer das gleiche bedeuten mögen, haben nur eine dieser beiden Qualitäten.

Aber es muß nicht immer Abend sein, wenn die Nomaden tanzen wollen, auch ist die Dreschtenne nicht unentbehrlich. Einmal fuhren wir durch ein enges Tal im Norden Belutschistans. Die Männer mähten in einer Reihe kauernd den reifen Weizen mit Sicheln; ihr Anführer stand singend da und klatschte mit seinen Händen den Takt zu ihren Bewegungen. Sie riefen uns, und wir gingen über das sonnenversengte Feld auf sie zu. Rasch bildeten sie einen Kreis, verbeugten sich, das halbmondförmige Instrument in der Hand, einmal nach innen, einmal nach außen, und gingen mit langsamen komplizierten Schritten vorwärts. Der Rhythmus wurde schneller, der Staub stieg in Wolken hoch, nur ab und zu, wenn sie die Arme zu dem flimmernden Mittagshimmel emporreckten, wurde ihr wirbelndes Haar sichtbar. Von Zeit zu Zeit stießen sie kehlige Schreie aus, ein wahrhaftes Brüllen. Nach dem Tanz nahmen sie wieder ihre Arbeit auf, anscheinend gar nicht erschöpft durch die anstrengende Vorführung, offensichtlich stolz darauf, ihre Geschicklichkeit gezeigt zu haben. Ihr bärtiger Vorarbeiter – oder Ballettmeister – erklärte, daß sie den Tigertanz vollführt hätten.

Am Tag unserer Begegnung mit den Dschatts erreichten wir Sangalak-i-Kaissar. Dort fühlten wir uns leicht mit dem Rest der Welt verbunden: die Leute erzählten uns von einer regelmäßigen

Autobusverbindung mit den Städten Afghanisch-Turkestans. Ich hoffte, es bedeute, daß der Zustand der Straße uns nicht mehr zwingen würde, fast an jeder gewölbten Grabenüberführung haltzumachen. Wie bei den meisten modernen Wagen lag das Chassis unseres ›V 8‹ zu tief, und hundertmal am Tag scheuerte es sich an diesen Buckeln, obwohl wir versuchten, vermittels der besten Technik von der Seite her hinüberzukommen. Wenn die Oberfläche einsackte und das Reisig- und Knüppelgerippe zum Vorschein kam, wurde die Sache noch schlimmer, denn das Wasser hatte die Straße in einen Morast verwandelt, in welchem sich unsere Räder wütend und vergebens drehten.

Auf einer solchen Straße versuchte Christina, mir das Zwischengasgeben beizubringen. Ich wollte das unbedingt lernen, damit sie nicht mehr als ihr Pensum fahren müsse. Aber sie litt derart, wenn ich geräuschvoll die Gänge schaltete, den Motor absterben ließ oder mit dem Öltank aufschlug, daß sie erstarrte, wenn vor uns ein Buckel auftauchte, und ich versagen mußte, weil ich mich so sehr bemühte, sie nicht aufzuregen. Zu meinem größten Kummer entdeckte ich, daß ihre übliche Ruhe nur eine Fassade war, die eine große Nervosität verbarg.

Doch es sah so aus, als könnten wir uns bald ausruhen; Maimeneh, das Ende unserer heutigen Etappe, war nur noch eine halbe Stunde entfernt, so erzählte uns der Dorfvorsteher, ein kräftiger Mann in Kakhi-Breeches; er hatte blaue Augen, wohl ein Zeichen, daß er russisches Blut in den Adern hatte. Er lud uns ein, mit seinen Frauen zusammen zu essen.

Bald saßen wir auf einem Teppich unter einem Maulbeerbaum, von reizenden Menschen umgeben. Man zeigte uns alte Modeblätter, fragte um unsere Meinung; nach einigem Tuscheln und Ellbogenstoßen wurde ein Stück blauer Seide gebracht, und man bat uns, es für die junge Tochter des Hauses zuzuschneiden. Durch Zeichensprache versuchten wir ihnen begreiflich zu machen, daß wir nichts von Röcken verstanden, da wir selbst ja Hosen trugen. Ich würde mir zwar zutrauen, ein Kleid für mich selbst zu schneidern, aber ich konnte nicht Gefahr laufen, das Material anderer zu verderben. Ich bedauerte tief meine Unwissenheit in dieser Art von Schneiderei, fand aber eine Lösung: ich gab unserer Gastgeberin ein abgetragenes Leinenkleid von mir, das als Muster dienen konnte.

Als der Vorsteher hörte, daß Christina schon einige Jahre verheiratet war, fragte er nach ihren Kindern, und auf die Antwort, daß sie keine habe, rief er: »Was haben Sie denn dann die ganze Zeit gemacht?« Bevor Christina sich eine geeignete Antwort ausdenken konnte, verkündete seine Frau mit einem Blick auf meine überschlanke Freundin: »Sie muß eine Masse Reis essen, bevor sie welche gebären kann!«

Da diese kleine Szene das Eis gebrochen hatte – wenn man diesen Ausdruck auf einen so glühenden Nachmittag anwenden darf –, genossen wir die uns umgebende freundliche Atmosphäre. Die Dame des Hauses, ganz in Weiß, distinguiert und ruhig, erinnerte mich an eine italienische Tante von mir: klein, dick und schwarzhaarig. Die verheiratete Tochter der Frau Dorfvorsteher, Zara – mit rosafarbenem Rock, weißer Bluse und weißem Schleier –, wiegte ein blondhaariges Baby in einer peinlich sauberen Wiege, die an einem Ast hing. Eine schöne, große junge Frau mit einem kühnen Gesicht, dessen Züge von einem weißen Schleier gemildert wurden, war die Schwiegertochter, oder schien es zu sein. Sie hatte einen kräftigen Knaben auf dem Schoß, und unsere Gastgeberin sagte mit einem Unterton von Verachtung in ihrer sonst so liebenswürdigen Stimme, der Knabe sei ›sehr schwarz‹, und daher nicht schön.

Ein reiches Mahl wurde serviert – eine Schüssel mit Reis, in dem saftige Lammfleischstücke verborgen waren, dann verschiedene Gemüseplatten – und danach wurden wir sehr schläfrig. Obwohl noch wach, träumte ich von Sinkiang, zwei Gesichter mit mongolischen Augen tauchten im Hintergrund auf, eine alte Frau und ein Mädchen namens Hamitah. Ich vermutete, daß sie kirgisischer Abstammung seien, obwohl Hamitah mit ihrem sanften, runden Gesicht auch Chinesin hätte sein können; ihr langes Gewand mit großem roten Blumenmuster erinnerte mich an den losen Khalat, den die Männer in Samarkand tragen; sie brachte es fertig, auf ihrem kleinen Kopf das weiße Tuch festzuhalten, das ihr lang über den Rücken hinunterhing. Es waren turkmenische Dienstboten. Wieder und wieder richteten sich meine Augen auf ihre unbeweglichen Gesichter, und darüber hinaus sah ich die weite Ebene, aus der sie zu stammen schienen.

Bei unserer Weiterfahrt nach Maimeneh sprachen wir über ein Thema, das uns beiden fremd war. Ich hatte beobachtet, wie oft

Christina die hübsche Schwiegertochter betrachtet hatte. Und jetzt fragte sie, ob ich es schlimm fände, daß sie von dem Reiz einer Frau tief beeindruckt werde. Es war schwer, diese Frage zu beantworten, denn sie war in Christinas ganzem Sein tief verwurzelt und verästelt. Es würde nicht genügen, wenn ich Christina sagte, daß sie der aufrichtigste und ehrlichste Mensch sei, den ich je kennengelernt habe.

Aber da meine Erfahrungen sehr anders als die ihren waren, konnte ich den Ursprung ihrer Reaktionen nicht analysieren. Nach immer tiefer dringendem Fragen kamen wir zu einem ruhigen Gespräch und zu gewissen Folgerungen, die ich hier kurz wiedergebe, weil sie uns so stark interessiert hatten: Für Menschen, die sich völlig mit ihrem Körper identifizieren, wäre es bedauerlich, wenn sie sich hauptsächlich von ihrem eigenen Geschlecht anziehen ließen. Wenn man die physiologischen Gesetze außer acht ließe, wäre die Nichterfüllung die erste Strafe, der dann solch geistige Konsequenzen folgten wie Morbidität und Mangel an innerem Gleichgewicht. Doch bei außergewöhnlichen Menschen, die sich fast völlig mit ihrem Geist identifizieren, die wissen, daß er das wichtigste ist, weil dort, wo keine geistige Grundlage vorhanden ist, es auch kein körperliches Problem geben kann, ist diese Frage weniger wichtig: der Geist ist geschlechtslos, oder richtiger gesagt, er umfaßt abwechselnd oder sogar gleichzeitig beide Geschlechter. Der Körper mag ab und zu darüber murren, daß er vergessen wird, aber da er vom Geist abhängig ist, dem er nur als zeitweiliges Werkzeug dient, wird er nicht imstande sein, ihn, den Geist, aus der Fassung zu bringen. Für solche Menschen kann es keine schweren Folgen haben, wenn sie den Gesetzen der Natur nicht gehorchen, man kann von ihnen sagen, sie seien über sie hinaus gelangt. Aber jenen andern stehen Schwierigkeiten bevor, die sich in einem Augenblick auf den Geist konzentrieren und im nächsten auf den Körper: die Freiheit des Geistes wird dann durch Naturgesetze herausgefordert, die die Herrschaft beanspruchen, sowie dem Körper der Vorrang gegeben wird. Man kann daher nicht für jede Situation eine Lektion lernen, es gibt keine Möglichkeit, zu einer Folgerung zu gelangen oder eine konsequente Linie zu finden, die zum inneren Frieden führt. Unwillentlich, unwissentlich versuchen Menschen, zwei stolze

Pferde zur gleichen Zeit zu reiten – den Hengst Natur und den hermaphroditischen Geist. Sie leiden daher, weil sie hin- und hergerissen werden – so wie vielleicht Christina hin- und hergerissen wurde.

Unsere Fahrt nach Maimeneh dauerte zwei Stunden. Der Vorsteher von Sangalak-i-Kaissar legte ihn allerdings in einer halben Stunde zurück; da er aber wie der Teufel fuhr, hatte er sich schon einmal die Knochen gebrochen. Als wir dort ankamen, war es bereits so spät, daß inmitten der Straße Charpoys* aufgestellt waren; Männer warteten auf die Kühle der Nacht und benutzten die unvermeidlichen Schnupffläschchen zum letztenmal am Tag. Mit Limette vermischtes Tabakpulver brennt im Mund noch stärker als roter Pfeffer. Stellt man einem Mann, der es gerade geschluckt hat, eine Frage, so antwortet er mit einer vom Brennen gelähmten Zunge; er bekommt eine kauende Aussprache, die dem englischen Akzent ähnelt, den Komiker auf dem Kontinent zur Nachahmung des Englischen brauchen. Ein Mann deutete auf ein Haus mit einer Antenne und erklärte uns, das sei nicht das Rasthaus, sondern das ›Ruschisch Konschulati‹. Er schob seine Lagerstatt zur Seite, um den Wagen durchzulassen, und begleitete uns zum Gasthaus, einem einfachen Bau im Zentrum der schläfrigen Stadt. Der Wirt hatte einen langen, herunterhängenden Schnurrbart wie ein mongolischer Krieger und hielt in der Hand eine Benzinlampe, die dauernd blakte, als protestiere sie dagegen, nicht mit dem gebührenden Respekt behandelt zu werden.

In Maimeneh trugen viele Dinge eine ›Ruschische‹ Marke – Streichhölzer, Konfekt, Zigaretten, Teekannen, Zucker, Benzin in Kanistern, die ›Shellaks‹ genannt werden.

Ein gescheiter Junge, der die deutsche Schule in Kabul besucht hatte, diente uns als Dolmetscher bei unserem Besuch beim Ortsvorsteher – einem dicken, bärtigen, gähnenden Mann –, den wir fragten, wie die Straße vor uns beschaffen sei … Sanddünen verursachten zuweilen Schwierigkeiten; man telefoniere gewöhnlich zu einem bestimmten Posten, damit im Notfall Leute bereitstünden.

* * *

---

* Ein vierfüßiges, mit Seilen bespanntes Gestell, das als Couch dient.

Das ehemalige Dorf Schahr-i-Zobak.

Mandazai-Nomaden-Familie auf dem Hasarejdtschat-Hochplateau.

Zu unseren Füßen eine riesige Fläche «polierter Bronze».

Die französische archäologische Gesandtschaft von Begram, hier in Bamian aufgenommen: Joseph Hackin, Museumsdirektor von Guimet und seine Frau Ria; die Architekten Karl und Meunié.

Der große Buddha von Bamian.

Auch die Hühner werden mitgenommen.

Lastwagenfahrer laben sich am Samowar.

Ein helläugiger Schäfer.

Eine Bettlerin mit Amuletten an Kopf und Armen.

Nomadenfrau.

Afghanen hängen sehr an ihren Kindern.

Nomadenlager in der Ebene Kabuls.

Getreideernte im Ghorband-Tal.

Istalif, das ›griechische‹ Dorf (das heute durch den russisch-afghanischen Krieg zerstört ist).

Istalif.

Ein Töpfer aus Istalif glasiert seine Töpfe und Lampen.

Das Wasser wird aus einem schmalen Brunnen geholt.

Mauer eines afghanischen Dorfes.

Wir halten an einem Teehaus, einer *tschaïkhana,* die an unserem Weg liegt.

Kabul: Symbol des Fortschritts.

Der bedeutendste Fachmann und größte Aktionär des Kabuler Pelzhandels.

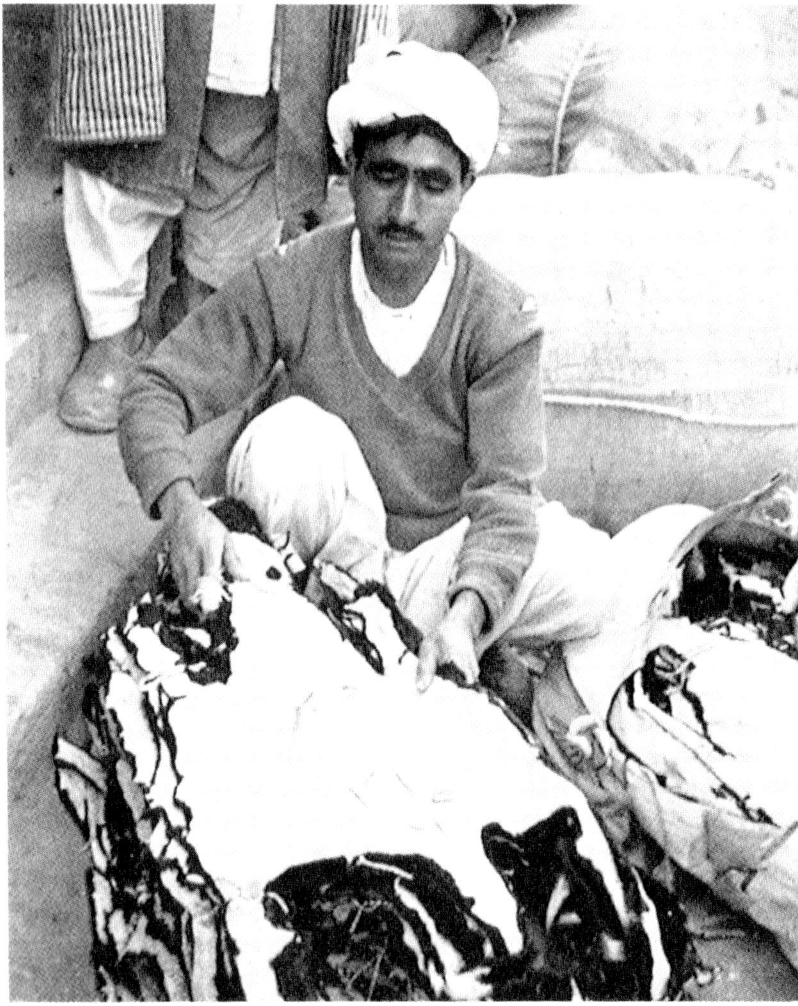

Ein Karakulfell kostet drei Pfund Sterling.

Ein Töpfer mit seinem Brennofen.

Grab des König Barbar, gestorben um 1530, Kabul.

Blick auf Indien vom Khaiberpaß aus.

Januar 1940 in Mandu: Auf Wiedersehen, Christina, und gute Fahrt.

Wie die düstere Umgebung Pekings, wenn ein Sturm den gelben Sand von der Wüste Gobi heranweht, war hier die Luft zum Ersticken mit Löß angefüllt.

An diesem Tag wußten wir bestimmt, daß wir uns im Land der Persianerfelle befanden; nicht nur grasten Schafe auf Weidegründen, die Sandhügeln glichen, sondern wir begegneten auch Wagenladungen mit starren Fellen, die mit einem Gemisch von Salz und Mehl gegerbt worden waren. In einem Sortierhaus in der Nähe von Andchoi befühlten wir Muster von Karakul – das schwarze, glänzende, weiche Nazukscha, das Fell eines acht Tage alten Tieres mit breitgezogenen, flachen Locken. Ein kleines Fell war gegen drei Pfund Sterling wert. Dann gab es seltene Breitschwanzfelle, dünn wie Moirée, und großgelochte Astrachanfelle, naturbraun in helleren und dunkleren Farben oder blaugraue, dicht gelockte. Die Geschichte, daß trächtigen Schafen die Bäuche aufgeschnitten werden, um die Felle der ungeborenen kleinen Tiere zu erhalten, stimmt nur teilweise; das geschieht bloß, wenn das Mutterschaf ein Bein gebrochen hat oder krank ist oder man eine Fehlgeburt befürchtet.

Der jährliche Export von Karakul nach London und New York beläuft sich auf zweieinhalb Millionen Pfund Sterling – ungefähr die Hälfte sämtlicher afghanischer Exporte.

Es interessierte mich ungemein, diese Felle an ihrem Ursprungsort zu berühren und zu bewundern, denn sie verbanden mich mit meiner Jugend; zuweilen hatte mein Vater solch einen kostbaren Mantel an einen Kunden ins Ausland verkauft, und dann brachte ich ihn nach Paris, um ihn ohne Verzögerung abzuliefern. Und es versetzte mich in die Zeit zurück, da ich das Gewerbe meines Vaters lernen, aber dennoch dem gekünstelten Großstadtleben entrinnen wollte; so kam mir der Gedanke, nach Kanada oder nach Asien zu gehen, um dort für ihn Rohfelle einzukaufen. Und jetzt war ich an Ort und Stelle und sah, wie die Felle, einem Pack Spielkarten gleich aufeinander gehäuft, in ein großes Stück weißes Leder gewickelt und die Ballen eng zusammengenäht wurden.

Die Fettschwanzschafe sahen erstaunlich aus, wie sie einherwatschelten. Ihr Schwanzende baumelte schwer hin und her. Man konnte meinen, sie trügen hinter sich ein dickes Kissen, das in seiner Mitte ein wenig angebunden war. Ein Turkmene hielt zwei

Tiere fest, so daß ich sie genau studieren konnte. Ich kann aber die Behauptung nicht bestätigen, die man in Fußnoten zu Marco Polos Buch findet, daß einige Prachtschafe ihren Schwanz auf einem zweirädrigen Wägelchen tragen müßten.

Andchoi liegt in Sehweite der kahlen russischen Grenze. Die graue Erde, die grauen Kamele, die grauen Mauern und die würfelförmigen Häuser schienen von der Hitze gebleicht und erstickt zu sein. Als wolle er diesem Klima ein Schnippchen schlagen, lag der gedeckte Basar geruhsam im Dunkeln. Obwohl jeder Stand besetzt war, war das Geschäft nicht lebhaft. Wir feilschten mit einem Juwelier, der unser Angebot für ein silbernes Brauthalsband nicht annehmen wollte – es waren kleine runde Kugeln, jede mit zwei Nadelkopfornamenten, ein einfacher Schmuck, der nach Gewicht verkauft wurde, das man auf einer altertümlich aussehenden chinesischen Waage feststellte. Die Jagd nach Teppichen genieße ich stets am meisten, und obwohl es schon seit zehn Jahren mein Wunsch ist, an Ort und Stelle einen guten, aber billigen Nomadenteppich zu kaufen, wandere ich immer noch von Stadt zu Stadt, ohne das Gewünschte zu finden. Die meisten Männer trugen gestreifte oder geblümte Khalats und viele einen pilzförmigen Pelzhut.

Der Ortsvorsteher – jung, fröhlich, dick – riet uns, in Gesellschaft eines Autobusses nach Schirbichan zu fahren, damit wir Hilfe hätten, wenn der Sand zu schlimm würde. Wir hatten uns inzwischen wegen des Zustandes der miserablen Straße mit dem Gedanken versöhnt, eine Eskorte zu haben, obwohl diese Männer gewöhnlich ordinär und nicht angenehm waren. Sie entschädigten sich für das erzwungene Schweigen während des Tages in unserer Gesellschaft, indem sie die ganzen Nächte hindurch mit den jeweiligen Gasthofknechten plauderten.

Einer unserer Begleiter seufzte und jammerte ohne Unterbrechung, was aber auch nicht erstaunlich war; man stelle sich ihn vor: bei einer Temperatur von fast 45 Grad wurden seine Waden von Sockenhaltern gezwickt und Lackschuhe drückten seine Füße, während sein Körper in einem schwarzen Kammgarnanzug briet. Wenn er die Jacke auszog, um uns durch den Sand zu helfen, zeigte er ein Hemd mit rosa, dunkelgrünen und violetten Streifen. Arrogant nach unten und servil gegen Höherstehende, war er einfach widerlich – und das in einem Land, in dem es sich lohnt, den einfachsten Bauern zu betrachten.

Die tiefen Geleise der Lastautos waren für uns zu weitspurig, so daß wir in dem Sand rutschten. Das Fahren war derart mühselig, daß wir in Schirbichan haltmachten, obwohl es keiner der üblichen Halteplätze war. Und da unser Begleiter mit unserem Campierplan nicht einverstanden war, geleitete uns ein Führer quer durch Brachfelder und über ausgetrocknete Gräben zu einem Tor in einer Mauer.

Dann geschahen Dinge wie in einem Märchen. Im ersten Hof stand ein einfaches Haus und ein riesiger Baum, in dessen Schatten wir den Wagen stellten, wo er sich in einem tiefen viereckigen Bassin spiegelte. In einem zweiten Hof – Garten, Wohn- und Eßraum in einem – lernten wir den großen, eleganten Hausbesitzer, Abdul Nahed Khan, kennen. Er verließ seine Freunde, um uns zu begrüßen, und forderte uns auf, unter einer Platane Platz zu nehmen. Unser Begleiter setzte sich auf die rotsamtene Decke und die Kissen die gebracht wurden, ohne seine dreckigen Schuhe auszuziehen, und verletzte damit die elementarste Anstandsregel in Ländern, in denen die Menschen auf dem Boden leben – vielleicht war er auch zu faul, seine enggeschnürten Schnürsenkel zu lösen.

Ein Mahl wurde uns dort, wo wir saßen, serviert. Inzwischen hatten wir zwar schon gelernt, mit den Fingern aus Reis und Fleisch eine Kugel zu machen, aber es war etwas anderes, Eierfruchtstücke in einer üppigen Sauce aus Öl und geronnener Milch zu fischen. Nach dem staubigen Tag tat uns die Sauberkeit dieser Oase wohl, in der fallende Blätter ein beruhigendes Geräusch verursachten.

Nach Sonnenuntergang begaben wir uns zu einer Estrade inmitten des richtigen Gartens. Die Blumen erblaßten in ihren tiefliegenden Beeten, während die Sterne in dem samtenen Dom über uns aufleuchteten. Alles wirkte wie eine persische Miniatur, nur wir paßten nicht hinein. Man brachte uns Teppiche und Decken, dann wurden wir allein gelassen und konnten die Reinheit einer asiatischen Nacht genießen.

* * *

Unser Gastgeber, ein Junggeselle, machte den Eindruck, völlig im Frieden mit sich zu sein. Er war ein Freund von Schah Wali Khan, jetzt afghanischer Gesandter in Paris, dessen Porträt im Haus hing (der Mann, der 1929 Kabul vom Usurpator befreit hatte, und ein Bruder von Haschim Khan, dem jetzigen Premierminister, und des verstorbenen Königs Nadir Schah).

Wir beschlossen, sehr spät aufzubrechen, um die Tageshitze zu meiden. Am Nachmittag brachte Abdul Nahed Khan ein Schachspiel; er besiegte uns leicht. Dann holte er ein Album und zeigte uns Ansichtskarten vom Mont Saint-Michel, dem Eiffelturm, dem Hafen von Port Said und den Kuppeln des Kreml.

Unter den Ansichten war auch ein Bild einer hübschen Brünetten mit der Unterschrift ›ta Lucienne‹. Eine Weile überlegte ich, an wen sie adressiert sein könnte – unser Gastgeber war noch nie über Taschkent hinausgekommen, und ich konnte es kaum glauben, daß es in jener Stadt ›Luciennes‹ gäbe. Ob man wohl fragen durfte, wer sie war?

Aber es war nun an der Zeit, von unserem ritterlichen Gastgeber Abschied zu nehmen.

23

TURKESTAN

In der Dämmerung fuhren wir durch den Staubschleier dahin, der bewegungslos über der Straße hing. Im Licht unserer Scheinwerfer schien es, als zögen weißgekleidete Reiter schweigend durch Rauch hindurch, und später dachten wir erregt, wir überholten majestätisch einherschreitende Elefanten, deren schmale, abfallende Hinterteile in einem winzigen Schwanz endeten. Es waren aber nur große Kamele, die unförmig und mißgestalt erschienen durch Säcke, die ihnen an beiden Seiten herunterhingen.

Achtscha türmte sich wundervoll in der Nacht, die verschwommene Silhouette einer rechteckigen Zitadelle, von niederen Häusern mit flachen Dächern umgeben. Männer lagen auf ihren Charpoys ausgestreckt; eine Anzahl in lebhaften Farben gestrichener Autobusse war für die Nacht eng zusammengestellt worden; wieder einmal hatten wir das gleichsam physische Empfinden, am Ende der Welt zu sein.

Es war vier Uhr früh, wir hatten unseren Tee getrunken und wollten aufbrechen, weil wir hofften, Masar-i-Scherif vor der Mittagshitze zu erreichen. Da die Straße nun besser war, entließen wir den Begleiter, der so wenig zu uns gepaßt hatte. Der Mann begann aber zu brüllen, und bald waren wir von zahlreichen kräftigen Afghanen umringt. Ein ›alter Bart‹ in einem stilvollen Khalat mit braunen Streifen, der ausgezeichnet russisch sprach, versuchte, die Meinungsverschiedenheiten zu regeln. Er verstand unseren Gesichtspunkt: Wir sollten unserem Begleiter einen Brief mitgeben, in dem stand, daß wir ihn zurückließen, und daß er nicht gestraft werden sollte. Wir erklärten dem Alten, wir könnten es in solch einer Hitze, in der der leichteste Druck unsere Haut reizte, nicht länger ertragen, zu dritt auf dem Vordersitz zusammengepfercht zu sitzen, zumal die schweißigen Socken des Mannes uns zwängen, ständig die Taschentücher an die Nase zu halten. (Ich weiß nicht, ob all das übersetzt wurde, aber die Sympathie der Menge galt bestimmt nicht unserem gräßlichen Polizisten.)

Inzwischen gingen die kostbaren Morgenstunden vorüber, da wir nicht das Gesicht verlieren wollten. Der Polizist wollte uns nur davonziehen lassen, wenn der Ortsvorsteher von Achtscha es ihm befahl. Der Dolmetscher ging zum Vorsteher. Schließlich kehrte er zurück, in Gesellschaft eines anderen Mannes als Eskorte und mit einem Tablett Feigen für uns! Da wir endlich aufbrechen wollten, fügten wir uns und nahmen den neuen Mann mit.

Er war sehr groß und wußte nicht, wie er seine Knie ruhig halten sollte, er war ein Prognath und hielt den Mund dauernd offen, mußte ihn auch offen halten, da ihm vom Schwanken des Wagens ständig übel war; das war die Änderung gegenüber seinem Vorgänger, der unentwegt Tabaksaft gespuckt hatte. Jedenfalls genügte es, den merkwürdigen Reiz einer Reise durch eine Gegend zu verderben, die wie eine von zuviel Hitze erstorbene Mondlandschaft aussah. Zweifellos war das grelle Weiß des Lichtes der Bodenbeschaffenheit und dem Fehlen jeglicher Erhöhung zuzuschreiben. Da wir außerdem mit dem Wind fuhren, war es im Wagen unerträglich heiß.

Das Land war ganz flach, nur zuweilen unterbrochen von breiten Bewässerungsgräben, die Wasser aus den fernen hohen Bergen Zentral-Afghanistans herbeibrachten, von den kühlen Seen im Bend-i-Emir, die wir besuchen wollten.

Um unserem Polizisten etwas Erholung zu gönnen, machten wir bei einer Hütte in der Wüste halt, wo ein Usbeke, der seinen Samowar putzte, uns etwas durststillenden Tschai sabz – grünen Tee – verkaufte. Der Schatten, den die Hütte warf, war der einzige, der uns vor der sengenden Sonne schützen konnte. Ein ordentlich aussehender Afghane, der dort auf der gestampften Erde schlief, wurde, bevor wir es verhindern konnten, von unserem Polizisten mit einem Tritt aufgeweckt und fortgejagt – das empörte uns.

Und das an dem Morgen, an dem wir uns den Ruinen von Balch, dem Bactra der Alten, der Mutter der Städte, näherten! Die Stadt soll einen Umfang von zwanzig Meilen gehabt haben; jetzt lag sie aber tot in dieser Ebene des Oxus, die im sechzehnten Jahrhundert vor Christus, so heißt es, die erste arische Völkerwanderung nach Indien über Herat, Kandahar und den Bolanpaß im

Süden von Quetta erlebt hatte. Balch, wo die Religion Zarathustras zum erstenmal von einem König angenommen wurde, Balch, wo gemäß Marco Polo Alexander der Große die Tochter des Darius heiratete, jene Stadt, deren Satrap Bessus diesen Darius getötet hatte, während er durch Chorassan entfloh.

Im zweiten Jahrhundert vor Christus leitete Chang-Kien eine chinesische Mission, die zu den Yue-chi von Sogdiana (was Bactria ist) geschickt wurde; seine Reise scheint den Beginn des Seidenhandels quer durch Asien zu bezeichnen. Die Yue-chi waren Indo-Skythen, die kürzlich in das Land, bis dahin ein großartiger Außenposten des Griechentums, eingedrungen waren. »Weil diese Nachfolger Alexanders des Großen so mächtig und energisch waren, kannst du jetzt graeko-buddhistische Altertümer ausgraben«, sagte ich zu Christina.

Die weißen Hunnen waren die nächsten, die im fünften Jahrhundert nach Christus in Baktrien einfielen. Trotz ihrer Verwüstungen hatte das Land noch immer buddhistische Bauten, als zwei Jahrhunderte später Hsuan-Tsang dorthin kam, der ›auf der Suche nach Weisheit‹ von China nach Indien pilgerte – die Wege Hsuan-Tsangs habe ich während drei Reisen in Zentralasien gekreuzt, und seine Schriften haben mir sehr dazu verholfen, das zu schätzen, was ich zu sehen bekam. Bei seinem Besuch gab es in Balch noch immer etwa hundert Klöster, reich an Reliquien Buddhas, als er von Kundus kam, der Hauptstadt der Westtürken, die über Afghanisch-Turkestan oder Tokharestan herrschten.

In Balch bewunderte Hsuan-Tsang ›ein wunderbares Plateau‹. Damals muß es in dem Land mehr Wasser gegeben haben als heute. Diese Veränderung ist wohl dem Umstand zuzuschreiben, daß die Erdkruste in diesem Teil der Welt noch immer steigt, was von Geologen bestätigt wird.

Ein Jahrhundert später wurde der Hohepriester des berühmten Feueraltars von Balch zum Islam bekehrt, und seinem Beispiel folgten die Grundbesitzer. Im Jahre 1221 wurde Balch von Dschingis-Khan verwüstet. Zuerst war die Stadt, die Mohammed von Chwaresm bei sich aufgenommen hatte, lediglich besetzt worden. Als aber Dschingis-Khan vernahm, daß der Sohn Mohammeds in Südafghanistan ein Heer von siebzigtausend Mann aufgestellt habe, zerstörte er die Stadt, marschierte nach Bamian und besiegte später den jungen Mann am Indus.

Fünfzig Jahre danach kam Marco Polo nach Balch, das er eine große, wunderbare Stadt nennt. »Sie war früher bedeutender, hat aber viel Schaden durch die Tataren erlitten, die bei ihren zahlreichen Überfällen die Gebäude zerstört haben. Es gab darin viele Marmorpaläste und geräumige Plätze, die noch immer sichtbar sind, wenngleich nur als Ruinen.«

Im vierzehnten Jahrhundert war Timur der nächste Eindringling, und seinem Beispiel folgten die Usbeken, die 1506 Herat eroberten. Einer ihres Stammes, Abdul Aziz, kämpfte gegen den Prinzen Aurengzeb von Delhi, damals Gouverneur von Balch. Der tapfere Mogul-Prinz stieg bei Sonnenuntergang von seinem Pferd, betete während der Schlacht, und errang so die Bewunderung beider Heere. »Gegen einen solchen Mann kämpfen, heißt den Untergang heraufbeschwören«, rief Abdul Aziz und stellte die Schlacht ein. Es war der letzte Versuch der Moguln, diese entlegenen Provinzen zu behaupten.

* * *

Wir durften nicht hoffen, Renan und seine ›Prière sur l'Acropole‹ nachzuahmen, indem wir auf den Ruinen Balchs meditierten und Asien mit Europa verglichen. Von der Zukunft von Paris, London oder Berlin träumend, würde uns unser Begleiter gestört haben, der neben uns stand, jede unserer Bewegungen beobachtete und bereit war, uns das Fotografieren zu verbieten, wie er es schon vorher getan hatte. Photophobie war die neueste Heimsuchung der afghanischen Bureaukratie – wahrscheinlich von Persien angesteckt, das am liebsten all die Bilder vernichten möchte, die zeigen, daß es noch kein völlig modernes Land ist.

Aber wir beabsichtigten, unserem gaffenden Mann ein Schnippchen zu schlagen. Als wir zu den Lehmhügeln kamen, die einst die Wälle Balchs gewesen waren, ging Christina auf sie zu, hob ihre Kamera, von dem »Mafi! Mafi!« brüllenden Eskortmann gefolgt. Inzwischen richteten sich meine Blicke auf ein großes Bauwerk mit einer schimmernden blauen Kuppel, das einige hundert Schritte entfernt am Eingang der bewohnten Stadt stand. Ich sprang in den Wagen, fuhr so rasch als möglich davon und ließ einen Mann hinter mir, der sich am liebsten gespalten hätte, um jede von uns zu beaufsichtigen.

So hatte ich einige Minuten gewonnen, die ich dazu benutzte, meine drei Kameras in Funktion treten zu lassen: ich machte farbige und Schwarzweiß-Aufnahmen, sowie farbige Kinoaufnahmen. Die Sonne schien grell auf die gerippte Kuppel und auf das hohe Bogenportal davor. Das Glitzern der glasierten Ziegel brachte eine erstaunlich lebendige Note in eine Landschaft, die wie ohnmächtig in der Weiße der Mittagshitze zu liegen schien. Die meisten dieser Backsteine waren zu blaß, um mir zu gefallen, aber neben dem Grabmal von Khwaja Abul Nasr Parsar ragte stolz die Grüne Moschee mit ihrem großen Portal zwischen dicken Spiral-Minaretten.

Khwaja ist der Name einer Sekte heiliger Männer, die einst Macht über die Khans von Turkestan erlangte; ihre Gräber findet man überall in Zentralasien. Dieser Name ist vielleicht von Khojagian, Lehrer, abzuleiten. Sie gehörten dem Derwischorden der Naqschbandis an, die durch völlige Konzentration die ›Macht des Willens‹ entwickelten. In ihren Büchern steht geschrieben: »Es ist unmöglich, sich gegen einen Arif oder einen ›wissenden Menschen‹, der die ›Macht des Willens‹ besitzt, zu behaupten. Der ›Tarikh-i-Raschidi‹ berichtet uns, daß ›sie Wundertäter waren und Kranke heilten und infolgedessen Macht auf die Gemüter der Menschenmassen ausübten‹. Die Naqschbandis (Maler) wurden so genannt, weil ihr Gründer Naqschband unvergleichliche Bilder der göttlichen Weisheit zeichnete und Gestalten der ewigen Erfindung malte, die nicht unerkennbar sind.«*

Nachdem Christina, von ihrem Polizisten beschattet, zu mir gekommen war, brausten wir nach Masar-i-Scherif. Um die Vorhaltungen unseres Mannes zum Schweigen zu bringen, begann ich laut aus dem ersten Buch, das mir in die Hand fiel, zu lesen: ›Mr. Fords Anweisungen an Besitzer seiner Wagen.‹ Bald hörte ich aber auf damit: es war zu beunruhigend, schwarz auf weiß all das zu lesen, was wir getan hatten und nicht hätten tun dürfen.

Die tiefen Löcher in der Straße waren eine Drohung für unsere Wagenfederung, aber wir vergaßen sie mehr oder weniger über der Frage: »Ist es für unsere Zeit möglich, solche Mystiker wie die Naqschbandis hervorzubringen?« Der berühmteste war der in

---

* John Brown und H. A. Rose: The Darvishes.

Balch geborene Dschalal-ad-din-Rumi, der den Derwischorden der Maulawis gründete. Wie sein Freund Schams-ad-din von Täbris, bekannt als der Spiritus rector des Ordens, der Sultan der Bettler, das Mysterium Gottes auf Erden, der Vollkommene in Wort und Tat, lebte er zu Beginn des dreizehnten Jahrhunderts, in dem Dschingis-Khan einer Welt durch Zerstörung all ihrer großen Kapitalen – Balch, Merw, Nischapur, Ray – den Untergang bereitete. Vielleicht würden, wenn ein Weltkrieg – das neuzeitliche Gegenstück mongolischer Invasionen – unsere heutige Welt zerstören sollte, wieder Mystiker aufstehen, eifrig bedacht, sich mit Wichtigerem und weniger Widerlichem als dem Wahnsinn der Menschen auseinanderzusetzen.

Wir hatten hinter unserem Sitz ein Bücherregal angebracht. Die armen Bücher wurden in all diesen Tagen toll herumgeschüttelt, aber wir waren glücklich, daß wir im richtigen Moment das richtige Buch zur Hand hatten. Friedlich nebeneinander standen da Marco Polo, Pelliot, Evans-Wentz, Vivekananda, Maritain, Jung, eine Biographie Alexanders des Großen, Grousset und der ›Zend-Avesta‹. Ich nahm ›The Darvishes‹ von John P. Brown und H. A. Rose und las laut den Abschnitt über Dschalal-ad-din-Rumi vor. »Als er mit anderen Jünglingen auf einem Dach saß, wurde er gefragt, ob es möglich sei, auf das Dach des gegenüberliegenden Hauses zu springen. Er antwortete: ›Wehe dem Menschen, der versuchen sollte, das zu tun, was Katzen und Hunde tun. Wenn ihr euch dazu fähig fühlt, laßt uns in den Himmel springen‹, und dann sprang er empor und entschwand ihren Blicken. Die Jünglinge schrien laut, als er verschwand, aber einen Augenblick später kehrte er zurück, völlig verändert in Gesicht und Gestalt, und erzählte, daß eine Legion grüngekleideter Wesen ihn ergriffen und kreisend nach oben getragen habe! ›Sie zeigten mir seltsame Dinge himmlischen Charakters, und als eure Schreie zu uns drangen, brachten sie mich wieder zur Erde zurück.‹

Wenn er sich später ganz in inbrünstige Liebe zu Allah versenkte, erhob er sich von seinem Sitz und drehte sich um sich selbst, und ab und zu stieg er nach oben, sich von der irdischen Welt trennend. Nur durch Musik konnte er daran gehindert werden, aus der Mitte seiner treuen Anhänger zu verschwinden.«

Jahre danach kam mir das folgende Gedicht von ihm unter die Augen, das für Christina hätte geschrieben sein können:

Mag Wille, Geist, Nachdenklichkeit
Auch Hölle sein und Fluch der Welt,
Doch fehlt Gewissenhaftigkeit,
Sieh, wie der Nüchternste verfällt
Der Droge und der Trunkenheit.

24

Pol-i-Khumri

Obwohl Masar-i-Scherif sowohl die Hauptstadt Afghanisch-Turkestans wie auch ein Pilgerzentrum ist, wollten wir die Stadt rasch verlassen, bevor die Behörden auf uns aufmerksam würden. Nicht um meinen Plan zu verwirklichen, in der Wildnis Kafiristans zu verschwinden (ich mußte erst Christina zu den Hackins bringen), sondern um das schöne Tal des Hindukusch zu genießen, war es wichtig, das Eskortensystem loszuwerden. In unserem kleinen Hotel (gekacheltes Badezimmer, Metallbetten und lange Eßtische) lauschten meine Ohren dauernd gespannt auf das Telefon, aus Furcht, der Direktor würde uns der Polizei melden.

Der Name der Stadt – edler Schrein – kommt von einem Grab, das, wie die Afghanen behaupten, dasjenige Hazrat Alis sei, des vierten Imams, der viele Sufis unter seinen Anhängern zählte. Das Grabmal, ein massiver Bau, von helltürkisblauen Kuppeln überragt, steht inmitten eines mit Steinplatten belegten Hofes. Vom Haupttor aus gesehen bietet es eine verwirrende Vision von Blitzen, die aus jeder Wand mit ihren Lüsterfayencen springen. Doch beim Nähertreten schwindet der Zauber; es gibt zu viele hellblaue und gelbe Flächen, und es geht einem wie mit Dulacs Illustrationen, sie haben etwas allzu Verfeinertes an sich. Dichte Scharen von weißen Tauben setzten sich lärmend in den Schatten der Torbogen, reihenweise warteten Bettler geduldig auf das Auftauchen eines Wohltäters.

Die auf Befehl von Hussein Baikara, der im fünfzehnten Jahrhundert in Herat herrschte, erbaute Moschee wurde vor nun knapp hundert Jahren mit neuen Fayencen verkleidet. Dschingis-Khan hatte ein älteres, 1136 erbautes Grabmal zerstört. Hazrat Ali lebt in meinem Gedächtnis als Symbol für die friedliche Atmosphäre der Zuflucht, die mich einhüllte, sowie ich das Heiligtum betrat, dessen Eingang eine schwere Eisenkette sperrte.

Als wir Masar verließen, waren wir nur noch zu zweit im

Wagen. Am späten Nachmittag war die Hitze noch immer unerträglich, aber wir wollten die Nacht auf den Höhen bei Heibag verbringen.

Wir fuhren durch eine fahle Wüste, in der sich braune Zelte scharf von dunkelblauen Wolken abhoben. Ein heftiger Wind blies uns in den Rücken. Der Boden des Wagens war so heiß, daß die Sohlen meiner Schuhe mich nicht mehr schützten, und ich meine Füße auf den Sitz zog – irgendwo braute sich ein Sandsturm zusammen. In Taschkurgan mußten wir nach Süden abbiegen und die Straße nach Kabul benutzen, die über den Hindukusch führt. Am liebsten wäre ich gerade weiter gefahren, zur Quelle des Oxus, bis ich wieder meinen Weg erreicht hätte, auf dem ich vier Jahre zuvor zum chinesischen Pamir gereist war. Ich wäre dann an den Ruinen von Kundus vorbeigekommen, wo die Hackins die ersten buddhistischen Monumente – abgesehen von den Stupen von Balch – ausgegraben hatten, die in Baktrien gefunden wurden; ich hätte die Provinz Badakschan durchquert, deren erbliche Könige zur Zeit Marco Polos noch immer von Alexander dem Großen abstammten und den Titel Zulcarnein, Herr der Hörner, das arabische Epitheton des großen Mazedoniers, innehatten. Ich hätte dieses Badakschan kennengelernt, das berühmt ist für seine Rubine und für die Lapislazuli, woraus all die dunkelblauen Mosaike entspringen, die ich gesehen habe; diese Landschaft, deren Urbevölkerung ›einen heftigen und rauhen Charakter‹ hat, wie Hsuan-Tsang berichtet, der auf seiner Heimreise nach China durch ihr Land dem Oberlauf des Oxus folgte. Hsuan-Tsang schrieb auch, daß sie ›größtenteils grünblaue Augen haben und sich daher von anderen Menschen unterscheiden‹ – eine Tatsache, die auch heute noch zutrifft.

In der Dämmerung kamen wir durch Taschkurgan, das nur aus Gartenmauern zu bestehen schien. Und dort, gerade als wir zu den Bergen abbogen, platzte ein Hinterreifen – seine Art, gegen die unerträgliche Hitze zu protestieren. Wir montierten ein Ersatzrad auf – es hatte keine Luft. Eifrig und intelligent pumpten zwei Nomaden den Reifen auf und gingen dann fort. Kaum hatten wir unsere Werkzeuge zusammengepackt, als der Reifen schon wieder keine Luft hatte. Das Aufmontieren des zweiten Ersatzrades beanspruchte den Rest unserer Tatkraft; nicht nur war ich von der Hitze erschlagen, sondern unser Schweiß, der freigebig in den Staub tropfte, zog eine derart dichte Wolke von blutsaugenden Moskitos heran, daß ich kaum zu sehen vermochte, was ich tat.

Eine erstickend heiße Nacht war hereingebrochen. Es wäre Wahnsinn, ohne Ersatzreifen in die Berge hinaufzufahren, erst mußten sie repariert werden. Wir könnten Hilfe in dem Rasthaus erhalten; wir wußten, daß es eines im Dorf gab. Doch wir konnten es nicht finden, wir waren hilflos in einem anscheinend ausgestorbenen Ort. Wir klopften und polterten an Holztüren, versuchten durch verriegelte Tore zu spähen – alles, in Staub gehüllt, blieb stumm. Es war ein merkwürdiges Erlebnis; ich hatte das Gefühl, im Traum zu handeln, und man weiß ja, daß dann alle Bemühungen zwecklos sind. Hatten die Einwohner Angst vor Räubern?

Auf der Straße zu campieren, kam gar nicht in Frage, wenn sich in Steinwurfweite eine Dusche und vielleicht ein Mechaniker befand, der unsere Reifen flicken würde. Schließlich wurde ein Tor, das von flachen Benzinkanistern eingerahmt war, entriegelt und geöffnet – eine würdevolle Persönlichkeit erschien, gefolgt von einem Diener mit einer Laterne – unsere Schwierigkeiten waren zu Ende.

Wir allein hätten nie das Rasthaus gefunden – jenseits eines riesigen, schmiedeeisernen Tores führte ein *jardin à la française* zum Palast von Dschahnama, der ursprünglich für den Emir Abdur-Rahman erbaut war, dem schlauen Mann, der Afghanistan Ende des vorigen Jahrhunderts beherrschte. Ich stellte mir den Emir stark vor wie seinen Palast.

Hier in Taschkurgan versuchte Abdur-Rahman den aufrührerischen Gouverneur von Badakschan zu unterwerfen. Aber seine Soldaten waren unzuverlässig und begannen, zum Gouverneur Ischak Khan zu laufen, um sich ihm zu ergeben. Doch Ischak Khan, der befürchtete, gefangengenommen zu werden, machte sich auf und davon, und so verwandelte sich der Sieg, den er fast schon in den Händen gehabt hatte, in eine Niederlage für ihn!

Bevor er Emir wurde, war Abdur-Rahman von Schir-Ali in Kabul besiegt worden. Er floh nach Samarkand, wo er sich zehn Jahre aufhielt. Die Russen, die ihn für einen Bauerntölpel hielten, besprachen alle politischen Angelegenheiten vor ihm, weil sie glaubten, er würde sie nicht verstehen. Aber der zukünftige Emir hatte insgeheim russisch gelernt und erfuhr nun viel über asiatische Politik. Während ich durch die leeren Hallen des Palastes schritt, dachte ich an ihn – bärtig, schlau, die Astrachangola auf dem Kopf, korpulent, würdig, steif von Rheumatismus.

Es war noch früh am Morgen, als wir, aus einer tiefen Schlucht hinauffahrend, Heibag erreichten, das Samangan der persischen Sage. Die junge Sonne beleuchtete ein idyllisches Bild: die imposante Ruine einer von Zinnen gekrönten Bürg ragte auf einem Hügel, zu dessen Füßen ein klarer, seichter Bach schillerte, an dem schwarzverschleierte Frauen glitzernde pralle Wasserschläuche füllten und auf Esel verluden.

Auf einer Binsenmatte sitzend und aus kleinen Schalen Tee trinkend, bewunderten wir die fernen Gebirge, die wir durchqueren sollten, und die bernsteinfarbenen Felder vor uns, sowie die stolzen Köpfe und die aristokratische Haltung von drei älteren Männern. Auch gab es einen Früchtehändler neben einem Haufen fleckiger Melonen, unter denen jeder Kunde umständlich seine Wahl traf, bevor er den Kauf abschloß. Etwas weiter entfernt hing an einem Ast ein Schaf, das der Metzger geschickt häutete. Hinter uns standen im Schatten auf einem Regal eine Reihe glänzender Teekannen, und ein Knabe fächelte die Holzkohlen seines Samowars. Einige Männer trugen bestickte runde Käppchen, fröhlich leuchtend wie eine Vase mit bunten Blumen. Tauben gurrten, in einer Welt verloren, die nur ihnen bekannt war. Die Fremdlinge bestaunend, streichelte ein Knabe geistesabwesend sein gezähmtes Rebhuhn. Einige braune Ziegen starrten von dem flachen Dach aus, auf dem sie untergebracht waren, zum Horizont.

Und dann, um das Bild noch großartiger zu gestalten, tauchten langsam sechs Kamele auf, feierlich unter dunklen Decken mit baumelnden Quasten einherschreitend; auf dem ersten saß eine Nomadenfrau von Rang mit turkmenischem Kopfgestell unter orangefarbenem Schal, eine besonders fröhliche Note in diesem blauen Morgen.

Freude, jawohl, und Friede – friedliche Herden zogen an der majestätischen Burg vorbei, von der aus im sechzehnten Jahrhundert ein König von Heibag eine Kampagne zugunsten des Paschtu, der Sprache der afghanischen Stämme, begonnen hatte. Die friedliche Erde, die den weißgekleideten Bauern ihren gelben

Weizen bot; Friede einer beständigen Welt, die nichts von unserer Achtundvierzig-Stunden-Woche weiß oder von ›organisierter Freizeitgestaltung‹ oder von Rotationspressen, die die Welt mit unzähligen Zeitungen überschwemmen.

Am Abend desselben Tages war das Bild erstaunlich anders.

Von der Höhe bei Heibag fuhren wir hinunter in das große Kundustal, dem wir bis zum Schibarpaß folgen sollten. Der Kundus floß zwischen Schilfsümpfen und Reisfeldern dahin, und es stieg eine feuchte Hitze hoch. Mit zufallenden Lidern fuhren wir weiter, bis das Tal enger zu werden schien.

Und plötzlich sahen unsere geblendeten Augen, überrascht und entsetzt, jenseits eines Felsvorsprungs die weißen Mauern einer Fabrik, deren zahlreiche Dächer wie Drachenzähne in die dunstige Luft ragten. Rundherum standen Zelte und Baracken für Tausende von Menschen, und etwas weiter erhob sich ein noch nicht fertiggestellter großer Betondamm. Hier, im Herzen Asiens, und diesmal ohne Sowjet-Initiative, die dieses Wunder erklären könnte, hatte dieses Ungeheuer Wurzeln geschlagen, während das bescheidene Masar, die nächste Stadt, über zweihundert Kilometer entfernt lag.

Auf einer Bogenbrücke, die vielleicht vor siebenhundert Jahren von Dschingis-Khan erbaut worden war, machten wir halt; obwohl sie so viele Jahrhunderte hindurch den reißenden Wirbeln eines wilden Flusses widerstanden hatte, war sie jetzt dazu verdammt, unter den Gewässern des neuen Stausees unterzugehen.

Dieses Bild erinnerte an Beschreibungen aus dem Wilden Westen: Baracken, Zelte, Verkaufsbuden, schmutzige Werkschuppen, Lärm und Geschäftigkeit überall; schmalspurige Loren rasselten einher, Nieten wurden eingeschlagen, Hügel abgetragen, Zement gemischt – alles wurde auf den Kopf gestellt. Wir waren in Pol-i-Khumri.

Wir machten Rast und tranken Tee in einer Tschai-khana. Dort erfuhren wir, daß fünfhundert Webstühle und achthundert Arbeiter jährlich zehn Millionen Yard Baumwolle spinnen und weben sollten. Das Wasserkraftwerk sollte auch Strom für eine Zuckerrübenraffinerie in dem flußabwärts gelegenen Baghlan liefern. Tausende von Arbeitern waren bereits an Malaria gestorben. (Das gleiche war beim großen Wachstroi geschehen, dem Kraftwerk, das die Sowjets vor sieben Jahren nördlich des Oxus erbaut hatten.)

Die Männer waren sehr verschieden voneinander, alle hatten sie aber Lumpen statt Turbane um die Köpfe gewickelt. Die freundlichen Hasara, deren Vorfahren von Dschingis-Khan im Lande zurückgelassen worden waren, haben Schlitzaugen und vorstehende Backenknochen. Wallende schwarze Bärte und regelmäßige Gesichtszüge bezeichnen den Tadschik aus den Bergen, der wahrscheinlich unser asiatischer Vetter ist. Die Gesichter der Afghanen sind lang und schmal, sie haben Adlernasen und durchdringende Augen. Die Männer mit breiten Gesichtern sind Usbeken, deren Brüder jenseits des Oxus leben, wo Taschkent und Samarkand schon vor langer Zeit der westlichen Zivilisation angepaßt wurden, wo Pioniere des Sozialismus zuweilen mitleidvoll an Feudal-Afghanistan denken. Persianisierte Türken werden Kisilbasch genannt, abgehärtete Turkmenen aus den Wüstenebenen des Nordens mit stolzen geraden Nasen sind als die einzig willigen Arbeiter dieser ganzen Zusammenrottung bekannt.

Einige gelernte Leute waren aus Kabul gekommen, wo bereits Fabriken im Betrieb sind, aber die meisten Arbeiter stammten aus den Nachbardörfern. Wie reagierten sie auf einen Tag mit ununterbrochener Arbeit? Wie gefiel es ihnen, sich ständig unter Aufsicht eines Vorarbeiters zu befinden, während bis jetzt die meisten von ihnen im Schatten ihrer Ulmen hatten sitzen dürfen, wenn sie keine dringliche Arbeit hatten?

Ab und zu hörten wir Lärm: eine Gruppe sang oder, richtiger gesagt, grölte ein Wort, immer das gleiche ›Yakh Tschariah!‹, um sich bei ihrer Arbeit zu ermutigen. Es war auch ihr Kriegsschrei, sagte man uns. Wie bezeichnend – die Arbeit wie einen Feind zu attackieren!

Auf einem Badakschan-Pony reitend, stattete uns im Teehaus ein tüchtiger Deutscher einen Besuch ab (als ich ihn neugierig betrachtete, fiel mir ein, daß ich seit langem keinen Europäer mehr gesehen hatte), und an dem Abend genossen wir die Gastfreundschaft von Herrn Kuhn, während die Arbeit in einem mit Elektrizität überfluteten Wundertal weiterging!

Ein Bild Hitlers wachte über den Kaffeetisch, den Schoßhund, die Kissen und die blondhaarige Dame des Hauses. Waren wir noch immer in Asien? Jawohl, ohne Zweifel: unsere Gastgeberin verkündete, daß sie nur kondensierte Milch verwende, da es zu gefährlich sei, etwas mit den Kühen des Tales zu tun zu haben!

Die Kuhns kannten Iran; er hatte das Haus mit der Veranda, in dem wir in Schahi am Kaspischen Meer übernachtet hatten, gebaut und dort gewohnt. Und Frau Kuhn zog einen Vergleich, der eine Schmeichelei für die Perser sein sollte:

»Die Afghanen sind unmöglich. Während des dreckigen Winterwetters in Kabul gehen sie nicht vom Trottoir runter, wenn sie mich treffen; sie zwingen mich, durch den Dreck zu waten, während die Perser mir immer Platz gemacht haben.«

»Es ist bekannt«, entgegnete ich, »daß der stolze Afghane sich für besser als alle übrigen Menschen hält. Zudem sind, so sehr er auch seine Mutter respektieren mag, unbekannte Frauen für ihn nichts als Tiere.«

Aber Frau Kuhn, die an einen anderen Kummer dachte, hörte gar nicht zu. »Würden Sie das für möglich halten«, sagte sie, »man hat Frau Kirsten und mich gebeten, nicht im Fluß zu baden, das einzige, was die tropische Hitze hier erträglich macht!«

»Wir können uns kaum vorstellen, was das für ein Gefühl ist, wenn man nie die Arme oder Beine einer Frau gesehen hat, gar nicht von einem Frauenkörper in einem Badekostüm zu sprechen«, bemerkte Christina.

»Aber wir stellen uns doch gar nicht aus, die Kerle brauchen uns doch nicht anzuschauen«, erwiderte die dicke Frau Kuhn. »Jedenfalls hat es mein Mann den Ältesten des Tales klargemacht, daß die zwei Khanums weiterhin baden würden. Er unterwerfe sich gerne den Landesgesetzen, aber er werde gemäß den Sitten Deutschlands leben: Er denke nicht daran, seine Frau unter einem Leichentuch zu verhüllen, wenn sie außer Hauses gehe.«

Die beiden deutschen Ingenieure erzählten von ihren Schwierigkeiten: die höheren afghanischen Regierungsbeamten seien voll großer Ideen, wollten aber nicht einsehen, daß ihnen das geeignete Personal fehle; sie hätten keine ehrlichen Untergebenen, denen sie die Ausführung ihrer Befehle anvertrauen könnten. Und obwohl sie keine Maurer- oder Schreinervorarbeiter hätten, wollten sie eine Technische Hochschule eröffnen! Nie würde irgend etwas vollbracht werden, die kleinste Leistung koste eine Masse vergeudeter Energien. Ein typisches Beispiel: nach monatelangen Bemühungen sei einer ihrer Kollegen in Kabul, dem eine zerbrochene Fensterscheibe im Bureau nicht ersetzt wurde, zum Minister für öffentliche Arbeiten gegangen und habe sich beschwert. »Ich bin der einzige Mann hier, der die Erlaubnis hat, einen Tritt zu geben oder einen Stock zu brauchen – kommen Sie also immer zu mir!« hatte ihm der Minister erklärt.

»Erinnern Sie sich noch an das, was wir neulich hörten?« sagte ein anderer. »Skoda hatte der Armee Gebirgsmaschinengewehre geliefert. Als die Soldaten die einzelnen Teile der Waffe tragen sollten, fanden sie sie zu schwer und ließen sie einfach liegen; es stehe im Koran geschrieben, erklärten sie, daß schwere Arbeit den Eseln zu überlassen sei. Diesen Leuten mußte dann beigebracht werden, daß ein Krieg gegen Angreifer oder die Ausbildung dafür alle Übertretungen des Korans entschuldige.«

Herr Pertsch fügte hinzu: »Wenn ich meinem Schreiner sage, daß die neue Tür nicht genau rechtwinklig sei, erwidert mir der Mann lachend: ›Was macht das aus, die Hauptsache ist doch, daß sie schließt!‹ Wie kann ich solchen Leuten beibringen, daß der Bruchteil eines Millimeters wichtig ist, wenn sie die Grundfläche für einen schweren Dieselmotor legen?«

»›Ich gestatte Ihnen zu prügeln, wenn nur der Damm rechtzeitig fertiggestellt wird‹, hat mir der Minister gesagt«, erzählte Herr Kirsten. »Aber in Afghanistan ist Prügeln eine gefährliche Sache – es ist gesetzlich verboten. Der Direktor der deutschen Schule mußte innerhalb vierundzwanzig Stunden das Land verlassen, weil er einem Wachtposten eine Ohrfeige gegeben hatte; der Mann hatte in Ausführung seiner Befehle ihn nicht in die Auto-Reparaturwerkstatt eintreten lassen, in der er seinen Wagen hatte.«

Ich versuchte über meine Gefühle klarzuwerden, als ich diese in den Falten des Hindukusch verborgene Fabrik entdeckt hatte, und fragte die Deutschen, ob sie der Gedanke daran, daß sie durch ihren großartigen Bau dem Tal schon so viel Elend beschert hätten, nicht bedrücke. Seien nicht die technischen Errungenschaften unserer Zivilisation ein Fluch, wenn sie den Afghanen den Boden unter den Füßen wegzögen und sie plötzlich zu einer Lebensweise zwängen, die nie für sie bestimmt war? Aber die Ingenieure wollten nicht zugeben, daß ihr Kraftwerk die Lebensweise der Eingeborenen vernichte. Natürlich sprachen sie von Fortschritt, diesem entsetzlichen Gott, der von Kriegen gedeiht.

Ihre Aufgabe war Bauen – solange sie bauen konnten, waren sie zufrieden. Glücklich die Kurzsichtigen, die nicht weiter als ihre Nasenspitze sehen!

* * *

Uns wurde das Eßzimmer mit seinen zwei Diwanen zugewiesen. Die Hitze quälte uns derart, daß wir nicht zu schlafen vermochten, und wir unterhielten uns.

Wir meinten, es sei nicht die Maschine an sich, die schlecht ist, sondern die Art, wie sie verwendet wird. Wenn der Mensch Herr einer Maschine ist, fühlt er sich mächtiger, ob er auf einem Freilaufvelo radelt oder über den Wolken am Himmel einherfliegt. Ein tüchtiger Autobuschauffeur zeigt eine gewisse Würde: nach Gott ist er der Herr seines Vehikels, ein Held für seine fünfundzwanzig Passagiere. Aber wenn ein Mensch der Sklave einer Maschine ist, die die Bewegungen diktiert, die er machen muß, findet er bald, daß das Leben fade wird, obwohl der höhere Lohn ihm mehr und schmackhafteres Essen verschafft – aber der Geschmack liegt in einem selbst, nicht in dem Happen, den man ißt. Solch eine Arbeit erfordert keine Initiative, keine Entschlußkraft, kein Verständnis, keine Schaffensfreude. Menschen, die in unseren monströsen Großstädten geboren werden, bleibt wenig Wahl, sie können es kaum vermeiden, Fabrikarbeiter zu werden; aber gesunde Bauern oder unabhängige Schafhirten in entnervte und entwurzelte Roboter zu verwandeln, ist fast Mord. Der Tag muß kommen, da die Maschine nicht länger dazu verwandt wird, die Hälfte von dem umzubringen, was der Mensch ist. Das ist die einzige Lösung, denn in Europa können wir nicht mehr zum patriarchalischen System der Fürsorge des Stammes für die Bedürfnisse aller seiner Angehörigen zurückkehren.

»Inzwischen ertönt der Schrei nach Chinin, Schulen, Spitälern, Straßen und Soldaten«, erklärte Christina. »Um dafür zu zahlen, muß es Fabriken geben, gehorsame Untertanen und steuerzahlende Arbeiter. So kommen wir allmählich zu der Entwicklung, die Europa charakterisiert und deren Hauptauswirkungen auf die übrige Welt darin besteht: mehr Maschinen und mehr Spezialarbeiter, die jeden Tag mehr und mehr produzieren.«

Pol-i-Khumri wurde zu einem Symbol unseres Maschinenzeitalters, in dem die Seele des Menschen unterdrückt wird, zum Symbol unserer Maschinenzivilisation, die von den asiatischen Ländern sklavisch nachgeahmt wird, trotz dem Umstand, daß alle Orientalen nur Verachtung für die abendländischen Barbaren empfinden. Die Natur, das Klima und der Charakter der Afghanen sind dem vollkommen fremd, was bereits hier und dort auftaucht: nicht nur Fabriken und sonstige eiligst durchgeführte Industrialisierungsbestrebungen, sondern Häuser im abendländischen Stil mit breiten Fenstern und dünnen Dächern, europäischen Anzügen, Schnürschuhen, Fahrrädern ... Wenn maschinengewebte Baumwollstoffe eine Bevölkerung von Robotern bedingen, wäre es dann nicht besser, weiterhin handgesponnene Stoffe zu tragen?

Natürlich müssen Menschen ernährt und gekleidet werden, aber muß man deswegen ihre wichtigsten Eigenschaften abwürgen? Mit anderen Worten: Ist es nötig, daß jedes asiatische Land unser materialistisches Experiment bis zum bitteren Ende durchmachen muß? Angenommen, Europa beginne jetzt die Notwendigkeit einzusehen, sein Leben wieder auf geistigen Werten aufzubauen, wann wird Asien seinerseits die Fata Morgana ›sofortiger Industrialisierung um jeden Preis‹ als solche erkennen? Wird Haschim Khan, der kluge Premierminister Afghanistans, einsehen, daß er durch Einführung zu vieler abendländischer Methoden sein Volk nur verwirren wird? Es wird nicht imstande sein, gegen die moralische Depression zu kämpfen, die im Kielwasser unserer materialistischen Kultur einherkriecht. Minen, Erdöl, Elektrizität, Kohle bieten raschen und hohen Gewinn. Viehzucht, Früchte, Lammfelle, Wolle, Weizen, Wälder erfordern Geduld, aber die Tatkraft der Afghanen sollte sich der Ausbeutung dieser afghanischen Produkte widmen, da diese Arbeit ihnen gemäß ist; sie bedeutet keinen Bruch mit der Vergangenheit, sie ist kein fremdes Gewächs, sie läßt ihnen Harmonie und Freude, läßt sie frei sein, normal gedeihen.

»Es sollte uns tiefe Sorge verursachen, daß die materielle, gewinnsüchtige Seite der abendländischen Kultur eine so mächtige, revolutionierende Wirkung auf die übrige Welt ausübt«, schrieb Dr. J. H. Oldham in einem seiner ›Christlichen Blätter‹. Das ist die Antwort, die man Technikern erteilen muß, wenn sie von Fortschritt reden.

Nicht die Bescheidenheit unserer Forscher, die Selbstverleugnung unserer Wissenschafter, die Ehrlichkeit unserer Handwerker sind in Übersee bekannt, sondern unsere Methoden des Geldverdienens, unsere Nähmaschinen, mechanischen Webstühle, Autos, Gewehre, Kinos und billigen Lehrbücher. Warum zersetzt unsere Kultur alles, was sie berührt? Warum nehmen die meisten Araber, Japaner, Hindus, Chinesen nur das Schlechteste von uns an?

Außer zweitausend Quartieren für Arbeiter sollte Herr Pertsch Schulen bauen. 1937 erzählte mir der Premierminister in Kabul, daß die Hälfte seines Budgets für das Unterrichtswesen verwandt werde; sein Motto war ein Spruch aus dem Koran: »Suche Wissen, selbst wenn du dafür bis nach China wandern mußt!« Er glaubte, Bildung sei die beste Sicherheit gegen Invasionen ehrgeiziger Nachbarn.

Schulen! In Kirgisistan, in der Mandschurei, in China, in Indien wird dieses Wort gebraucht, als sei es der Schlüssel zur Lösung aller Probleme. Natürlich bin ich froh, daß ich lesen und schreiben kann und zusammenzurechnen vermag, was ich am Tag ausgegeben habe, wenn ich sehe, daß mein Portemonnaie leer ist. Aber Schulen entwickeln die Eigenschaften nicht im gleichen Maße wie sie sie ersticken können mit abgedroschenen Fakten und lahmen Argumenten, die der chinesische Student und der Hindu-Angestellte wie eine göttliche Offenbarung verkünden: »Wir wissen bestimmt, daß der Mensch vom Affen abstammt.« Nein, das wissen wir nicht. Tolstoj, der über unsere abendländische Kultur ebenso gut Bescheid wußte wie über die Unwissenheit seiner Bauern, schreibt in ›Krieg und Frieden‹ von den »sogenannten fortgeschrittenen Menschen – ein Pöbel von Ignoranten, die in unserem eingebildeten Zeitalter der Popularisierung des Wissens dank der mächtigsten Waffe der Ignoranz – der Verbreitung von Druckerzeugnissen« leben.

Unsere abendländischen Ideen werden sich mit der Entwicklung der Bildung weiter ausbreiten. Diese wird einem jungen Mann dazu verhelfen, sich materiell rascher unabhängig zu machen; er wird nicht länger seinem Schwiegervater, Gholam Haidar, oder von wem immer er abhängig ist, gehorchen müssen. Aber unsere Art der Bildung ist ein gefährliches Lösungsmittel: es spaltet, es wird ihn lehren zu kritisieren, er wird glauben, er wisse genug, um zu urteilen. Er wird die Reihen der kleinen Prometheusse vergrößern und bald wird er sich allein fühlen, wird allein in völliger Einsamkeit gegen die Welt anschwimmen.

Die Frage ist: Sind die Vorteile von Krankenhäusern, Schulen, Zeitungen, Radioapparaten, die der frischgebackene Fabrikarbeiter zur Verfügung hat, den Verlust des Lächelns wert, das sein schweres, aber ausgeglichenes Leben begleitete? Sowjet-Rußland antwortet: Ja, weil die Gewinne der Fabriken nicht mehr einem Schah oder einem Plutokraten zufallen, sondern schließlich wieder dem Arbeiter zugute kommen. Ich sage Nein, weil ich überzeugt bin, daß, wenn man den besten Teil seiner Energie dazu verwendet, jahrein, jahraus acht Stunden am Tag zwei Schritte vor und zwei Schritte zurück zu machen, um die Fäden einer teuflischen Webmaschine in Ordnung zu halten, keine Inspiration oder Vitalität übrigbleibt, um während des Restes des Tages sein eigenes Leben zu leben.

Doch bevor ich mit völliger Sicherheit für die Afghanen Nein sage, müßte ich ein oder zwei Jahre mein Leben unter ihnen verbringen, ihr Leben in Sturm, Sonne, Schnee, Mühsalen und Entbehrungen teilen. Ich müßte darauf gefaßt sein, daß der verwirrte Nomade vielleicht gerne seinen freien Himmel für ein Leben in der Fabrik und einem jämmerlichen Loch in Kabul vertauscht, damit er einmal in der Woche in einem Kino über einen entwürdigenden Film lachen kann, der zwischen Pappkulissen gedreht wurde; daß er sich täglich rasieren läßt, während er dem Stadtklatsch lauscht; daß er schlecht verdaute Zeitungsnachrichten seinen Nachbarn im Teehaus in die Ohren bläst.

Am frühen Morgen ritten wir ein Seitental hinauf, dann folgten wir einem Zickzackweg durch ein weites Land mit sanften kahlen Bergen, ausgedörrt wie jene, die wir hinter Bamian sehen sollten. Hier und dort grasten in fernen Bodensenkungen Tiere – kleine Pünktchen wie Nisse in den Falten eines ungebleichten Tuches.

Wir gingen nicht weit. Der Eindruck von so viel Raum beschwingte uns. Wir tranken das Gefühl der Grenzenlosigkeit in uns hinein, das aus diesen monotonen Bergen emporsteigt, im Gegensatz zu den vergänglichen Ameisenhaufen, die unten im Tal wimmeln.

Nach dem Mittagessen fühlte ich mich krank. Die Hitze hatte mir zugesetzt, nehme ich an, oder vielleicht war es der Holzsattel meines kurztrabenden Ponys oder die aufregende Unterhaltung vom Abend zuvor? Ich fühlte mich so schwach, daß Christina ohne mich die Fabrikanlagen besichtigen ging.

Wieder einmal wunderte ich mich über sie: es war das zweitemal während unserer Reise, daß dieses zarte Wesen mehr Stärke bewies als ich. Wo verbarg sie sie?

25

Do-Au

Wir näherten uns dem schönsten Teil unserer langen Reise.

Heibag war die Schwelle am Fuß des Hindukusch gewesen, und nun sollte uns das Kundustal zu seinem Herzen führen. Hindukusch kommt vielleicht von dem griechischen Namen für dieses Bergland: ›indischer Kaukasus‹. Oder, nach dem Reisenden des vierzehnten Jahrhunderts, Ibn Battuta, bedeutet es ›Hindu-Mörder‹, weil »die Sklavenkinder, die von Indien dorthin gebracht werden, infolge der außergewöhnlichen Kälte und des tiefen Schnees in großen Mengen sterben. Wir überquerten dieses Gebirge in pausenlosem Marsch vom Morgengrauen bis zum Sonnenuntergang. Dauernd mußten wir Filzmatten vor unsere Kamele legen, damit sie nicht im Schnee versänken.«

Die Kamele verschwinden mehr und mehr und werden durch prustende und klappernde Lastautos ersetzt, die mit einem öligen Saft aus dem fernen Burma oder Baku gespeist werden. Nicht mehr versammeln sich am Abend die Karawanenführer um das Feuer im Serai, um einem Märchenerzähler zu lauschen. Der Serai ist zur Garage geworden, wo findige Chauffeure einen Teil der Nacht damit verbringen, unter ihren Maschinen zu liegen und sie zu reparieren. Ihre Lehrlinge helfen ihnen, sowie sie die Kühler entleert haben – sie lockern die heiße Schraube mit dem losen Ende ihres Turbans – und stützen mit der Winde den Hinterteil des überladenen Chassis.

Diese modernen Lasttiere führen ein anstrengendes Dasein. Löcher und tiefe Wagengeleise in den Straßen sind in Afghanistan so zahlreich, daß einige Leute behaupten, sie gehörten zu seinem Verteidigungssystem. Im Winter rutschen die schwerfälligen ›Tiere‹ die vereisten Rinnen des dreitausend Meter hohen Schibarpasses hinauf und hinunter, zwischen Schneemauern, die bis drei Meter hoch werden. Bremsen, selbst wenn sie in brauchbarem Zustande wären, sind dann nutzlos; wenn das Lastauto anhalten muß, verläßt sich der Chauffeur auf sein Batcha (Kind), das einen dicken Holzhammer unter eines der Räder schieben muß.

Wie Esel sterben auch Lastautos auf der Straße. Ich habe sie nebeneinander liegen sehen, die einen ohne Räder, ihre verrosteten Eingeweide zeigend, die andern augenlos, da sich die Geier schon auf ihnen niedergelassen haben, nach langem, stummem Todeskampf zucken die kleinen Hufe nicht mehr. Zuweilen kann man auf dem Grund einer Schlucht ein Metallskelett erspähen, das nach einem Sturz dort landete, oder es war an einer unübersichtlichen Kurve mit einem Autobus zusammengestoßen und umgekippt. So sah ich im Jahre 1937 eines auf dem Grund des Dareh-i-Schikari; eine hölzerne Brücke war zusammengekracht und sieben Passagiere hatten ihr Leben verloren; der Chauffeur war davongekommen, wurde aber wegen ›Beschädigung einer Brücke‹ bestraft!

Welcher Dichter wird die Lastautos Asiens besingen, das moderne Epos der Wüste Gobi, der Bergketten Burmas, der Berge des Schensi schaffen, die rasselnden, polternden Kolonnen feiern, die sich nicht um ihre Verwundeten und ihre Besatzungen kümmern können? Wird er den schweigenden Chauffeur besingen, der so an seinen jungen Gefährten gewöhnt ist, daß er nur noch in Gesten zu ihm spricht, den Chauffeur, der so toll einherrast, daß einem die Haare zu Berge stehen und man all seinen Mut zusammennehmen muß, um nicht aus dem Wagen zu springen? Der junge Bursche ist todmüde, aber seine Augen leuchten noch immer vor Stolz, daß er diese Straße zu bezwingen vermag. Der Lehrling steht den ganzen Tag hinten auf dem Lastauto; er hat nur Platz für einen Fuß, hat einen großen Holzhammer auf seiner Schulter, vollbringt Wunder im Bewahren des Gleichgewichts, und sein einziger Lohn ist, an den Haltestellen beschimpft und herumkommandiert zu werden.

Wäre ich als Knabe in einem afghanischen Dorf geboren, hätte ich wahrscheinlich das Leben als Chauffeurgehilfe auf einem der dreitausend Lastautos des Landes begonnen – es wäre wohl die beste Art gewesen, jung in der Welt herumzukommen. Den einen Tag gepeitscht von den eisigen Winden eines Passes, den nächsten Tag auf dem warmen Teer des Khaiberpasses; von den kühlen Schatten der Schluchten zu den Sanddünen von Andchoi auf dem Weg zu dem ehrfurchtgebietenden Schrein in Meschhed.

Ich wäre so glücklich gewesen, einer solch männlichen Welt anzugehören, daß der Mangel an Schlaf und Nahrung nur eine andere Form des Lebens, eine andere Form der Freude bedeutet hätte.

Tutende, ratternde, dampfende, prustende, knirschende, rutschende Lastautos wären mein Leben geworden ... bis ich, nachdem ich genügend geschmuggelt hätte, meinen eigenen Wagen hätte kaufen können und dann selbst der große Meister gewesen wäre.

* * *

Christina war sehr besorgt: sogar Privatwagen erlitten Unfälle; Herr Kuhn hatte sich das Schlüsselbein gebrochen, sein Chevrolet war an einem Flußrand abgestürzt ... Aber was bedeutete dieses Jammern, das aus einem schwarzen Zelt ertönte? Wir machten halt. Ihre Trauer unterbrechend, kamen die Frauen zu uns heraus, unverschleiert, unvergeßlich in ihren dunkelroten Gewändern unter schwarzen Kopftüchern. Wir musterten, befingerten, befragten einander, bis ein Mann einherkam und versuchte, unsere neuen Freundinnen fortzuschicken. Auf einmal waren wir alle guter Stimmung, gegen ihn verbündet – mit schallendem Gelächter wurde meine Bemerkung aufgenommen, daß »Frauen ganz gut ohne Männer auskommen können«.

Aber in seiner Selbstsicherheit war dieser Mann mit einer Sichel in der Hand, den goldenen Augen, die unter schwarzem Turban hervorblitzten, mit seinem Schnurrbärtchen, den vollen Lippen, die gesunde Zähne zeigten, so schön, daß unser Zusammentreffen mit den schwarzen Hexen an Interesse verlor. In der Art, wie er den Wagen inspizierte und uns befragte, zeigte er seine rasche Auffassungsgabe; er hatte es nicht nötig, auf die alten Fragen »Wieviel Kinder? Wieviele Brüder und Schwestern?« zurückzugreifen. Dieser Afghane könnte lügen oder töten, nach einem Ehrenkodex, der ganz anders ist als der unsrige, aber vor allem war er ein Mann, ein strahlendes Meisterwerk, voller Leben, ausgeglichen – sein Ausdruck zeigte seine schlichte Würde.

Während unseres Picknicks im Maulbeerhain von Doschi vermochten wir von nichts anderem zu sprechen als von diesem wunderbaren Mann.

Auch war er nicht einzig in seiner Art. Einige Tage später, meilenweit allein in dem gewellten Land, das sich jenseits von Bamian erstreckt, erblickten wir einen einzelnen Nomaden. Wir waren ganz plötzlich auf ihn gestoßen. Er schritt schnell und munter aus, während er vor sich hin sang und auf einer kleinen Geige spielte, die er gegen die Taille gestemmt hielt. Er lachte uns zu, als wir langsamer fuhren und rief uns den üblichen Gruß *Mandana bashi!* zu, den wir mit *Zenda bashi!* erwiderten. In einem Land, in dem die Entfernungen so groß sind, könnte man keine besseren Worte wechseln als »Werde nicht müde!« und »Sei lebendig!« Nicht nur die Gestalt des Mannes war schön, auch seine Augen leuchteten wunderbar. Der ganze Tag war für uns strahlend und unvergeßlich, da wir ihm begegnet waren. Dasselbe Licht leuchtet in den Augen eines Mädchens auf, wenn es entdeckt, daß Liebe in ihm ist, eine Liebe, die es so unerschöpflich findet, daß es die ganze weite Welt damit überschwemmen könnte.

* * *

Das Tal, das bisher lang und eng war, weitete sich plötzlich, und rosafarbene Felsen ragten gegen einen tiefdunkelblauen Himmel. Sie bildeten ein vollkommenes Tafelland – eine Überraschung in dieser felsigen Landschaft, in der jede andere Linie eher vertikal verläuft; sie waren ein unerwartetes Lächeln in einem düsteren Tal, das sich zur Sonne drängt.

Dieses steinige offene Land endete in Do-au, einem Dorf am Eingang des Dareh-i-Schikari, der Schlucht, durch die wir fahren mußten. Zwei kleine Autobusse standen vor einem Teehaus. Wir machten ebenfalls halt und bestellten Tee und hartgekochte Eier. Während wir warteten, badete ich den Abszeß eines alten Mannes in Permanganat; er war eine Art Witzbold, und es schien eine freundliche Atmosphäre zu herrschen. Aber nein: Obwohl ich im Teehaus Eier gesehen hatte, behauptete der Wirt, er habe keine, und riet uns, in das Regierungsrasthaus zu gehen. Ich brauste auf. Noch nie waren wir derart behandelt worden, es verstieß gegen die Gesetze der Gastfreundschaft; wir waren keine wilden Tiere, die man in einem traurigen Steinhaus absondert. (Später, zu spät, fiel mir ein, daß der Mann wahrscheinlich dem Befehl folgte, daß Fremde das Haus benutzen müßten, das für sie gebaut worden war.)

Das muffige Rasthaus wurde eiligst geöffnet; seine Plüschmöbel wirkten in dieser Hitze aufreizend, obwohl sie zweifellos im Winter angenehm waren. Dumpf, gefängnisgleich kam einem dieses Haus nach der Lebendigkeit der hellen Wirtschaft vor. Wir hatten nicht zwei Erdteile durchquert, um gegen unseren Willen zwischen düsteren Wänden zu hocken. Und das Faktotum brachte uns eine Preisliste, um seine Behauptung zu bestätigen, daß Tee und Eier ebenso viel kosteten wie eine volle Mahlzeit. Obwohl wir schon so lange im Land lebten, hatten wir uns noch immer nicht an die Preise dieser staatlichen Rasthäuser gewöhnt; es hatte schon manche Diskussionen abgesetzt, wenn die Rechnung vorgelegt wurde. Das war ein so wunder Punkt, daß ich in Kabul dann den Generalpostmeister, dem diese Hotels unterstehen, aufsuchte. »Ihre Preise«, erklärte ich, »mögen den wenigen Ministern, die dort reisen, oder Engländern, die ein hohes Gehalt in Indien beziehen, passen. Aber Europa ist voll von Menschen wie wir, die so billig als möglich reisen müssen. Da Sie Hotels für Fremde bauen, nehme ich an, daß Sie den Touristenverkehr heben wollen, doch damit Ihre Gasthöfe nicht wie die Pest gemieden werden, müssen Sie an Leute wie wir denken.«

Da wir von Do-au die Tür hinter uns zuschmetternd fortgingen, weit über Gebühr über diesen kleinen Zwischenfall verärgert, beschlossen wir, in Bamian einen großen Bogen um das Hotel zu machen. Dieser Entschluß sollte schwere Folgen haben.

* * *

Die Jägerschlucht oder Dareh-i-Schikari bot während fünfzig Kilometern atemraubende Anblicke. Beinah senkrechte Felswände, die zu beiden Seiten der Schlucht emporstiegen, ließen nur einen schmalen Streifen des Himmels sehen. Die Straße wechselte dauernd über Brücken von einem Ufer zum andern. Dunkle Felsüberhänge bedrohten uns, da sie aber dauernd im Schatten lagen, war es köstlich kühl. Wenn wir Lust gehabt hätten, in der Gegend Forschungen anzustellen, hätten wir eine große Höhle voll menschlicher Gebeine finden können, die Höhle, in der neunhundert oder vielleicht neuntausend Menschen auf ihrer Flucht vor Dschingis-Khan umgekommen waren.

Zuweilen öffneten sich die Berge, die Sonne liebkoste das sich kräuselnde blaue Wasser, Ziegen weideten in dem harten Gras am Ufer, auf Hügeln standen viereckige Türme – eine Erinnerung daran, daß die Heere, die diesen Weg entlanggezogen waren, ihre langen Verbindungslinien hatten verteidigen müssen.

Ein bauchiger Samowar, ein Boden aus gestampfter Erde unter einem großen Dach, eine Reihe lustiger Teekannen, das war eine Begrüßung, die zur Erhöhung der Freude beitrug.

Ein Reiter kam – klack, klack, klack – die steinige Straße herunter. Dieses Geräusch erinnerte mich an meine Zeiten auf den Saumpfaden Asiens – sehnte ich mich nicht mehr danach? Der Sturm heulte durch die Schlucht, diesen kolossalen Schacht, der gewissermaßen als Blasbalg für den Backofen, die turkestanische Wüste dient.

Wir waren beträchtlich in die Höhe gekommen, und ich fühlte mich neu belebt. Zudem hatten wir nur noch eine Stunde bis Bamian, dem höchsten Punkt unserer Reise und der letzten Etappe, bevor wir zu den Hackins kamen.

Vorwärts rasten wir und verließen, der Kälte dieser felsigen Schluchten entrinnend (wir hatten sogar Schnee auf einem dreieckigen Gipfel gesehen, der während zwei Sekunden auf uns hinabgeblickt hatte), das Tal durch einen Spalt in seiner westlichen Mauer. Dann folgten wir dem Bamianfluß, der brausend von Felsblock zu Felsblock hüpft. Die größte Freude in Asien: klares, fließendes Wasser – das verspricht Felder, Bäume, Weideland.

Eine Eselkarawane rastete auf einem kleinen Landstreifen; die Ladungen sahen wie rosafarbene rechteckige Marmorplatten aus. Ich wußte, daß es Salz war; ich hatte das schon einmal gesehen, als ich früher mit den Hackins nach Bamian gereist war.

Zum letztenmal verengte sich das Tal; dem Bug eines Schiffes gleich, das einem Angreifer trotzt, ragte die purpurfarbene Felswand Schar-i-Zohak wie ein Keil über grünem Gras, das von funkelndem Wasser besprengt wurde; von dort führt ein Weg dem Kalvfluß entlang über den Hadschi-Gak-Paß und den Oberlauf des Hilmendflusses, sowie den Unaipaß direkt nach Kabul.

Dann lag ganz Bamian vor uns: einige Quadratmeilen friedlicher Felder, die vom Hindukusch gegen den Nordwind geschützt werden. Sanfte Hänge steigen zu dem Kuh-i-Baba-Gebirge im Süden empor, und dort konnten wir auch das alleinstehende Hotel mit dem hellen Dach erkennen. Zwei dunkle Öffnungen, wie riesige Schildwachhäuschen, waren die Nischen der großen Buddhaskulpturen in den nordwärts ansteigenden Felswänden.

Die würden später an die Reihe kommen, augenblicklich beschäftigten wir uns damit, unser graues Zelt aufzuschlagen; vor uns war eine wunderschöne Wiese, deren Grün das Braun der kleinen Kühe noch betonte. Jenseits des kleinen Tales liefen zwei Bergwände rechtwinklig zueinander, gezackt, verwittert, geriefelt, stufenartig wie Orgelpfeifen emporsteigend und burgähnliche Formen annehmend. Sie wiesen so lebhafte Farben auf, purpurrot, orange, grau, daß das Auge sich wieder und wieder ihnen zuwandte, um sich dessen, was es gesehen hatte, zu vergewissern. Durch die Strahlen der untergehenden Sonne verwandelten sich diese Mauern in eine Vision von flammendem Samt, die einer Märchenwelt anzugehören schien.

Der weiche Wiesenboden, die strahlende Reinheit der Bergluft, der tiefe Friede des wunderbaren Tales, all das rief in uns höchstes Entzücken hervor.

Allein für diesen unvergeßlichen Augenblick tiefster Erfüllung lohnte es sich, so weit gereist zu sein.

* * *

Die Gemütlichkeit des kleinen Zeltes umgab uns. Wieder einmal wurden auf dem Primuskocher Suppe, Risotto und getrocknete Aprikosen gekocht. Wieder einmal sprachen wir über die Zukunft.

Christina wußte, daß sie nie eine Archäologin werden würde, Schreiben war ihr einziger Ehrgeiz. Aber das Beste, was sie jetzt tun konnte, war, während wenigstens eines halben Jahres bei den Hackins ein regelmäßiges Leben zu führen. Ich wollte sie nicht nach Kafiristan mitnehmen, und sie war ihrer selbst noch immer nicht sicher genug, um allein leben zu können – obwohl ihr Selbstvertrauen von Tag zu Tag stieg.

Ich erinnere mich, daß ich ihr erklärte: »Wenn du eine geborene Schriftstellerin bist, wird eine Zeit kommen, da du dich so voller Inspirationen fühlst, daß du von deiner Arbeit völlig mitgerissen wirst. Bis dahin nimm den Halt an, den eine Gemeinschaft ihren Angehörigen bietet. Irgendeine vorübergehende Arbeit, die intelligent verrichtet wird, kann genügend interessieren, um dir über deine Depressionsanfälle hinwegzuhelfen.«

Sie fühlte sich ihrer selbst so sicher wie noch nie zuvor in ihrem Leben.

Sie konnte nicht verstehen, warum ich Ethnologin werden wollte. Warum wollte ich nicht weiterhin Bücher schreiben, die in den an ihre Heimat gebundenen jungen Menschen die Lust auf die weite Welt erweckten? »Selbst wenn meine Bücher jemals so viel gegeben hätten«, entgegnete ich, »befriedigt mich das nicht mehr. Was für einen Zweck hat es, Menschen zu Weltreisen zu veranlassen? Ich bin umhergereist – es hilft nichts, man schlägt damit nur die Zeit tot, man kehrt ebenso unbefriedigt zurück, wie man ausgezogen ist. Es muß mehr geschehen. Es ist kindisch, diesem Diktator oder jener Regierung die Schuld an dem Tohuwabohu zuzuschieben, in dem wir stecken. Die Ethnologie wird mir die Möglichkeit geben, uns mit einer nichtmechanisierten Gesellschaftsform zu vergleichen. Erinnerst du dich noch an unsere Unterhaltung auf der vereisten Straße bei Neuchâtel? Wann fing Europa an, in die Irre zu geraten? Wann hörten wir auf, unserer selbst würdig zu sein, wann hörten wir auf, den Kopf mit Würde hoch zu tragen? Warum sind überall die althergebrachten Kulturen so schwach geworden, daß sie vor unserem Materialismus zusammenstürzen, der nichts an ihre Stelle zu setzen hat?«

Meine Worte wurden durch einen eiskalten Windstoß weggeweht; eiligst zog ich den Reißverschluß unseres Zeltes zu.

»Ich weiß, daß auch der afghanische Bergbewohner, der Tibetaner, der Mongole, die ich kennenlernte, ihre Sorgen haben«, fuhr ich fort, »aber, als seien sie Götter, sind sie frei von unserem quälenden Trieb, das Elend der ganzen Welt zu betrachten. Warum haben wir, sowie wir etwas Schönheit und Freude genossen haben, ein schlechtes Gewissen und denken mit Scham daran, daß unsere Freunde einander in Spanien oder in China morden und daß die Kinder unserer Putzfrau in ihren jämmerlichen Kleidern zu bleich sind?« Nach kurzem Schweigen schloß ich: »Gibt es keinen Mittelweg zwischen der bitteren Erkenntnis des Abendländers und der glücklichen Unbekümmertheit eines Nomaden?«

26

Bamian

Die Morgenröte begeisterte mich. Die Farben waren leuchtend, aber zart, als seien sie mit Perlmutter eingerahmt – das Smaragdgrün des kurzen Grases, das Violett und Orange der Felsen, das Gelb der Felder, das Funkeln der Pappelblätter und über all dem die unwirkliche Bläue des Himmels, ein tiefes köstliches Blau, wie wir es über den Schneefeldern und Gletschern in der Schweiz haben.

Das Kuh-i-Baba-Gebirge lag grau, dunstig da, als sei es ganz weit entfernt. Im Norden, jenseits der rosa Felsen und ihrer Statuen, stiegen hohe Berge empor, deren samtblaue Falten hier und dort mit kleinen Schneefetzen gefleckt waren.

Zahlreiche Höhlen waren in die steile Sandsteinwand vorgetrieben worden, einige waren noch bewohnt, ihre Öffnungen waren von Rauch geschwärzt. Das archäologische Departement tat sein Möglichstes, diese Höhlen und Schreine, die mit Malereien und skulptierten Ornamenten geschmückt sind, zu erhalten. Ich erinnere mich an eine, deren oberer Teil gerillt und kegelförmig war; die oben flache, in den Berg gehauene Decke verjüngte sich in vier Quadraten nach oben – die Deutschen nennen das eine ›Laternendecke‹. Es war interessant: ich hatte dasselbe Muster in Holz gesehen, in einem Haus im Taghdumbasch-Pamir, wo es die einzige Öffnung des mittleren Zimmers bildete. Die gleiche Art von Dächern hat man weiter im Norden im Zentrum von Sinkiang, in den Höhlen von Qyzyl, gefunden. Selbst die heutigen Gebräuche der Sarikolis, die jenen Teil der Welt bewohnen, können noch von der Feuerverehrung abgeleitet werden. Viele Sarikolis haben hellgraue Augen, und Sir Aurel Stein schreibt, daß sie wie die Galtschas und die Wakhis den ›homo alpinus‹-Typ in bemerkenswerter Reinheit bewahrt haben.

Wir gingen zu dem kleinen (35 m hohen) Buddha, der steif in seiner Nische steht. Sein Gesicht ist teilweise zertrümmert, sein verstümmelter rechter Arm hält sein gefaltetes, mit Stuck überzogenes Gewand. In einer Entfernung von nur einigen Schritten konnte man nichts mehr von der Kannelierung erkennen, man sah nur ein rätselhaftes Spiel von Licht und Schatten.

In der Höhe des Kopfes war eine Galerie in den Felsen eingehauen, von der aus an Wänden und Decke noch Überreste von Fresken zu erkennen waren: Pferde, Menschen, Sonne, Mond, Tiaras, Perlen, sowie geschwungene Bänder, die den Sassanidenstil charakterisieren. Ich erinnere mich, in einem Fresko, das Jean Carl für das Musée Guimet reproduziert hatte, ein intensives Kobaltblau, genau wie der Himmel Bamians, gesehen zu haben.

Ein funkelnagelneues Mauerwerk stützte einen Felsen, der gerade neben der Skulptur gespalten war. Vor einigen Jahren hatte die afghanische Regierung eine Briefmarke mit der Abbildung des Buddha von Bamian herausgegeben; sie wurde aber bald wieder zurückgezogen, da zu viele Menschen an einer bildlichen Wiedergabe menschlicher Formen Anstoß nahmen. Doch als ein Aufruf erlassen wurde, diesen selben Buddha zu erhalten, den so häufig fanatische Mohammedaner beschädigten, wurde mit Leichtigkeit ein Betrag von sechzigtausend Afghani gesammelt.

Nachdem wir durch das Dorf Bamian gefahren waren, kamen wir zu dem großen Buddha, der aus seiner Höhe von fünfzig Metern die Luzernen- und Melonenfelder beherrscht. Die Beine sind fast völlig zerstört, auch ein Teil des Kopfes ist beschädigt (das Ohr allein ist zweimal so groß wie ich). Vom Scheitel des Kopfes aus sieht die Welt in der klaren Bergluft wunderbar aus – das Schachbrett der Felder, das lächelnde Kakrak-Tal und jenseits davon das freundliche Kuh-i-Baba-Gebirge. Die Fresken neben der Statue zeigen dunkel drapierte Bodhisattvas in der traditionellen sitzenden Haltung; sie gehen auf das dritte Jahrhundert zurück.

Mit ihrer lächelnden Geruhsamkeit ist die Landschaft das Beste von Bamian. Wegen dieser Friedlichkeit kamen wahrscheinlich zu Beginn unserer Zeitrechnung Buddhisten hierher und erbauten Klöster. Hsuan-Tsang, an so vielen Orten mein Führer, war 632 hier gewesen, zwanzig Jahre bevor die islamische Eroberung die Zerstörung fortsetzte, die die Weißen Hunnen begonnen hatten. Er zählte zehn Klöster mit mehreren tausend Mönchen. Von den Menschen schrieb er, »sie sind hart und wild von Natur, sind aber ihren Nachbarn an Glaubensinbrunst überlegen«.

Wir durchquerten das Tal, wo Bauern dicke Bohnen ernteten, und kamen zum kleinen Buddha von Foladi in einer anderen Felswand, der die Öffnungen der bewohnten Höhlen einen wabenartigen Anblick verliehen. Töpfer waren damit beschäftigt, ihre Produkte zu brennen; das Buta – Gestrüpp –, mit dem sie ihre Feuer unterhielten, verursachte einen dicken schwarzen Rauch. Ich sah das fensterlose Bauernhaus, in dem ich vor zwei Jahren einen bezaubernden blinden Dichter besucht hatte; mit Hilfe von Ahmed Ali, dem Dolmetscher, hatte Ria Hackin Gedichte und Sagen aufgeschrieben. Ich fühlte mich in dem einfachen Bamian von heute zu Hause, nicht aber in dem alten Bamian.

Am kiesigen Flußufer sitzend, betrachteten wir das Bild. Was für ein Drang lebte in Menschen, die solche Symbole ihres Glaubens in diese Felsen gemeißelt hatten? Wie waren die Gedanken, Gebete und Meditationen dieser Tausende von Mönchen beschaffen, die einst von einem Großen Lama regiert worden waren?

Hsuan-Tsang war, obwohl in China für seine Gelehrsamkeit berühmt, auf der Suche nach Weisheit nach dem Westen gezogen. Er hatte alle großen Männer seiner Zeit besucht. Der Meister Asanga lehrte ihn viele Aspekte des Buddhismus. Einer der wichtigsten ist das Mitgefühl. Wenn ich die Lehren Asangas lese, fühle ich, daß wir es heute mehr denn je brauchen – »für die Elenden, für die Wütenden, für die Jähzornigen, für die Leichtsinnigen, für die Materialisten, für die Hartnäckigen im Irrtum!«

Mitgefühl und höchste Erkenntnis sind die großartigen Eigenschaften, die der Mahayana-Buddhismus lehrt. Keine Erkenntnis ohne Loslösung des Herzens und des Verstandes, doch diese Loslösung kommt langsam. »Durch zahllose Prüfungen«, schrieb Asanga, »durch unermeßliche Ansammlung von Güte wird höchste Erkenntnis erlangt. Alle Hindernisse verschwinden, und die Buddhawürde wird wie ein Schrein aus köstlichen Steinen, groß an Macht geoffenbart.« Wenn das der Fall ist, so bedeutet dieser Zustand nicht jene Vernichtung, die, wie ich glaubte, zum Nirwana gehört. »Die Universalität der Buddhawürde in allen Wesen wird durch die Tatsache bezeugt, daß sie alle in sich aufnimmt. Wie der Raum in der Vielzahl der Formen, so ist sie weltumspannend in der Vielzahl der Wesen.« Ein Zustand, der alle Wesen in sich aufnimmt, kann keine Negation sein.

Jedenfalls, es waren nur Worte. Was aber war das direkte Erleben, worauf sie sich beziehen? Gibt es heute einen Menschen, der weiß, was tatsächlich damit gemeint ist? Und dann: was für eine Beziehung kann es zwischen solch einem Menschen und diesem unbegreiflichen Buddha-Zustand geben? »Ihre Persönlichkeit besteht in völliger Unpersönlichkeit. Diese transzendente Unpersönlichkeit ist nichts anderes als die absolute Natur der Dinge.«*

Da saßen wir und lasen diese Worte in Groussets Buch über Hsuan-Tsang. Wußte Grousset, was sie bedeuteten? Ich erinnerte mich, wie er mich einmal in Paris den »Parisern, die man kennen muß«, vorstellen wollte. Aber glücklicherweise vergaß er seine Absicht, als wir an einem Tisch vorbeikamen, der sich unter einem Berg von Erdbeertörtchen bog. Wir stürzten uns schamlos darauf, froh, daß wir uns noch als große Kinder zu fühlen vermochten; der Genuß dieses Moments vertrieb alles Selbstbewußtsein. Warum hatte ich ihn nie gefragt, was er von jenen Sentenzen wußte?

Zu Christina sagte ich: »Wenn jemand die Bedeutung solcher Worte kennt, lohnt es sich, zu ihm zu gehen und möglichst lange in seiner Nähe zu leben.«

»Ja ... vielleicht«, erwiderte sie, »aber wenn zu Hause der Krieg ausbricht, müßten wir nicht zurückgehen, um zu helfen?«

* * *

Wir kamen an einem großen Hügel vorbei, dessen weißer Lehm in der Sonne blendete – Schar-i-Golgola, ein Totenhügel, der einst eine griechische Stadt gewesen sein soll. Hier wurde der König von Bamian von Dschingis-Khan besiegt. Die Zitadelle wäre uneinnehmbar gewesen, wenn nicht die Tochter des Königs sich in den Sohn des Dschingis-Khan verliebt hätte – sie zeigte ihm einen Geheimgang, der zum Wasserreservoir der Stadt führte. Die Stadt war verloren. Es war im Jahre 1222. Wütend darüber, daß er seinen Enkel Mutugen im Kampf verloren hatte, ließ Dschingis-Khan alle Bewohner des Tals töten und sämtliche Häuser dem Erdboden gleichmachen. Er verfolgte damals den Sohn Moham-

* René Grousset: Sur les traces du Bouddha.

meds von Chwaresm, und er konnte es sich nicht leisten, Feinde in seinem Rücken am Leben zu lassen.

Der Wagen führte uns zurück zum Fuß des purpurnen Schar-i-Zohak, des bugförmigen Berges am Eingang des Tals. Es war ein wunderbarer Anblick, diese bläulichroten Felsen, von Mauern und runden Türmen und zinnenbesetzten Burgen gekrönt (die vielleicht von den Arabern erbaut wurden). Die meisten dieser Befestigungen waren derart verfallen, daß es an vielen Stellen unmöglich war, sie von den gezackten Felsen zu unterscheiden.

Der Berg ist nach Zohak benannt, jenem Dämon, der im ›Zend Avesta‹ und im ›Schah Nameh‹ erwähnt wird. Hat er je an diesem düsteren Ort gelebt? – es hätte gut zu ihm gepaßt.

Zu Beginn der Dinge war die Schlange Azi Dahak oder Zohak der Dämon der Stürme; die Verseuchung des Wassers war ihrem Gift zuzuschreiben. Im ›Schah Nameh‹ las ich, daß Zohak der Sohn eines Wüstenkönigs gewesen sei. Da er sich von dem bösen Ahriman unterjochen ließ, tötet er seinen Vater. Ahriman wird sein Koch und verführt ihn dazu, die Gotteslästerung zu begehen, Fleisch zu essen. Von diesem unbekannten Gericht entzückt, bietet Zohak dem Koch eine Belohnung an. Der bescheidene Wunsch Ahrimans ist, die Schultern seines Herrn zu küssen. Sowie dieser Wunsch erfüllt ist, springt aus jeder Schulter eine schwarze Schlange hervor. Köpft man sie, wachsen sie von neuem, und Ahriman rät Zohak, sie jeden Tag mit Menschenhirn zu speisen. Zohak ist nun ein Dämon geworden.

Da der große König Jemschid stolz und daher verwundbar geworden ist, wird er von Zohak in zwei Teile gespalten, und Zohak herrscht nun unbestritten tausend Jahre. Zohak hat einen schrecklichen Traum, den einer seiner Weisen so auslegt, daß er vom jungen Feridun besiegt werde. Der König befiehlt, daß alle männlichen Kinder des Königreichs umgebracht würden. Doch Feridun entkommt und wird nach Indien in Sicherheit gebracht, wo er aufwächst, bis er alt genug ist, Zohak zu bestrafen. Zunächst befreit er Jemschids Töchter (sie waren die ganze Zeit gefangen), dann besiegt er mit seiner großen Keule Zohak. Ein Engel bittet ihn, den Dämon nicht zu töten, sondern ihn in einer Höhle im Demawend in Ketten zu legen.

Als wir vom Schar-i-Zohak hinunterstiegen, sahen wir, daß braune Zelte an dem Fluß, den wir zu durchschreiten hatten, aufgeschlagen wurden. Es waren Leute verschiedener Abstammung. Nur zwei oder drei alte Männer trugen den afghanischen Waffenrock. Die meisten begleiteten uns zum Wagen. Die Frisur der kleinen Mädchen war überraschend: da sie so viele kleine Zöpfe trugen, war es ihnen unmöglich, sie auch nur einmal in der Woche zu kämmen; um sie daher ordentlich zu halten, wurden sie mit einer hart werdenden Schlammschicht bedeckt. (Ich vergaß zu fragen, ob dieser Schlamm vielleicht ungeziefertötende Wirkung habe.)

Der Älteste gefiel mir sehr. Mit seinem wallenden weißen Bart wirkte er edel, obwohl er lebhaft und neugierig war. Die andern waren freundlich, sogar fröhlich, hatten aber etwas von der Wachsamkeit einer Katze an sich, die weiß, daß ihre Krallen bereit sind. Da alle Dawa haben wollten, öffneten wir unseren Medizinkasten. Eine Frau benötigte eine Salbe: ihre Handflächen waren von Schwielen bedeckt, die tiefe rote Risse aufwiesen. Halima, mit Silberschmuck um den Hals und in den Ohrläppchen, brachte ihren Säugling Kabuli, der Husten hatte; sie hatte ihn geschröpft (wir sahen die roten Kreise auf seinem kleinen Rücken); das Schröpfglas war ein Kupfergefäß mit einem Röhrchen zum Ansaugen der Luft.

Beim Abschied bot Weißbart an, uns nach Kabul zu begleiten – Frauen sollten nicht allein reisen, meinte er. Wir waren knapp drei Kilometer gefahren, als ich feststellte, daß meine zweite Leica fehlte – sie war gestohlen worden, während wir die Leute verarzteten. Und das gerade, als ich zu Christina bemerkte, wie großartig diese Nomaden seien im Vergleich zu den Gaunern in der Stadt, die alles klauen, was nicht niet- und nagelfest ist.

Wir fuhren zurück. Der Malik wurde gerufen. Wir waren entsetzt, sahen niedergeschlagen aus. Kein Wort wurde gesprochen – unsere Mimik genügte: während wir versuchten, seinen Leuten zu helfen, hatte einer von ihnen uns bestohlen ... jawohl, es gab keinen Zweifel ... ein Objekt wie dieses. Es sei eine Schande!

Schweigend, traurig saßen wir am Straßenrand. Auf der grünen Wiese hielt der Älteste Rat ab. Ich war überzeugt, daß er das schwarze Schaf seiner Herde kennen müsse. Bald kam ein lachender Mann, blond und schmutzig, auf uns zu und stieß einen verängstigten Knaben, der die Kamera in der Hand hielt, vor sich her. Der Malik spielte nun seine Rolle großartig. Er simulierte, den Knaben zu bespucken, dann die Leica (um von ihr den Fluch einer so schandbaren Tat wegzubeschwören?), dann lud er uns ein, in seinem Zelt Salz und Brot mit ihm zu teilen. Wir lehnten sein Angebot ab, da es dunkel wurde, und wir in unser Lager bei Ain Garan zurückkehren mußten. Aber wir hegten keinen Groll mehr gegen diese Menschen.

27

Bend-i-Emir

»Die Theorie der wahren Zivilisation besteht nicht in Gas oder in der Dampfmaschine oder im Tischrücken, sondern in der Verminderung der Spuren der Erbsünde.

Nomaden, Hirten, Jäger, Bauern, sogar Kannibalen, alle können sie durch ihre Tatkraft, ihre menschliche Würde uns Menschen der Abendländer überlegen sein, die wir vielleicht vernichtet werden.«

Baudelaire (Mon cœur mis à nu, XV.)

Wir mußten nun fünfundsiebzig Kilometer auf Bergwegen zurücklegen, die in Richtung Herat zum Bend-i-Emir führen. Im Westen von Bamian fuhren wir durch eine anmutige Schlucht, in der wir oft mit den Hackins Forellen gefischt hatten. Als wir sie hinter uns hatten, gab es keinen Felsen, nicht einmal die Spur eines Felsbrockens, die uns an die Landschaft hinter uns erinnerte. Wir befanden uns in einer wunderbaren Gegend, deren kahle, gelbe Berge mit mauvefarbenen Schattierungen einander bis zum fernen Horizont folgten. Schneeflecken bedeckten die dunstige Bläue des Kuh-i-Baba-Gebirges, das im Süden eine Barriere bildet.

Aus der Ferne sah der Boden wie Gänsehaut aus, in der Nähe erkannte man, daß die kleinen Unebenheiten dürftige dornige Butas waren.

Wir brausten die jähe Steigung zum Schahidanpaß hinauf – die viel zu steil für einen schwerbeladenen Wagen war. Wir bekamen Angst, glaubten sogar, unseren Versuch aufgeben zu müssen, und es kam uns als ein Sieg vor, als wir schließlich nach vielen Anstrengungen zur Paßhöhe kamen und vor uns wieder ein Meer von baumlosen kahlen Bergen sahen. Der peitschende kalte Wind erinnerte uns daran, daß wir uns in einer Höhe von dreitausend Metern befanden, etwa fünfhundert Meter höher als Bamian.

Wir waren im Herzen einer alten, einer uralten Welt. Sie war bereits alt, als sechzehn Jahrhunderte vor Christus (jung waren damals noch die Wälder Europas), vedisches Sanskrit sprechend, arische Stämme aus dem Norden auf ihrem Weg nach Kurdistan und Indien hier durchzogen. In diesem großen leeren Raum waren jetzt nur ich und die Erde, ein Paar, das sich gut verstand. Auf das Wesentliche beschränkt, ein Gerippe von Bergen, mit dünnstem Fleisch bedeckt, gefiel mir diese Welt, wie sie war. Nichts Überflüssiges gibt es, überhaupt fast gar nichts: zuweilen ein schmaler Streifen von Luzernen in der Senke zwischen zwei Hängen; Bergrücken mit fließenden, entschwindenden Linien, die uns rufen, uns anziehen; Wege, denen unsere eilenden Gedanken folgen, Rudimente einer so einfachen Landschaft, daß unsere Fantasie sie mit Erinnerungen an den Issyk-Kul oder Kuen-lün in Verbindung bringt. Die Lockung eines Horizonts, den wir erreichen wollen, der aber mit jedem Schritt zurückweicht.

Von der Erde angenommen werden, ihre Bedeutung verstehen, dann fühlen, wie alles eine Gesamtheit ist, die Kraft dieser Einheit erleben! Dann erst wird die Zeit kommen, jeden Teil dieser Gesamtheit zu lieben, endlich befreit zu sein von der Beschränkung auf eine einzelne Liebe.

Meine Betrachtungen wurden durch das zweimal hintereinander folgende Platzen von Reifen unterbrochen, das uns zwang, uns mit den Luftschläuchen zu beschäftigen. Gerade als wir begannen, uns über die Möglichkeit des Steckenbleibens auf diesem verlassenen Weg Sorge zu machen, kam ein Reiter auf uns zu. Etwas in seinem langen, feinen Gesicht ließ uns ihn für einen Araber halten, und es war keine Überraschung für uns, als er sagte, er sei ein Sayid, ein Nachkomme des Propheten. Da wir am Tag vorher gehört hatten, daß zwei Engländer nach Bamian kommen würden, baten wir unseren Sayid, dem Hotel eine Botschaft zu überbringen: wir gaben unseren Standort an und ersuchten, uns einen Wagen zu Hilfe zu senden, falls wir am Abend des nächsten Tages noch nicht im Hotel angekommen wären.

Sehr erleichtert rumpelten wir dem Schibartupaß zu.

Träumerische Kamele an einem Berghang – dann jagte ein Pferd vor dem Wagen einher, seine Mähne flatterte wild. Bald kamen wir zu einem kleinen Tal, wo zwei Zelte mittels vieler Stricke angepflockt waren. Auf der Erde kauernd, arbeitete eine Frau an einem dreifüßigen Webstuhl, von dem etwa zwanzig Meter fest angepflockten schmalen Zettels ausgingen. Der gleiche

Anblick hatte sich mir im Tien-Schan und bei Schafhirten in Sinkiang geboten – mir war, als käme ich zu alten Freunden.

Die Frauen waren zurückhaltend, als wir die üblichen Fragen tauschten: Wieviel Kamele wir zu Hause hätten? Ob wir Russinnen seien? Oder Engländerinnen? »Oh, dann müßt ihr bitte das Essen mit uns teilen!« sagte die älteste Frau lächelnd. Reis wurde in einem Emailbecken gebracht – das konnte bedeuten, daß es unseren Freunden gut ging, denn im allgemeinen können sich Nomaden nur Weizenkuchen leisten; diese werden entweder auf einer eisernen Platte gebacken oder um einen runden Stein auf der Glut. Wenn man die runden Steine eines verlassenen Lagers zählt, weiß man, wie groß die Sippe ist.

Sie sahen alle gut aus, diese Frauen in ihrer schwarz-roten Tracht; ihre Gesichter mit den römischen Zügen waren von kleinen, ordentlich geflochtenen Zöpfen wie Metallketten umrahmt, die sie aufgesteckt hatten, um die Stirn freizuhalten; die Mädchen trugen lange, mit Hilfe von Amuletten geschürzte Gewänder, und Münzen, die an einer kurzen Locke baumelten. Die Frauen gingen ungezwungen und würdevoll einher, immer wieder die großen schwarzen Tücher hochhebend, die lose von ihren Köpfen herunterfielen. Die Männer waren mit den Herden unterwegs.

Die Leute gehörten einem Mandozaistamm an und würden, wie sie uns sagten, bald in die Ebene bei Khanabad zurückkehren, denn die Nächte begännen zu kalt zu werden.

Wir nahmen Abschied (Khoda hafiz!), nachdem wir einem Knaben ein rotes Halstuch und den andern Kindern russische Bonbons geschenkt hatten.

Mit den Hackins hatte ich einmal ein ähnliches Lager besucht. Die Nomaden waren schwer getroffen durch den Lastautoverkehr; da niemand mehr ihre Kamele kaufte, versuchten sie, ihre Schafzucht zu entwickeln.

Ohne die etlichen zehntausend Powindahs zu zählen, die jeden Herbst nach Indien ziehen, um Handel zu treiben, besteht noch immer ein Teil der Bevölkerung Afghanistans, ein Zehntel vielleicht, aus Nomaden oder Halbnomaden. Aber dem Beispiel Irans und der Türkei folgend, plant die Regierung, ihre Lebensgewohnheiten zu ändern.

Das Nomadentum ist zum Untergang verurteilt, sogar in Saudi-Arabien und in der Mongolei, und ich glaube, die Hauptgründe für ihr Verschwinden sind in allen diesen Ländern die gleichen. Die heutigen Grenzen sind genau festgelegt und erschweren dadurch das Nomadendasein. Die Zentralgewalt jedes Landes will stark werden, braucht gehorsame Soldaten und seßhafte steuerzahlende Untertanen; um sein Land unabhängig zu machen, muß das Staatsoberhaupt diese Entwicklung um jeden Preis erzwingen, und daß diese Art von Unabhängigkeit von den Nomaden nicht gewünscht wird, kann nicht berücksichtigt werden. Menschen, die nur ihren Stammesgesetzen gehorchen, können in einem modernen Staat nicht geduldet werden.

Abgesehen von jenen üblen Elementen, die vom Banditentum leben (wie gewisse Turkmenen), kann man sagen, daß die Nomaden viele gute Eigenschaften haben: außer ihrem schönen Äußeren besitzen sie ein hochentwickeltes Ehrgefühl und die Gesetze der Gastfreundschaft sind ihnen zur zweiten Natur geworden. Sie sind tapfere Krieger, da sie den Tod nicht fürchten, weil ihre Religion und ihre Sitten sie gelehrt haben, was er ist. Sie wahren ihrem Stamm gegenüber unbedingte Treue, aber gerade diese Eigenschaften gereichen ihnen heute zum Unheil, obwohl sie ihnen bisher geholfen hatten.

Da sie ganz und nur ihr individuelles Selbst sind, ist es sehr schwer, Bauern oder Handwerker aus ihnen zu machen; ihre Kinder, die das alte Leben nicht mehr kennengelernt haben, werden sich wohl leichter anpassen. Inzwischen wird dieses wunderbare Menschenmaterial verschwendet. Die Kurden leben im tiefsten Elend, ihre bisherigen Lebensmöglichkeiten werden ihnen genommen, in der Türkei wie in Iran und im Irak. Andere Nomaden, etwa zweihunderttausend, wurden aus den Bergen Südpersiens verjagt, oder flohen nach dem sonnenverbrannten Mesopotamien, wo sie alle innerhalb von zwei Jahren umkamen. In Turkestan sind die Kasak-Kirgisen wie die Turkmenen um Millionen zusammengeschmolzen. Die Mongolen mußten ihr Weideland zahllosen chinesischen Ansiedlern, die von den Behörden unterstützt werden, überlassen; nach einigen Jahren des Aufhackens war die dünne Humusschicht weggeweht und das Land wurde eine Wüste. In Arabien wußte König Ibn Saud, daß er nur von einem seßhaften Volk Gehorsam erzwingen könnte; er mußte ihr Stammessystem und ihre Blutfehden brechen, sie in Bauern verwandeln, die Gott und dem König gehorchen statt ihren eigenen Häuptlingen.

Wer die Nomaden nicht kennt, wird fragen: Macht das etwas aus, daß ein oder zwei Millionen aus Asien verschwinden, nachdem bereits so viele durch Überschwemmungen, Hungersnöte und Seuchen dahingerafft worden sind? Jawohl, es macht etwas aus. Es ist höchst betrüblich, denn die Nomaden sind ein guter Sauerteig, der die müden Syrer, die erschöpften Perser, die dezimierten Chinesen regenerieren könnte. Wenn in der Vergangenheit die Epoche der Verwüstungen vorüber war, frischten die Nomaden mit ihrer jungen Kraft die unterworfenen Völker auf; alten Stämmen aufgepfropft, trieben sie neue Blüten in China, Persien, Indien, in der Türkei. Angefangen von den Ariern vor unendlichen Zeiten bis zu den Arabern, Seldschuken, Mongolen – wieviel ärmer wäre unsere Welt gewesen ohne den Impuls derer, die, wie König David, wandernde Hirten waren?

»Wir ertragen Zwietracht, Unruhe, Blutvergießen, aber nie werden wir einen Herrn ertragen!« lautet ein Sprichwort, das den Ghilzai-Nomaden zugeschrieben wird. Und wenn sie sich jetzt nicht biegen wollen, werden sie gebrochen. Aber es scheint Wahnsinn, mit Zwang Nomaden, die ihre Herden besorgten, seßhaft zu machen, da Schafe immer gezogen werden müssen, ob in Arabien, in der Mongolei, in Iran oder Afghanistan. Warum läßt man diese Arbeit nicht jenen, die sie lieben, statt ihr Leben und ihre Fähigkeiten zu vernichten?

* * *

Mit einem Ruck hielt ich den Wagen an: vor uns in einer Mulde zwischen zwei steilen, rosafarbenen Berghängen, strahlte in der schweigenden Einsamkeit ein kleines Juwel von einer unglaublich intensiven Bläue. Es war unser erster Blick auf den Königsdamm, den Bend-i-Emir. Zu unseren Füßen wuchs kärglicher Gebirgsweizen, kurz, steif, fest, mit Ähren, die breiten Klingen gleichen.

Als wir weiterfuhren, breitete sich eine erstaunliche Landschaft zu unseren Füßen aus – zwischen rosafarbenen Felsen eine Reihe von Seen, deren Farbe von Apfelgrün, Türkisblau, Enzian- und Preußischblau zu dunklem Indigo wechselte. Die beiden ersten, wenig tiefen, waren von einem Ring glänzenden weißen Kalksteins eingefaßt, die zwei letzten waren durch eine weite Schwelle getrennt, die mit runden Büschen besetzt war, der einzigen Vegetation in einer kahlen Welt.

»Wie herrlich ...« rief Christina, ihr Gesicht strahlte vor freudiger Überraschung. Kein Haus, keine Menschenseele weit und breit zu sehen, außer dem kleinen Ziarat jenseits des großen Sees.

»Du hast noch nicht alles gesehen«, erklärte ich, »wir wollen aber erst den Weg zwischen den Felsen hinunterfahren.«

Das taten wir, bis wir fünfzehn Meter unter dem Niveau des Sees waren; allmählich hatten diese Wasser während endloser Zeiten einen wunderschönen gerundeten Damm an ihrem Südende errichtet. Über diese Schranke prasselten die überflutenden Wellen auf glitschige Terrassen; an einer Stelle sprudelten sie über die Unebenheiten, an einer anderen bildeten sie einen Wasserfall, der die Räder einer Mühle trieb.

Wir fuhren am Fuß des Dammes entlang, wobei unsere Reifen durch klare Bäche plätscherten, und stiegen zu der kleinen Plattform vor dem Ziarat von Hazrat Ali empor. Stufen führten zu einem kleinen Strand an dem dunkelblauen fjordartigen See, der sich zwischen mauvefarbenen Sandsteinfelsen hinschlängelt. Das Strahlen dieses Wassers war erstaunlich. Kleine Wellchen plätscherten gegen Schilf, während große Fische, die niemand fangen darf, auftauchten und uns anstarrten.

Ein bärtiger Mann in wattierten Lumpen, der Wächter des Grabmals, sagte, der See sei grundlos. Er führte uns in eines der drei gewölbten, von Rauch geschwärzten Gemächer der Ziarat. Dort, inmitten der tiefen Stille, ließen wir uns nieder.

Während der See zu einer Masse sich kräuselnden geschmolzenen Metalls wurde, bemalte der Sonnenuntergang die Berge mit Dahlien, Flieder und Hyazinthen. Und als wir schlafen gingen, gab es zwei zitternde Milchstraßen, die eine gerade zu unseren Füßen, genauso wie die andere, viele Millionen Meilen über unseren Köpfen.

Der windstille Morgen aber bot das schönste Schauspiel. Eine Spalte in dem steilen Ufer führte zum Tafelland über dem Grabmal; von dort sahen wir unter uns eine riesige Fläche polierter Bronze, einen ungeheuren runden Spiegel, der jede Tönung, jeden Hang, jede Ausbuchtung, jeden Stein und jede Stimmung der oberen Welt wiedergab.

Kaum hatten unsere Augen die Schönheit dieser Welt erfaßt, als der Zauberspiegel sich veränderte: eine lebhafte Brise verwandelte ihn in eine undurchsichtige Arena aus Lapislazuli, die halbwegs zwischen einem blassen Tiefland und errötenden hohen Felsen lag. Wir wanderten durch diese ätherische Atmosphäre, bis wir die zweite Schwelle erklommen hatten, wo grüne Büsche zwischen weißen Bächen wuchsen. Jede Einzelheit wirkte unbeschreiblich stark, nicht nur, weil man sie zum erstenmal sah, sondern auch wegen ihrer unvergleichlichen Schönheit.

Beim Grabmal bettelten drei Hexen um Arzneimittel. Die eine, die blind war, betastete mit der Hand, die von ihrer Gefährtin geführt wurde, den Wagen ... die Windschutzscheibe hielt sie auf – ich stelle mir vor, daß es schwer wäre, ihr verständlich zu machen, daß eine feste Fläche durchsichtig sein kann. Das Grab soll die Gebeine Alis, des Schwiegersohns des Propheten, enthalten. Zwei Männer beteten in dem sauberen, weißgetünchten Heiligtum. Als ich wieder einmal sah, mit welcher Hingabe die Grabmäler Afghanistans gepflegt werden, wurde mir klar, daß der Islam die Hauptkraft ist, die eine nach Abstammung, Sprache und Sitten so verschiedenartige Bevölkerung eint. Ich habe viele Afghanen beten sehen, nicht nur in Moscheen, sondern auch auf dem Feld, im Laden, auf der Straße, bis ich verstanden habe, wie viel ihnen das Gebet bedeutet. Und ich glaube, mein Nachbar im Autobus war eine Ausnahme, der mir auf meine Bemerkung, daß Europäer zuweilen beten, doch meist allein, erwiderte: »Aber wozu denn beten, wenn es niemand sieht?« Reform- oder Wiederaufbaupläne müssen mit dem Geist des Islams übereinstimmen, wenn sie dauernden Erfolg haben sollen. Nur dadurch, daß er den Glauben wieder erweckt hatte, konnte Ibn Saud sich die Loyalität erwerben, die früher die Stämme genossen; durch den Glauben brachte er im Heer und in den Weiten des Landes Menschen zusammen, deren Vorfahren Generationen hindurch miteinander in Fehde gelegen hatten.

Über die Entstehung des Bend-i-Emir gibt es eine Sage (ich zitiere nachstehend Major Rupert Hay)*: König Barbar, ein Ungläubiger, tyrannisierte seine Untertanen. Einem Mann, der Hazrat Ali gesucht und bei Heibag gefunden hatte, wurde befohlen, diesen

---

* Geographical Journal, April 1936.

Heiligen zu fesseln und ihn als Sklaven zum König zu bringen. Von Ali wurde dann verlangt, drei Aufgaben zu erfüllen: den Drachen von Bamian zu töten, einen Damm in einem Tal zu bauen und schließlich seinen eigenen Kopf zu retten. Der Drache wurde getötet... in großer Wut wurde ein Felsen hinuntergeschleudert, mit dem der Bend-i-Haibat, der Damm des Zornes, errichtet wurde, und mit seinem Schwert meißelte er den Bend-i-Zulfikar heraus, den Damm des Schwertes... dann verlangte Ali von Barbar, daß er ihn in schwere Ketten legen lasse. Nachdem er alle von Sinnen gebracht hatte, indem er das mohammedanische Glaubensbekenntnis aufsagte, befreite er sich und bekehrte König Barbar.

28

Begram

Statt zu unserem idyllischen Lager in Ain Garan zurückzukehren, fuhren wir zum Hotel: Christina hatte eine böse Erkältung. Als ich eines Morgens – wir lebten gerade im Zelt – meine Augen öffnete, sah ich, daß sie mich mit Neid betrachtete: sie zitterte in ihrem Kapokschlafsack, während mein Daunensack wie ein vor Wärme geschwollener Ballon aussah. Es war freilich nun zu spät, ihr Vorwürfe zu machen, daß sie mich nicht die Ausrüstung für sie hatte kaufen lassen.

Das Beste war, so rasch wie möglich in eine wärmere Gegend zu gelangen. Wir verabschiedeten uns von dem dekorativen Engländer, der gerade angekommen war (ein asketisch aussehender, rotbärtiger großer Mann, der sein Leben der Jagd nach einer seltenen Zwergspringmaus widmete), und befanden uns bald auf den gewaltigen Hängen des Schibarpasses.

Wir schienen im Hasaraland zu sein, wenigstens hatten die Frauen, die das geräumige Kaleh von Bullula (ein viereckiges Fort mit runden Türmen an den Ecken) bewohnten, sowie auch die, die wir in einem Dorf auf der Paßhöhe sahen, die Schlitzaugen und hohen Backenknochen jenes Stammes. Es sind Schiiten, die sich gewöhnlich mit den sunnitischen Afghanen zanken, ein Umstand, der ihre Isolierung noch vermehrt. Im Mongolischen bedeutet Hasara ›Eintausend‹ – eine Bezeichnung für die Einheiten des Heeres Dschingis-Khans.

In diesen im Sommer milden Höhen, wo der kurze Bergweizen sich beeilt zu wachsen, genoß ich einen Anblick, den ich hätte malen wollen: ein intensiv blauer Himmel, goldgelbes Stroh auf den Dächern, braune Lehmmauern, rote Kleider der Frauen, die auf dem Boden weben, herumlaufende Mädchen mit bunten runden Käppchen und vielen kleinen Zöpfen. Die Leute waren freundlich. Wir setzten uns auf den Boden und versuchten uns vorzustellen, was es bedeutet, das ganze Jahr hindurch am Schibarpaß zu leben. Einige Reiter hielten lächelnd an, hinter ihren Sätteln hatten sie ihre wattierten Decken aufgerollt.

Vom Paß fuhren wir auf der Straße mit ihren messerscharfen Kurven hinunter, von diesem Paß, auf dem sich einst Hsuan-Tsang in einem Schneesturm verirrt hatte, dem Paß, der über eine der großen Wasserscheiden Asiens führt, über den jedes Maschinenteil, jeder Balken und jedes Stück Dachpappe, das für den Bau von Pol-i-Khumri dient, gebracht werden muß, nachdem es schon auf dem Weg von Deutschland vor Kabul über den Khaiber- und den Lattabandpaß gekommen war.

Auf der Straße überholten wir eine verschleierte Frau, die energisch allein wanderte, offensichtlich auf Absätzen, die nicht zu niedrig waren. Wir sahen dann, daß der vordere Teil ihres grauen Tschadur hochgeschlagen war: das abgemagerte Gesicht mit zwei unbeugsamen blauen Augen war europäisch, ein Gesicht, das nur für eine kurze Zeit dem offenen Himmel ausgesetzt wurde. Sie blieb stehen und ließ den Schleier offen, als sie sah, daß wir Frauen waren. Ihr Autobus war schon vorausgefahren, aber sie zog es vor, diesen steilen Teil der Straße zu Fuß zu gehen. Sie war eine Deutsche, mit einem Afghanen verheiratet, der in Masar-i-Scherif arbeitete, und kehrte nach Kabul zurück, nachdem sie schwer malariakrank gewesen war. Sie meinte, daß es an der Zeit sei, den Tschadur aufzugeben; aber es sei nicht Sache von Ausländerinnen, die mit Afghanen verheiratet sind, damit zu beginnen, wenn sie sich ihr Leben nicht unmöglich machen wollten. Es sei Sache der Damen des Hofes, das Signal dafür zu geben. Vor über zehn Jahren hatte die Frau von König Amanullah eine Kampagne gegen den Schleier begonnen; aber die Königin war unpopulär und hatte keinen Erfolg errungen, zum Teil wohl, weil ihre Mutter eine syrische Katholikin war. Damals hatten einige französische, deutsche und englische Mädchen ihre afghanischen Verlobten geheiratet, weil sie geglaubt hatten, die Frauen von Kabul seien nun emanzipiert.

Wir brachten sie zu ihrem Autobus. Mit dem heruntergelassenen Tschadur war sie wieder eine anonyme Baumwollpyramide mit einem gestickten Gitter vor den Augen.

Zwölf Jahre geduldigen Wartens darauf, von dieser Maskerade befreit zu werden, darauf zu warten, wieder sie selbst zu sein, darauf zu warten, daß Wind und Sonne auf ihren Wangen spielen könnten! Ich war dankbar dafür, meine bloßen Arme dem Wetter aussetzen zu dürfen. Wir waren dankbar für unsere Freiheit – so schwer zu ertragen, aber nötiger als der Atem.

Wir brausten das hundertzehn Kilometer lange Ghorband-Tal hinab, kamen an kleinen Feldern vorbei, durch schattige Dörfer, an gurgelnden, mit Gebüschen bestandenen Bächen vorüber. Der reißende Ghorband fließt nach Osten und vereinigt sich bei Scharikar mit dem Pandschir, und der Pandschir fließt nördlich des Lattabandpasses in den Kabulfluß; der ergießt sich östlich von Peschawar in den großen Indus und schließlich gelangen diese Wasser zum Indischen Ozean.

Ich durchquerte den Fluß, um turkmenische Frauen zu filmen, die gerade biegsame Stangen in den Boden steckten, um ihre runden Zelte aufzuschlagen. Aber sie mochten mich nicht. Ich gab es auf. Die Kamera wieder an mich nehmend, sah ich sie dumm an, nicht imstande, ihnen zu sagen, wie sehr sie mir gefielen und daß eine Filzjurte wie die ihren seit Jahren der Traum meiner schlaflosen Nächte sei.

Als wir in Tschahardeh Ghorband haltmachten, ertönte die Stimme eines Muezzin und rief zum Mittagsgebet. Der Diener der Tschaikhana brachte uns Tee zu unserem Platz unter einem Baum, der die Mitte des Dorfes anzeigte. Die jungen Burschen, die an uns vorbeischlenderten, starrten uns neugierig an und wir erwiderten ihre Blicke.

Ein halbwüchsiger Jüngling stand planlos da, zufrieden mit sich selbst. Er sah sehr elegant aus unter einem mit magentafarbenen Blumen bestickten Chapan aus Indigobaumwolle – dem für das Tal typischen Gewand. Der Anblick reizte mich. Ich rief ihn herbei, Zuschauer verwandelten sich in Ratgeber, eine lebhafte Unterhaltung entwickelte sich; schließlich zog ich zwei Banknoten zu je zwanzig Afghanis hervor – etwa zwölf Franken. Da er noch nie Banknoten gesehen hatte, fragte der Jüngling einen der älteren, ob er sie annehmen solle. Dann ging er viel leichteren Ganges davon, als er gekommen war, mit nachdenklichem Gesichtsausdruck, der entweder bedeuten konnte: »Gerade das habe ich mir gewünscht«, oder »Was wird Mutter sagen?«

Auf dem Abhang über uns spähten neugierige Frauen hinter einer Mauer auf uns herab: mit weißer Haut und goldenen

Augen, nickten sie uns freundlich zu und luden uns in ihren Hof ein. Da wir aber möglichst bald zu den Hackins kommen wollten, fuhren wir weiter.

Als wir am Nebental von Fondukistan vorbeikamen, reizte es mich, über Archäologie zu sprechen: vor zwei Jahren hatte Jean Carl dort Ausgrabungen vorgenommen – ein Schafhirt hatte einen Buddhakopf in der Spalte eines Bergkegels gesehen. Die Ausgrabung brachte ein vierseitiges Heiligtum mit einer zentralen Stupa zum Vorschein. In einer der bemalten Nischen standen zwei Fürstenstatuen aus bemalter Terrakotta, die zentralasiatische Gewänder mit breiten Aufschlägen trugen. Urnen enthielten Totenasche und Kuschanmünzen. Buddhas und Bodhisattvas waren in prächtigem Sassanidenstil oder zuweilen mit üppigen indischen Biegungen gearbeitet. Im Museum in Kabul hatte ich einen kleinen Kopf gesehen, der wissend vor sich hin lächelte; er wies Reste des Goldbelages auf, der einst den ganzen Kopf überzogen hatte.

Afghanen, die bei den Ausgrabungen arbeiteten, erklärten sich auf ihre Art, warum Carl so viel Zeit und Geld zum Ausgraben dieser alten Dinge verwende: es seien die Götter der Faranghis, die von den alten Muselmanen zerstört worden seien!

In Siaghird, wo der Weizen geerntet war, dampften die geschäftigen Dreschtennen in der Sonne neben den großen Kalehs. Durch eine letzte Schlucht und an einem letzten Felsen vorbeifahrend erblickten wir plötzlich dichte grüne Vegetation, die Ebene von Kohistan. Im Osten führte eine Öffnung im Gebirge zum Pandschir; in der Nähe lag Begram, wo meine Freunde uns seit vorigem Monat erwarteten.

Von Scharikar aus telefonierte ich nach Kabul, um ausfindig zu machen, wo sich die Hackins befänden. Lastautos, Velos, Gigs, Esel, Menschenmengen, Staub und Lärm schienen überwältigend. Einige buntbeturbante Sikhs saßen mit gekreuzten Beinen in ihren Buden, ihre dunklen, durch die wuchernden Bärte schwarz erscheinenden Gesichter zeigten, daß wir uns vor den Toren Indiens befanden – jenes ungeheuren Landes, das mich mit seinen vierhundert Millionen Menschen noch immer ängstigte.

Hausierer sangen ihre monotonen Weisen, Tauben gurrten, kleine Kinder schrien im Arm ihrer Väter, Nähmaschinen rasselten in einem Schuppen, Wasserpfeifen blubberten, unzählige Fliegen quälten die Welt und saugten sie trocken, Öl brutzelte in den heißen Garküchen, Schuster hämmerten Nägel in kahnförmige Stiefel, Leute warfen ihre Melonenschalen in die Gosse – wir waren zurück in der Zivilisation.

Ein oder zwei aufrechte Männer, die mit der Geschmeidigkeit von Panthern einherschritten, gehörten nicht zu der Herde; würdig in dunkelblaue Schals mit roten Querstreifen gehüllt, die sehnigen Knöchel unter den weißen Hosen zeigend, schien ihr abweisender Ausdruck zu sagen: Wozu all diese fieberhafte Unruhe?

Brachland überquerend und über ausgetrocknete Gräben rollend, legten wir das letzte Stück unserer Reise zurück. Wir kamen zu einer einsamen Lehmhütte auf dem öden Plateau – das heutige Begram. Joseph und Ria Hackin, Carl und Meunié empfingen uns, als seien wir ihre Kinder. Wir kamen zu spät: sie waren gerade mit dem Einpacken der Funde ihrer Sommerarbeit fertig geworden.

Mit zwei Aspirintabletten ins Bett gelegt, wurde Christina von Ria mit so mütterlicher Sorge gepflegt, daß sie sofort ihr Herz erobert hatte. Inzwischen überfraß ich mich im Nebenzimmer: ich nahm dreimal coq au vin, dazu noch Schokoladensoufflé.

* * *

In Begram verbrachten wir einige wunderbare Tage.

Damals wußten wir es noch nicht: es sollten die letzten Friedenstage sein, und vier von uns sollten das Grauen dieses wahnsinnigen Krieges nicht überleben.*

Auch ohne zu wissen, daß man über einer untergegangenen Hauptstadt stand, konnten wir fühlen, daß dieser Ort bedeutungsvoll war – besonders bei Sonnenaufgang oder Sonnenuntergang, wenn das Licht das Relief der Erde betont, statt es zu verwischen. Nirgends sonst habe ich so dichte ultramarine Schatten neben dem metallischen Schimmer gewaltiger Bergmassen

---

* »Commander Joseph Hackin und seine Frau verloren auf hoher See ihr Leben; das Schiff, auf dem sie in einer Mission für das ›Freie Frankreich‹ nach dem Orient fuhren, wurde torpediert.« (Aus einem Vortrag von C. F. A. Schaeffer, am 6. Oktober 1942, in der Royal Central Asian Society).

gesehen, wie dort, wenn die ersten Strahlen der Sonne die Bergketten im Norden des Pandschir treffen. Sogar der Tod konnte dort schön sein: im bläulichen Morgennebel erstarrte die seidige Schwärze eines Lämmchens in dem blutroten Strom, der aus seiner durchschnittenen Kehle sprudelte. Nirgendwo sonst habe ich gespannter dem Brausen des gewaltigen Windes gelauscht, der von hohen Bergen herunterstößt. War vielleicht mein Drang, ›das Land jenseits des Horizontes‹ zu sehen, endlich befriedigt?

Lhasa oder Papeete könnten vor mir aufgetaucht sein, glaube ich, ohne daß mein Herz auch nur einen Augenblick ausgesetzt hätte. Nun war ich nicht mehr stolz darauf, daß ich durch eigene Kraft die Welt zu einem Tummelplatz für mich gemacht hatte. Wenn nicht zwei Männer in der Nähe auf der Erde gesessen und gewebt hätten, wäre ich eines Abends am liebsten in die Knie gesunken, um meinen Augen dafür zu danken, daß sie so gut sahen.

Statt dessen setzte auch ich mich nieder und genoß den Frieden Kohistans. Jenseits des Flusses konnte ich den Khwaja-i-Reg Rawan sehen, einer weißklaffenden Wunde in einem Felsenberg gleich; es war ein Hang mit dem wohlbekannten ›tönenden Sand‹ – diese Sanddünen, die zuweilen in der Tageshitze dröhnen oder singen oder poltern. Die gleiche Erscheinung hat man auch schon in andern Teilen der Welt beobachtet, ohne bis heute eine stichhaltige Erklärung dafür zu finden.

In der Ferne sah ich das Nidschrau-Tal, wohin uns Hackin auf seinem sechsrädrigen Camion mitgenommen hatte – ein entlegener Teil der Welt, der noch nicht, wie Scharikar, durch Kanister verdorben war. Dort erinnerten mich geschnitzte Holztore daran, daß im nächsten Tal Kafiristan beginnt. Über Nidschrau schreibt Kaiser Babur, daß »es ein ganz abseits liegender Flecken Erde ist, auf dem in Überfülle Trauben und sonstige Früchte wachsen. Die Bewohner machen viel Wein, sie kochen ihn aber; im Winter mästen sie viel Geflügel; sie sind Weinsäufer, beten nicht und kennen keine Skrupel.« Im selben Kapitel seiner Memoiren berichtet er, daß er auch einen Anfall von Rheumatismus hatte, als er bei den Bewohnern von Nidschrau den Tribut erhob: »Am 13. des Ramazan befielen mich derartige Ischiasschmerzen, daß man mich während vierzig Tagen von einer Seite auf die andere wälzen mußte.«

Jawohl, ich blickte zu dem Himmel empor, der über Kafiristan strahlte, aber würde ich je dorthin kommen? Würde ich mehr Glück haben als jenes amerikanische Ehepaar, das nun in Kabul zurückgehalten wird, während es die Hasaras in den Bergen erforschen wollte? Ihre ursprüngliche Absicht war gewesen, die Turkmenen in Iran zu studieren, aber in Teheran wurde ihnen gesagt, es gäbe heutzutage keine Turkmenen mehr. Doch in Kabul würde es schwer fallen, die Existenz der Hasaras zu leugnen. Hackin behauptete aber halb im Scherz, halb im Ernst, daß bei der modernen Politik die Hasaras gefährlich wie Dynamit seien: die Afghanen müßten vermeiden, sie erwähnen zu lassen, da sie Angst hätten, die Japaner würden auf Grund ihrer panmongolischen Politik die Hasaras als eine ihrer Minderheiten erklären und zu ihrem Schutz in Afghanistan eindringen!

Ria kam zu mir. Gemeinsam gingen wir zu den Webern, bei denen ich das erste Stück unserer Sammlung für Christinas Museum kaufte – einen primitiven Haspel. Bei den Parsiwans oder Tadschiks weben nur die Männer. Der eine von ihnen hatte neben sich ein türkisblau glasiertes Wassergefäß stehen, das aus Istalif stammte. In der Ferne sahen wir an einem Berghang dieses Istalif ohne Kalehs, das einem provenzalischen Dorf glich, wie es sich zwischen Weinbergen sonnt. Es war von den Soldaten Alexanders des Großen gegründet worden und hieß ursprünglich Staphylia, das griechische Wort für Trauben.

* * *

Hackin führte Christina in die Archäologie Begrams ein. Es war beschlossen worden, daß sie bei ihm im Museum arbeiten sollte, um sich mit der graeko-buddhistischen Kunst vertraut zu machen. Später, wenn ich in meinen Bergen nicht weiterkommen sollte, würde ich mit ihnen allen nach Kundus gehen.

Wir standen an der Stelle der Grabungen – trübselige, staubige, sonnenverbrannte Löcher – und sahen die vielen Räume, in denen nichts gefunden worden war. Erst im zehnten war man auf eine Schicht zerbröckelten Glases gestoßen, und noch tiefer hatte Ria eine Sammlung von geschliffenen Vasen und Gefäßen gefunden, die sich neben Muranoglas sehen lassen konnten; sie standen neben bemaltem Glas mit Figuren in griechischer Tracht, Zierfischen aus geblasenem Glas und gerillten kobaltfarbigen Schalen. Während zwei Monaten arbeitete Ria an diesen Funden, beseitigte die Erde mit Löffel und Zahnbürste. Kostbare Elfenbeinkästchen im indischen Stil zeigten Frauengestalten mit den gerundeten Linien von Pfirsichen oder prallen Kirschen. Es waren in dieser Schatzkammer viele Gegenstände aufbewahrt worden, und dann hatte man den Gang zugemauert.

Die Beschaffenheit sowohl wie der Ursprung dieser zweitausend Jahre alten Stücke macht sie sehr bedeutsam. Sie beweisen, daß sich im ersten Jahrhundert vor Christus indische und griechische Kunst hier im Königreich Kapisa vermählten, und nicht im Gandhara am oberen Indus. Hier entstand diese hybride Kunst, die ganz Sinkiang, China und Japan beeinflußte.

Lange bevor Alexander der Große hier in der Nähe Alexandria ad Caucasum gründete, war Kapisi die Hauptstadt des Landes Kapisa gewesen; Cyrus hatte sie im sechsten Jahrhundert vor Christus erobert. Zu Beginn unserer Zeitrechnung, während der Herrschaft der Kuschan oder der indo-skytischen Könige, war der Buddhismus bis in die Gegend von Balch fest begründet. Im Jahre 50 nach Christus ließ Kadphises in Begram Münzen prägen. Kapisi war die Sommerresidenz von Kanischka, des berühmtesten dieser Kuschans, die nach Aussage des Historikers Sir Percy Sykes alle krumme Nasen hatten, obwohl sie nicht hebräischer Abstammung waren. Diese Bemerkung bezieht sich auf die Kontroverse, daß die Afghanen, obwohl sie semitischen Typus haben, doch nicht, wie sie behaupten, einer der zehn verlorenen Stämme Israels sind. Das könnte nur als der literarische Ursprung der Afghanen bezeichnet werden.

Hsuan-Tsang, der chinesische Meister des Gesetzes, verbrachte den Sommer des Jahres 632 in einem Kloster bei Kapisi, das sehr wohl jenes entzückende Kloster sein konnte, dessen Ruinen wir bei Schotorak neben den reißenden Gewässern des Pandschir gesehen hatten. Wir lasen in Hsuan-Tsangs Buch, daß der König von Kapisa, ein frommer Buddhist »mit tapferem, ungestümem Charakter... über ein Dutzend Königreiche herrscht«. Dieser König schickte Tai-Tsung, dem Kaiser von China, afghanische Pferde. In Kapisi unterhielt sich Hsuan-Tsang auch mit Asketen der Dschaina- und der Saivitersekte.

Gegen Ende desselben Jahrhunderts griffen die Araber, die Seistan erobert hatten, vergebens Rutbil, den Kuschan-König von Kabul, an. Erst zwei Jahrhunderte später wurde der Islam im ganzen Land eingeführt, nachdem ein türkischer König von Kabul von den Mohammedanern besiegt worden war.

29
Kabul

Die Häuser und Bäume von Kabul kamen in Sicht.

Nachdem wir nun auf einer guten Straße waren, glitt der schwere Wagen wieder gleichmäßig dahin, geräuschlos, sicher, machtvoll wie ein Schiff, das sich nicht um Erde unter seinem Kiel kümmern muß. Nach Tausenden von Meilen auf holprigen Straßen konnte sich mein Körper wieder einmal seines Daseins freuen.

Wir hatten Kabul erreicht, und einen Augenblick hatte ich ein Gefühl des Triumphes. Wie dumm war ich! Meine Wachsamkeit ließ nach, gerade als ich sie hätte erhöhen müssen, und ich begann, über meine Pläne zu brüten.

Christina hatte noch immer ihre starke Erkältung, weshalb wir den Arzt der britischen Gesandtschaft konsultierten. Er stellte Bronchitis fest und verordnete zehn Tage Bettruhe mit Rauchverbot. Die Hackins, die in einem kleinen Häuschen ihrer Gesandtschaft wohnten, hatten keinen Platz für uns; so waren wir froh, daß wir im Wohnzimmer von Marthe und Gabriel, die ich von Paris her kannte, unterkommen konnten.

Obwohl Christina noch immer hustete, wollte sie nicht den Anordnungen des Arztes Folge leisten. Sie sah müde aus, blickte gelangweilt drein, außer wenn wir die Hackins besuchten. Da sie nicht mehr wie in all diesen Monaten durch die Notwendigkeit, unseren Plan zu verwirklichen, aufrechtgehalten wurde, begann sie wieder an ihre Sucht zu denken. Sie hatte kein Vertrauen zu den Medikamenten des Arztes, wollte ihn nicht mehr sehen und zwang mich, beim Apotheker in der Stadt für sie einen Kodeinsirup zu besorgen – ich wußte damals nicht, was Kodein enthält.

Jedenfalls war es unerläßlich, die Hustenanfälle zu beseitigen, die uns beide am Schlafen hinderten.

Dann brach der Krieg im fernen Europa aus und Ungewißheit bemächtigte sich unseres Lebens. Hackin und Gabriel stellten sich ihrem Konsul zur Verfügung. Ausländern wurde verboten, Kabul zu verlassen und sich ins Landesinnere zu begeben – das setzte meinen Plänen, nach ›meinem‹ Kafiristan zu gehen, ein Ende.

Obwohl die Haupttriebfeder gebrochen war, lebte der Geist unserer Reise wieder auf, als wir die Stadt besichtigten.

Baburs Grab war ein einfacher Marmorsarkophag in einem terrassenförmigen Garten. Als echter Bergbewohner hatte der Kaiser nicht in Hindustan begraben werden wollen, einem Land, in dem, wie er sagte, gute Menschen, gute Pferde, gute Hunde und gute Früchte fehlen. Ich verstehe diese Einstellung sehr wohl, aber werde ich je mit seiner Ansicht, die er in nachstehendem Vers ausdrückte, übereinstimmen?

> Reißt das Schwert auch die Welt aus den Fugen,
> Keine Ader durchschlägt's, eh Gott es will.

Dieser Vers entstand, weil der zukünftige Kaiser, als er sich seinen Weg nach Kabul erkämpfte, vom Schwert des Dost Sirpuli getroffen wurde, ohne im geringsten verwundet zu werden, ein Umstand, den niemand verstehen konnte. Babur bedeutet ›Tiger‹.

Jugendliche Stimmen erfüllten die Luft – wir kamen zu einem Schwimmbassin, wo Kinder mit ihren Lehrern das Springen vom Turm übten. Wir wurden begrüßt mit einem strammen Ruf: »Guuten-Tak!«, was ich erst verstand, als ich erfuhr, daß es Schüler der deutschen Schule waren. Zwei oder drei Jahre später sollten einige dieser Kinder weinen, als sie ihren deutschen Lehrern Lebewohl sagten, die gezwungen wurden, Afghanistan zu verlassen. Aber diese, siegessicher, erwiderten: »Weint nicht! In vier Monaten sind wir wieder da!«

Wir besuchten auch die Mädchenschule, die hinter dem Frauenspital lag – sie war noch nicht amtlich anerkannt, aus Furcht, die Gefühle der Mullahs zu verletzen. Hunderte von eifrigen Kindern waren in einem einzigen Gebäude zusammengepfercht. Jede Klasse war überfüllt, und ich spürte, daß einige der Lehrerinnen (natürlich Afghaninnen) vor Begeisterung für ihre Arbeit glühten. Es gab auch ein paar Lehrer – alt wie Methusalem –, so daß sie keinen Anlaß zu Skandal geben könnten, wenn sie zufällig eine Schülerin berührten, während sie durch die Reihen schritten.

Die meisten der sehr verschieden aussehenden und gekleideten Kinder waren hübsch. Viele von ihnen hatten einen goldenen Schimmer in den Augen. Sie blickten offen in die Welt und fast alle zeigten den gleichen Eifer, die gleiche herausfordernde Haltung, als wollten sie sagen: »Es ist ein Wagnis von uns, hier zu sein. Aber wir sind stolz darauf, das neue Afghanistan zu sein.«

Wie sehr wünschte ich, etwas für sie tun zu können! Wie sehr wünschte ich, daß ihnen richtiges Denken, Fühlen und Leben beigebracht würde. Das mußte besonders schwierig sein in einer Stadt, in der bis vor kurzem Schulunterricht lediglich bedeutete, den Koran herunterplappern zu lernen. Da gab es auch einen Schulinspektor, der das französische Collège inspizierte – er konnte kein Französisch, doch als er bemerkte, daß einige Knaben zögerten, bevor sie eine Frage des Lehrers beantworteten, folgerte er, daß die faulen Burschen ihre Lektion nicht gelernt hätten! Man kann sich die Gefühle des Lehrers vorstellen, der Jahre damit verbracht hatte, seinen Schülern Denk- und Urteilsfähigkeit beizubringen. Auch wurden die afghanischen Professoren einer anderen Schule als die besten von Kabul erklärt, weil »alle ihre Knaben ausgezeichnete Noten erhalten hatten«!

Afghanistan war in Anhänger des Alten und Freunde des Modernen geteilt. Um die Mullahs geschart, waren die Anhänger des Alten gegen jede Neuerung. Bei einer Versammlung von sechzehnhundert Mullahs wurde ein Programm mit achtundvierzig Punkten aufgestellt. Einer davon verlangte, daß die Mädchenschule geschlossen werde, die moderne Erziehung richte in weiblichen Köpfen nur Unheil an. Die Regierung lehnte diese Forderung ab. Ein anderer Punkt verlangte die Schließung des Kinos – dort sah ich Männer, die, nicht an Stühle gewöhnt, mit untergeschlagenen Beinen auf diesen unbequemen Möbelstücken kauerten. Auch dieser Antrag wurde abgelehnt, da die Regierung die Ansicht vertrat, daß das Kino erzieherischen Wert hätte – es lasse diejenigen, die nicht das Glück hätten, reisen zu können, einen Blick in die weite Welt tun.

Die Regierung ist der Ansicht, daß die Mullahs zu den neuen Ideen bekehrt werden müssen, damit man sie als Befürworter des jetzigen Regimes in ihre Dörfer senden könnte; nur sie könnten unter den augenblicklichen Bedingungen das Kader bilden, um das neue Land aufzubauen.

Die waghalsigen Modernen, die fast alle im Ausland gewesen sind, bilden den Regierungs-Clan. Sie bemühen sich, das Land zu stärken, »damit es nicht vom gleichen Schicksal wie Abessinien 1935 betroffen werde«. Als Nadir-Schah vor zehn Jahren König wurde, war nicht nur kein Geld und keine Armee vorhanden, sondern Amanullahs übereilte Reformen hatten alle gegen jede Veränderung voreingenommen.

Die beste Art, Christina vom Wert der Resultate zu überzeugen, die diese Handvoll mutiger Modernen erzielt hatten, bestand darin, ihr in das Leben des einfachen Mannes Einblick zu gewähren. Wir besuchten daher die Oberschwester des Lungensanatoriums Aliabad.

Ich bewunderte diese Frau, die aus der Schweiz kam, sehr. Sie wohnte ziemlich weit außerhalb Kabuls und herrschte über ihre Männerwelt, als sei sie ein alter Major; sie lernte sie alle an, vom Hilfsapotheker bis zum Koch und dem Wäschemann.

Sie hatte den Koran studiert, um das letzte Wort bei Auseinandersetzungen mit ihren Patienten haben zu können. Einige von diesen wollten selbst bei hohem Fieber unbedingt fünfmal am Tag auf dem steinernen Fußboden niederknien, um ihre Gebete zu verrichten; doch sie fand in dem heiligen Buch eine Stelle, wonach Bettlägrigen erlaubt ist, ihre Kniefälle symbolisch mit den Augenlidern zu verrichten. Sie führte einen langen Kampf, um sie zu lehren, nicht überall hinzuspucken und nicht die Krankensäle durcheinanderzubringen, indem sie ihre Betten in Richtung Mekka drehten.

Zuweilen gab es nicht genügend Wasser, um die Bett- und Leibwäsche zu waschen – die Gärtner brauchten es, um ihre Blumenbeete zu überschwemmen. Die Vorsteherin meinte: »Vielleicht ist vom afghanischen Gesichtspunkt aus der Anblick einer Blume nützlicher als ein sauberes Hemd.«

Sogar Rekonvaleszenten durften ihre Angehörigen nicht besuchen: die Familie würde nie verstehen, daß sie alleine essen und schlafen müßten. Ihrer Ansicht nach wurden Krankheiten durch böse Dschinns gebracht, die man durch Amulette oder durch das Schlucken eines Mundvolls Erde vom Grab des Familienheiligen besiegen könnte. Am schlimmsten fand die Oberschwester, daß sie immer alles besser wußten als sie selbst!

Lange ärgerte sie sich darüber, daß die Männer den Tee aus der

Küche und nicht aus dem Samowar ihrer Abteilung tranken. Um den Grund herauszufinden, verbarg sie sich in einem Schrank – die Männer schütteten ihre Arzneien in den Samowar, da sie fürchteten, sie könnten Alkohol enthalten, dessen Genuß ihnen der Koran verbot. Sie beruhigte sie, indem sie ihnen erklärte, daß das Wasser auf jeden Fall nicht vergiftet sei, da in dem heiligen Buch geschrieben stehe, daß alles Gekochte, selbst wenn es Urin wäre, gereinigt sei.

Die gute Oberschwester! Und keine Spur Angst hatte sie – sie ohrfeigte Hausdiener und Knechte, wenn sie ihre Befehle nicht ausführten, wenn die Kochtöpfe schmutzig waren, wenn sie Holz stahlen, Geschirr zerbrachen oder sich in Ecken versteckten, um sich vor der Arbeit zu drücken. Es war die einzige Möglichkeit, zu erreichen, daß überhaupt eine Arbeit verrichtet wurde.

* * *

Ich machte mir Sorge um Christina: sie hatte Fieber, rauchte mehr denn je, und obwohl sie an schlechter Verdauung litt, wollte sie keine Diät einhalten, wenn wir außerhalb aßen. Trotz meiner Liebe zu ihr wußte ich nicht, wie ich ihr helfen sollte, vielmehr glaubte ich, daß ich sie reizte, und sie daher besser in Frieden ließe. Sie war krank, wollte es aber nicht zugeben; sie wollte sich nicht schonen und sich den Naturgesetzen unterwerfen. Sie konnte es nicht ertragen, sich ruhig zu verhalten, es kam ihr vor, als würde sie sterben. Sie fürchtete sich vor dem Stilliegen – ständig nagte Furcht an ihrem Herzen.

Ich versuchte wieder einmal, mit ihr zu sprechen: was wir auch beschlössen, so müßte sie zunächst kräftig und gesund werden. Als ich an ihre Vernunft appellierte, etwas vom Elend der Polen im brennenden Warschau murmelte, erwiderte sie wütend:

»Ich will nicht wie du und Gabriel werden. Ich will menschlich bleiben. Die größten Schöpfungen der Menschen sind aus Leiden entstanden …«

»Ich weiß«, unterbrach ich sie, »du willst mit de Musset weinen:

> Les plus désespérés sont les chants les plus beaux,
> Et j'en sais d'immortels qui sont de purs sanglots.

Aber du drehst und windest dich wieder. Das, was die sagen, ist eine entsetzliche Halbwahrheit; sowie sie ein Meisterwerk vollbringen, haben sie ihr Leiden überwunden.«

Außer sich, mit harten, funkelnden Augen, schrie sie: »Aber *laß* mich leiden!«

Ich tat es.

Abgesehen von der Bedeutung dessen, was sie sagte, durchraste dieses »*Laß* mich leiden!« sie mit einer solchen Intensität, einer solchen Überzeugung, daß ich oft darüber nachgrübelte. Ich mischte mich nicht mehr ein, und sie zog zur französischen Gesandtschaft, wo sie als die Frau eines Kollegen eingeladen wurde. Dort, sagte ich mir, wird sie in einem richtigen Bett zwischen richtigen Leintüchern schlafen, das gute Essen wird ihr wohltun, sie wird den Frieden und die Ruhe haben, die sie braucht. Und es ist der Moment für eine Trennung – wir waren ja Monate und Monate Tag und Nacht zusammen gewesen. Zudem war gerade Gabriels Koch in Ghasni, um dort einen Mann zu finden und zu kaufen, der für ihn Militärdienst leisten würde.

Doch in Wirklichkeit sammelte ich diese ausgezeichneten Gründe, um die Tatsache zu verbergen, daß ich mir wieder einmal egoistisch vorkam. Jawohl, ich war Christinas müde. Ich hatte mich während des letzten halben Jahres gänzlich auf sie eingestellt, und mehr Kraft brachte ich nicht mehr auf. Ich war jetzt mit meiner nächsten Zukunft beschäftigt.

Wir gingen an die Sortierung unserer Habseligkeiten. Aus einer Kiste, in der unsere Bergstiefel waren, zog sie zu meiner Überraschung eine Injektionsspritze hervor und gab sie mir mit den Worten:

»Diese Reise hat mich von der Sucht nach Drogen befreit.«

Ich beschloß, ihr zu glauben.

Das Zimmer, in dem ich wohnte, war voll interessanter Bücher. Vielleicht um meinen Ärger, daß ich keine Lösung für meine Pläne fand, zu vergessen, stürzte ich mich während Wochen in eine Orgie des Lesens. Ich kannte Kabul bereits; die alte Zitadelle Bala-Hissar, die halb fertiggestellten (und bereits verlassenen) Gebäude König Amanullahs in Dar-ul-Aman, die Vorortvillen von Paghman, die wunderbaren kahlen Berge in der Umgebung der Stadt – nichts lockte mich hinaus.

Nicole und Raymond kamen zuweilen vorbei (sie waren schon

vor langem mit ihren bös zugerichteten Velos aus dem Hasarejdschat gekommen), und wir versuchten, ausfindig zu machen, worum der Krieg in Wirklichkeit ging. Ich hatte eine Theorie, daß die Deutschen zivilisiert werden könnten, wenn sie nur aufhörten, sich als ›Habenichtse‹ zu fühlen – nach dem Beispiel der mongolischen Horden und Chinas. Ihre Grausamkeit sei eine vorübergehende Notwendigkeit, solange sie sich für den Krieg vorbereiten müßten. Ich fragte mich sogar, ob durch sie nicht schließlich die Einigung Europas erreicht werden könnte. Aber lächelnd und mich ein träumerisches Kind nennend, behauptete Christina, daß von den Deutschen nichts Gutes kommen könne: ihr Verstand sei völlig verdreht.

Wie ein gerissener Anwalt sondierte Nicole die Gründe: »Die Nazis hätten den Ideen der Freiheit und der christlichen Liebe, die allein die Menschheit aufrechterhalten können, nicht den Rücken gewandt, wenn nicht diese Ideen in den letzten Jahrhunderten ein solch jämmerliches Schauspiel zustande gebracht hätten.«

Während der ganzen Zeit in Kabul fühlte ich in mir ein stechendes, unbehagliches Gefühl, das sich Monate später in der Erkenntnis ausdrückte: Ich habe Christina im Stich gelassen. Gemäß unserer Abmachung durfte ich sie nicht allein lassen, was immer sie auch sagen oder tun mochte. Aber gerade die Intensität meines Wunsches, ihr zu helfen, hatte meine Absicht zunichte gemacht. Sie hatte derartige Anstrengungen mit sich gebracht, daß ich müde geworden war. Hätte Güte zu meinem Wesen gehört, hätte ich ihr entspannt geholfen, ganz einfach, weil ich nicht anders gekonnt hätte – wie die Sonne scheint, oder wie man einem stolpernden Kind die Hand reicht –, hätte ich meine Bemühungen nicht durch den Gedanken entwertet »*Ich* werde Erfolg haben, *ich* muß Erfolg haben!«

Ich besuchte sie täglich; war es bewölkt, ging ich zu Fuß durch die Stadt (obwohl fast achtzehnhundert Meter hoch, kann es in Kabul zuweilen sehr heiß sein), oder ich fuhr in einem lustigen Tonga, dessen gebieterische Glocke die Haufen von Müßiggängern auseinanderjagte. Christina litt nun nicht nur an ihrer Bronchitis, sondern hatte auch einen doppelten Furunkel, der sich ausbreitete und auf ihren Hals übergriff – es war ein klaffender Krater; sie konnte den Kopf nicht bewegen und fühlte sich jämmerlich. Zuweilen zogen wir einen Eiterpfropfen heraus, der wie ein Kerzendocht aussah. Aber selbst dann klagte sie nie.

Sie ging noch immer aus, besuchte einen deutschen Emigrantenarzt und einen Schweizer, der Vertretungen hatte. Aber sie fühlte sich oft sehr krank und nahm dauernd ab. Dr. Moody nahm mich beiseite: Sie sei völlig erschöpft und brauche zwei Monate Erholung, bevor sie in der Lage sei zu reisen, sonst könnte sich ihr tägliches Fieber zur Schwindsucht auswachsen.

Zum Glück hatte Christina Ria liebgewonnen, die neben ihr wohnte und eine verständnisvollere Gesellschaft war, als ich es je sein könnte.

Eines Tages schien Christina zusammengebrochen zu sein, es sah aus, als habe sie es schließlich aufgegeben zu kämpfen, als habe sie resigniert. Aber nein. Sie hatte diese Haltung nur angenommen, um zu verbergen, daß keine Offenheit mehr zwischen uns bestand: ich hatte meine schwarzen Gedanken für mich behalten und sie ...

Endlich sprach sie doch. Es war ein Geständnis ihres völligen Elends: sie hatte die ganze Zeit gelogen. Als der Krieg unsere Pläne zunichte machte, hatte der alte Dämon wieder sein Haupt erhoben. Mit dem Verlangen nach Kodein hatte es angefangen; dann war wieder die alte Geschichte gekommen – mit irrsinniger Hemmungslosigkeit, mit wildem Scharfsinn hatte sich ihr zweites Ich die große Zahl von Ampullen beschafft, die sie benötigte.

Aber jetzt war sie derart krank, derart herunter, daß etwas Drastisches geschehen mußte. Sie konnte sich nicht dazu bringen, der Vorschrift des deutschen Arztes zu folgen und nach und nach schwächere Dosen zu nehmen. Wieder blieb ihr keine andere Wahl, als das radikalste Heilmittel anzuwenden: der Stadt zu entfliehen! Da man Hackin und Ria noch nicht nach Frankreich zurückgerufen hatte, waren sie nach Kundus gegangen (sie durften reisen, da sie für die Afghanen arbeiteten), und Christina hatte beschlossen, ihnen zu folgen – sie wünschte meine Hilfe. Mit ausdruckslosem Gesicht bat sie mich um Verzeihung für ihr mangelndes Vertrauen zu mir.

Aber es war meine Schuld. Nach dem Zwischenfall in Sofia hatte ich mich entschlossen, hart zu sein und keinen Rückfall zu verzeihen. Und so hatte Christina, als die Stunde der Prüfung kam, natürlich Angst vor mir gehabt. Ich hatte also gerade durch dieses mein Vorgehen, das ich für erfolgversprechender hielt als die Zärtlichkeiten ihrer früheren Freunde, Christina den Weg zu mir versperrt.

Ich versuchte, sie in ihrer Scham, ihrer Verzweiflung zu trösten. Aber ich konnte keine neuen Worte finden, nur die, die ich schon allzu oft benutzt hatte: viele Jahre einer bestimmten Gewohnheit könnten nicht in einigen Monaten weggewischt werden – ein Auf und Ab sei normal. Der alte Mensch müsse umerzogen werden, bis Jahre einer neuen Gewohnheit die Vergangenheit ausgelöscht hätten. »Du wirst wieder törichten Ärzten (wie dem in Therapia) begegnen, die dich in Versuchung führen, da sie sich für gütig halten. Du wirst krank sein und Depressionen haben, die deine Entschlossenheit schwächen. Aber du weißt ganz bestimmt, daß du keine Süchtige bist, da du ja sehr gut Monate lang ohne ›es‹ leben kannst. So sicher wie ich hier sitze, weiß ich, daß du dich erholen wirst!«

Es schien, als spräche ich gegen eine Wand. Die Rolle und der Ton des Schulmeisters wirken aufreizend, es sei denn, er wisse sehr viel: in dem Fall wird seine Persönlichkeit vom Schüler vergessen und dieser richtet seine ganze Aufmerksamkeit auf die Wahrheit, die gelehrt wird.

Ihre mürrischen Augen aber ärgerten mich derart, daß ich, bevor ich wußte, was ich tat, auf sie einhämmerte – diesmal nicht im Traum wie in Istanbul: »Wann wird dir einmal gründlich übel werden vor dir selbst? Wann wirst du endlich einmal zu Boden kriechen, ja noch tiefer als der Boden? Wann wirst du zugeben, wie tief du gesunken bist, zugeben, daß du am Ende deiner Weisheit bist? Und wann wirst du endlich, klein und bescheiden, um Hilfe bitten…? Wann wirst du dich an jenen wunderbaren Teil deines Ich wenden, den du ja schon früher an der Arbeit gesehen hast, als er dich aus deiner Hölle errettete? Nicht nur die Drogen müssen ausgespuckt werden, auch alles Falsche, das in dir ist…«

Nein, sie konnte es nicht. Nicht in dieser Weise. Noch nicht. Sie war noch immer verliebt in die Qualen des Gefallenen Engels.

Empfand sie meine Verzweiflung, wußte sie, daß ich weinte, weil sie ihr strahlendes Ich erwürgte?

Ich küßte sie auf ihre feuchte Stirn… ich ging fort.

Ich ging zum deutschen Arzt, zum englischen, zu dem Schweizer Vertreter, zu alten Bekannten in Kabul. Der erste gab zu, er habe alles ohne Erfolg versucht; der zweite erklärte, daß Christina nicht reisen und campieren könnte, da in den Bergen bereits Winter war; der dritte half mir, das trübe Mosaik ihrer Handlungen zusammenzusetzen; die Bekannten sagten mir, niemand erhalte die Erlaubnis zu einer Reise ins Landesinnere – ich war deprimiert.

Aber das Glück kam zu Hilfe: von Meunié gefahren, kam ein leichter Wagen aus Kundus, um für Hackin Material zu holen. Ich erklärte ihm alles, ohne ein Hehl daraus zu machen, was für ein Wahnsinn es sei, Christina in das Lager bei Kundus zu schicken. Aber ich wüßte mir keinen anderen Rat: sie zeige kein Interesse für die Studien, die wir in Indien treiben könnten. Würde Meunié die Verantwortung übernehmen, Christina mitzunehmen?

Er sagte zu.

Auch ich ›gab sie weiter‹ …

* * *

Gespenstischer denn je aussehend, wollte Christina zu einem Diner gehen. Am nächsten Morgen sollte sie zu ihrer Zweitagefahrt nach Turkestan aufbrechen. Schaffelle, Decken, Lederjacken wurden zurechtgelegt; ihr Unterzeug war nicht warm genug, aber soviel ich ihr auch erzählte, sie wollte nicht glauben, daß ein asiatischer Winter etwas ganz anderes ist als ein Engadiner.

Ich hatte sie zum Haus gefahren, in dem sie eingeladen war; vor dem Gartentor stieg ich mit ihr aus dem Wagen, und wir blieben auf dem hölzernen Steg über dem Graben stehen. Das stille Wasser spiegelte die klaren, reinen Sterne wider. Sie war schon spät dran – mir war die Kehle wie zugeschnürt. Ich versuchte ein fröhliches Lebewohl zu sagen. Die Stille einer gleichgültigen Kabul-Nacht hüllte mich ein, als ich mich abwandte.

Da rief sie mich zurück.

Sie hatte ihre steife Maske fallen lassen … sie war wieder sie selbst. Wieder war ihre strahlende Ehrlichkeit geweckt … sie sagte: »Ich glaubte, du hättest unter den Monaten unserer Spannung weniger gelitten als ich. Ich dachte, du seist abweisend und hart. Aber jetzt weiß ich, daß ich mich geirrt habe, ich war zu sehr mit mir selber beschäftigt! Kini, ich wollte dir schon immer sagen: du erstaunst mich… ich verstehe nicht, wieso du mich liebst.«

»Christina, ich weiß es selbst nicht. Was soll ich dir antworten? Aber ich glaube, ich sehe jetzt ganz klar etwas Großes in dir. Es ist vielleicht das, was die Menschen meinen, wenn sie sagen, sie lieben jemanden ›in Gott‹!«

30

MANDU

Wir begegneten einander noch einmal.

Die letzte Tirade, die ich auf Christina losgelassen hatte, beruhte auf den tiefen Erlebnissen, die ich gerade durchgemacht hatte; danach schien alles bei mir leichter zu gehen. Die Ereignisse nahmen ihren Lauf, ich brauchte nur klug zu wählen.

Ich wurde nach Indien eingeladen. Da ich mir vorstellte, daß es für mich nach dem Krieg wahrscheinlich unmöglich sein würde, zu reisen, beschloß ich, einige Jahre dort zu bleiben. Um mir die für den Aufenthalt nötigen Mittel zu verschaffen, begann ich ›Gypsy Afloat‹ zu schreiben, in der Hoffnung, daß genügend Leute das Buch kaufen würden.

Neujahr 1940 war ich in Zentralindien. Auf ihrem Weg nach Bombay, wo sie das Schiff zur Heimfahrt nehmen wollte, besuchte mich Christina. Wir verbrachten zwei Tage zwischen den Ruinen von Mandu, der ›Stadt der Freude‹, einstmals die Residenz der afghanischen Könige der Khildschi- und der Ghori-Dynastie. Zwischen verlassenen Palästen, die sich in schweigenden Seen spiegelten, zwischen schmutzbedeckten Moscheen, die ehemals Hindutempel gewesen waren, neben den strengen Mausoleen und den Befestigungswerken, die das Felsenplateau von Malwa krönen, in einer von großer Geschichte durchdrungenen Atmosphäre sprachen wir von der augenblicklichen Geschichte, vom gegenwärtigen Krieg.

Christina hatte sich auf ihrer Reise nach dem Norden eine Influenza geholt und wäre in Kundus beinahe an Schwäche gestorben. Und ich glaubte ihr, als sie sagte, ich könnte mir nicht vorstellen, was sie durchgemacht habe. Aber irgendwie hatte ihr die Reise doch ungemein gut getan: ihre Augen hatten wieder Glanz, sie hielt sich aufrecht, die Vergangenheit bedrückte sie nicht mehr. Sie war dünner denn je, aber gesund, und glich den jungen Bhils, mit denen wir an jenen schilfbedeckten Ufern spielten, die mit Pfeil und Bogen fischen und in ihrer Nacktheit lange schlanke

Hüften zeigen, auf deren magerer Brust sich jede Rippe abzeichnet und die einen Haarschopf haben, der ihnen in die Augen fällt.

Die Vergangenheit hatte ihre Bitterkeit verloren. Lächelnd erinnerte mich Christina an eine Bemerkung, die ich in Kabul gemacht hatte, um sie aus ihrer Lethargie zu reißen: »Kini, weißt du noch, wie du mir eine Fotografie von mir gezeigt und gesagt hast, daß ich verlange, jedermann solle mich lieben; aber wie könnte ich geliebt werden, wenn infolge des Giftgenusses meine Augen die eines toten Fisches seien? Wie recht hast du gehabt! Ich möchte zwar nicht übertreiben, aber diesmal habe ich das bestimmte Gefühl, daß ich ›es‹ für immer los bin.«

Ihre ›Auferstehung‹ erfüllte mich mit Freude, aber sie war erst vor knapp vierzehn Tagen erfolgt, und ich machte mir Sorge. Es wäre klüger gewesen, ihre Rückreise noch für eine Weile zu verschieben.

»Hör mal, Christina, du gehst zurück in die Schweiz, der Nachrichtenzentrale Europas, wo alle haarsträubenden Geschichten der gemarterten Länder gesammelt werden. Du wirst als erstes beim Frühstück in den Zeitungen all die Greuel lesen und beim Abendessen den Haß eines in Finsternis gehüllten Erdteils zu dir nehmen. Du wirst dich zu Tod schämen, daß du der menschlichen Spezies angehörst, bevor du durch große Taten von ihr wieder aufgerichtet werden kannst. Jene Atmosphäre ist destruktiv, sie wird dir zum Unheil gereichen, und du wirst kaum imstande sein, anderen zu helfen. Mich würde das weniger durcheinanderbringen als dich – ich wünschte, ich könnte an deiner Stelle zurückgehen!« Zärtlich schloß ich: »Aber wenn du noch ein Jahr bei mir bliebest, würdest du stark werden, würdest alles schaffen können, was du dir vornimmst.«

»Nein, ich habe nicht den Mut zu bleiben, ich muß nach Hause. Und ich glaube, du hast dich nun genug mit mir abgemüht. Aber ich werde zurückkommen. Ich weiß über den Nazismus gut Bescheid, und meine Artikel könnten zeigen, warum wir kämpfen. Ich kann nicht hier bleiben, während dort gelitten wird. Ich gehöre dorthin.«

»Während ich nirgendwohin gehöre – das heißt überallhin. Es tut mir leid, daß ich dich nicht zurückhalten kann. Aber du wirst von alleine darauf kommen, ob du hättest bleiben sollen oder nicht. Für mich gibt es keinen Zweifel: du bist eine Dichterin, keine Journalistin, und du mußt in dich schauen, nicht auf einen Krieg.«

»Kini, glaubst du nicht, daß du in Genf nützlich sein könntest?«

»Ich bin sicher, daß die ohne mich auskommen können. Einer mehr, einer weniger, das macht nichts aus. Laß diejenigen zurückgehen, die sich gezwungen fühlen zu helfen. Ich will nicht andere, außer dir, veranlassen, das zu tun, was ich tue... Aber um dir die Wahrheit zu sagen: ich hatte geglaubt, dieser Krieg würde mich fortreißen, würde mich zwingen, dorthin zu eilen, wo ich mein Scherflein beitragen könnte, und mir inzwischen helfen, meine Unbefriedigtheit zu vergessen. Das ist nicht geschehen. Nichts, was sich in der letzten Zeit in Europa ereignet hat, scheint meine Begeisterung erwecken zu können – die Hauptsache fehlt immer. Und da ich glücklicherweise keine verpflichtenden Obliegenheiten habe, werde ich weiter das tun, was mir unbedingt nötig zu sein scheint, und was ich mir vorgenommen hatte, als ich von zu Haus fortging. Wenn ich jetzt zurückkehrte, würde ich so verzweifelt sein wie zuvor, würde dauernd auf etwa sich nähernde Schritte lauschen – unerträglich auf etwas warten, das von *außen* kommt!«

»Glaubst du nicht, daß wir unseren persönlichen Neigungen erst dann wieder nachgehen dürfen, wenn wir wieder Frieden haben?«

»Ich bin zutiefst überzeugt, daß der Friede nicht das Notwendigste für uns ist, auch nicht der Sieg. Schau mal, wie teuer wir vor zwanzig Jahren den Sieg und den Frieden bezahlt haben! Als wir beides endlich errungen hatten, wußten wir nicht, was wir damit anfangen sollten. Wir haben die Fundamente unseres Daseins verloren. Ich weiß: ich könnte Flüchtlinge nähren, Waisenkinder kleiden oder Kranke und Verwundete pflegen, all das sind gute Werke. Aber wenn der Verwundete wieder geheilt ist, weiß er nicht, wofür er leben soll, es sei denn, er glaube, eine Revolution könnte alle Probleme lösen! Genug von dieser Schraube ohne Ende: ›Stirb um zu leben‹ oder ›Leb um zu sterben‹. Etwas mehr ist nötig. Der Witz ist ja, daß ich nach einer Lösung suche, aber nicht weiß, was ich lösen will! Ich muß daher erst sehen, ob das, was indische Weise wissen, nicht nützlich für uns sein könnte.«

»Glaubst du nicht, daß du dich einfach vor dem Krieg drücken willst?«

»Das habe ich mich auch schon gefragt. Wenn ich finde, daß das mein Grund ist, werde ich dir nachkommen. Logischerweise würde es leichter für mich sein, mit dir zurückzugehen, unter meinem Volk zu leben, zu tun, was die andern tun, und so durch den Gemeinschaftsgeist gestützt zu werden. Hier, in einem Land, das das Gegenteil dessen ist, was ich liebe, werde ich ganz allein sein, gezwungen sein, von einem Minimum zu leben.«

Zwischen diesen Ruinen, denen die Jahrhunderte sengender Sonne einen weichen Farbton verliehen hatten, in einer Atmosphäre, die sich für Dornröschen eignete, schien der Krieg ein unmöglicher Alptraum zu sein. Ich versuchte zu erklären: »Siehst du, Christina, ich bin einige Jahre älter als du, und das macht einen großen Unterschied aus. Obwohl ich zu jung war, um vom letzten Krieg direkt betroffen zu werden – nicht wie Gerbault, dessen drei beste Freunde an seiner Seite gefallen sind –, glaube ich, daß ich in Gedanken miterlitten habe, was meine Freunde haben durchmachen müssen, und das hat mich tief beeinflußt. Der andere Krieg hat mich zu dem sauberen Leben auf dem Meer gebracht, hat mir für immer alle Illusionen über unsere Kultur und Zivilisation geraubt. Dieser Krieg zwingt mich, nach ›dem Sinn von all dem‹ zu suchen, für den gemeinsamen Nenner von uns allen, für die Basis, auf der ein neues Leben begonnen werden soll.«

Der Moment des Abschieds war gekommen. Wir waren durch das Gefühl gestärkt, daß etwas Festes und Dauerndes zwischen uns entstanden sei.

»Christina, du hast mir nicht erzählt, wie du gesund geworden bist, wieso du dich entschlossen hast, Ria zu verlassen, und wie du so weit gereist bist, aber es ist doch geschehen. Wieder einmal hast du gesehen, wie sich in dir eine immense Reserve von positiven Kräften auswirkt. Diese Kräfte sind stets in dir vorhanden. Denke immer daran!«

Ein strahlendes Lächeln erhellte Christinas Gesicht: »Ich werde zu dir zurückkommen, und dann wirst du stolz auf mich sein.« Auf dem Armaturenbrett drehte sie den flachen Schlüssel um, den wir in dem Laden in Triest verloren und wiedergefunden hatten ... Sie brach nach Silvaplana auf.

* * *

Später, zu spät, als daß die Entdeckung noch nützen konnte, wurde mir klar, daß Christinas ›Laß mich leiden!‹ eine tiefe Bedeutung hatte. Dieser Schrei war das Symbol für den ungewöhnlichen Weg, den sie gewählt hatte, unbewußt vielleicht, um sich freizumachen. Ihre unaufhörliche Beschäftigung mit sich selbst mag krankhaft geschienen haben. Doch indem sie ihren Kummer pflegte, vollbrachte sie viel: sie verkleinerte ununterbrochen das kleine Ego, das in uns allen durch den Drang nach Freude das Reifen des Bewußten in uns verhindert. Der Wunsch nach Schmerz steht im Gegensatz zu den Forderungen des Egoimus, der uns im allgemeinen beherrscht.

Ich bin überzeugt, daß es ihr durch Leiden gelang, die Leiden zu überwinden. Ich pflegte sie zu bedauern, aber das war nicht nötig – sie erlebte das Tiefste, das Köstlichste: die unwandelbare Wahrheit. Die Erhabenheit dieser Wahrheit erleuchtete sie schließlich, obwohl ich nicht weiß, ob die Zeit noch dafür reichte, ihr Alltagsleben zu ändern.

1942 war Christina gezwungen, viele Monate im belgischen Kongo zu bleiben, da es nicht möglich war, zu den ›Freien französischen Streitkräften‹ zu gelangen, zu denen sie als Berichterstatterin gehen sollte. Von einem wahren Strom reicher Eingebungen erfüllt, über die sie staunte, schrieb sie dort viel, was ihrer neuen Lebensanschauung entsprang – eine Anschauung, die sie in New York durch die schlimmste Krise, die sie je hatte durchmachen müssen, teuer erworben hatte. Ihre ganze Energie verwandte sie auf ihr Buch. Wenn sie zum Arbeiten zu müde war, schrieb sie mir zuweilen flüchtig über die Entdeckungen, die sie in den unbekannten Winkeln ihres Herzens gemacht hatte.

Obwohl sie mir nicht mehr antworten kann, glaube ich, sie hätte mir erlaubt, einige ihrer Aussprüche wiederzugeben – ohne diese würde ihrem Leben der volle Sinn fehlen. Diese Aussprüche sind überraschend, wenn man weiß, daß sie durch ihr ganzes letztes Buch hindurch von dem Gedanken an den Verlust der kindlichen Unschuld besessen war, von der Notwendigkeit, Buße zu tun. Diese Aussprüche benötigen keinen Kommentar:

»Ich weiß jetzt, daß es nutzlos ist, zu rauchen oder Drogen zu nehmen. Ohne diese Genußmittel kann ich mich viel besser konzentrieren, komme dem näher, was ich brauche, um zu schreiben, näher der Konzentration und der inneren Befreiung, die du mich gelehrt hast ... denn die Drogen bedeuteten für mich nur eine Flucht aus meiner übergroßen Empfindsamkeit; von ihnen kam der verhängnisvolle Wunsch, das Leben zu töten, Schmerz und Freude auszulöschen, die Triebfedern menschlicher Handlungen.«

An einem andern Tag:

»Das Problem meiner Krankheit, meiner Verzweiflung, meiner Zusammenbrüche, meines verschwendeten Lebens, all das hat dich verfolgt, während es mich fast getötet hat. Es ist merkwürdig, daß ich dieses doppelte Erlebnis des erzwungenen New Yorker Aufenthalts und einer psychologischen Revolte benötigte, weil ich mich als Opfer einer ausweglosen Liebe fühlte und alle Hoffnung darauf setzte, am Krieg teilzunehmen (ein Opfer, das ich für edel und gerecht hielt, und durch das ich meinen Beitrag zum äußeren Geschehen leisten wollte); daß dieses Erlebnis nötig war, damit ich verstünde, daß sich unsere ganze Beziehung zur Welt in einem Bereich vollziehen muß, der unendlich viel wahrer und unverletzlich ist – nämlich der Seele ... Trotz allem äußeren Glück oder Unglück bleibt unsere Seele unberührt – und daher auch unser besseres Wollen und unsere Überzeugungen ... Diese Art von liebendem oder haßerfülltem Kampf, dieser wilde Wunsch, zu dieser Welt, die außerhalb von einem ist, zu gelangen, und von ihr um jeden Preis anerkannt zu werden, ist falsch, weil seine Basis verbogen ist.

Meine Erfahrungen in Afrika haben mich besser als irgendein anderer Tiefpunkt meines Lebens gelehrt, die Nichtigkeit der Außenwelt, ihre Eitelkeit zu erkennen. Um meine früheren Tiefstände, Krankheiten und so weiter zu erklären, muß ich gestehen, daß ich schwere Fehler begangen habe. Dadurch wuchs in mir der irrige Glaube, ich würde gerettet, wenn ich solche Fehler nicht mehr beginge, daß alles gut sein und ich Karriere machen könnte, und so weiter. Aber hierher kam ich im Gegenteil voll des guten Willens ... Und ich stieß auf eine Mauer, schlimmer als die eines Gefängnisses, schlimmer als materielle Not. Jedes meiner Worte war vergebens, denn die Menschen antworteten mir: ›Warum sollen wir dir glauben?‹ Richtig. Vielleicht heiße ich gar nicht Christina, aber dennoch – meine Identität, mein ganzes menschliches Sein bleibt. Nur ist es falsch, auf Menschen zu zählen. Wir sind Brüder, jawohl, aber nur wegen unseres gemeinsamen Ursprungs als Kinder Gottes.

Mir blieb nur übrig, das Mittel zu finden, um von dieser Willkür der Außenwelt nicht verwundet zu werden. Denn wenn ich auch durch Menschenhand oder durch Hunger oder durch einen vom Dach fallenden Ziegel getötet würde – es würde das Ewige in mir nicht berühren. Wir sind ja frei geboren, jenseits aller Gesetze dieser Welt.«

Im Frühjahr 1943 machte ich mir Sorge wegen Christinas langem Schweigen und sandte ihr folgendes Telegramm: »Denk daran, die Wahrheit siegt.«

Aus der Schweiz erhielt ich folgende Antwort: »Christina friedlich am 15. November 1942 verschieden an den Folgen eines Velounfalles im Engadin.«

CHRISTINA

IN MEMORIAM

Christina, mir fehlt die Tiefe, die aus deinen Augen leuchtete, dein schrankenloses Fordern, dein unstillbarer Drang, der nur durch Absolutes befriedigt werden konnte.

Die Nachricht von deinem Tod traf mich wie eine Lüge, und meine Gedanken weilten von neuem bei dir. Und langsam nur, zögernd, ist die Zahl dieser Blätter gewachsen. Wenn du auch nicht oft darin erwähnt wirst, bist du dennoch auf jeder Seite gegenwärtig, denn jede Seite gibt Kunde von dem Schmerz und den Gewissensbissen, die mich an deine Schritte hefteten. Kannst du mir meine Plumpheit verzeihen, meine falschen Auslegungen, wenn ich versuche, einige deiner Handlungen wiederzugeben? Du kennst mein Herz, seine Bewunderung für deine Redlichkeit, und du weißt, wie unmöglich es ist, dich zu beschreiben. Mögen diese Seiten mir helfen, daran zu denken, daß nur dadurch, daß wir alles fordern, wir hoffen können, das Eine zu erlangen, ohne das, wie wir einst sagten, unser Leben nicht lebenswert wäre.

Trivandrum, Mai 1945

Nachwort

Christina (Annemarie Schwarzenbach) in Afghanistan

Ella Maillarts Reisebegleiterin nach Afghanistan – Christina – ist Annemarie Schwarzenbach, Tochter einer bekannten Zürcher Industriellenfamilie. Ella Maillart wählte damals ein Pseudonym, weil sie das tragische Schicksal ihrer Freundin nicht ans Licht der Öffentlichkeit zerren wollte. Inzwischen ist jedoch das Werk der Journalistin, Fotografin und Schriftstellerin Annemarie Schwarzenbach, über die man lange geschwiegen hat, wiederentdeckt worden.

Roger Perret ging dem Leben von A. S. nach; in diesem Nachwort entwirft er das Porträt der bemerkenswerten Schweizerin.

Annemarie Schwarzenbach
Ein Porträt

»Das Unglück ist ein Wunder der göttlichen Technik.«
Simone Weil

»23. Mai 1908 geboren in Zürich. Vater: Alfred Schwarzenbach, Textilindustrieller. Mutter: Renée, geb. Wille (Tochter von General Ulrich Wille). Drei Brüder, eine Schwester. 1912, Umzug auf das Gut Bocken bei Horgen. Schrieb mit neun Jahren meinen ersten Roman. Viel Musik, Reiten. Ich wollte zuerst General, dann Pianistin werden, woran mich ein Schreibkrampf im richtigen Augenblick hinderte. Unterricht zu Hause bis 1923. Privatschule in Zürich. Bei den ›Wandervögeln‹. 1927, Matura in Fetan. Studium der Geschichte in Zürich. Zwei Semester in Paris. Erste journalistische und ernsthafte schriftstellerische Arbeiten. 1931, Promotion. Erstes Buch. Enge Freundschaft mit Erika und Klaus Mann. 1931–33, als freie Schriftstellerin zeitweise in Berlin. Erstmals Morphium. 1933/34, Vorderasienreise, Persien. Mitarbeit bei Ausgrabungen. Mit Klaus Mann am Schriftstellerkongreß in Moskau. Ständiger Wohnsitz in Sils-Baselgia. Pfeffermühle-Skandal, schwere Spannungen mit der Familie. 1935, Heirat in Persien. Malaria. Morphium. Rückkehr in die Schweiz. Entziehungskur in Prangins. 1936–38, (Foto-)Reportagen im Zusammenhang mit Reisen nach USA, Danzig, Moskau, Wien, Prag. Entziehungskuren in Kreuzlingen und Yverdon. 1939, Reise mit dem Auto nach Afghanistan. Schwere Krankheit, Morphium. 1940, Aufenthalt in den USA. Seelische Krise. Morphium. In verschiedenen Irrenhäusern. Diagnose: Schizophrenie. 1941, Rückkehr in die Schweiz …«

Dieser Lebenslauf wurde von Annemarie Schwarzenbach nie geschrieben. Sie hätte ihn wohl in dieser Form auch nicht akzeptiert, da sie, trotz der Subjektivität ihrer Dichtungen, gegenüber der Öffentlichkeit nie ein großes Aufheben von ihrer Person machte. Die wenigen biographischen Fakten enthüllen und verdecken zugleich die verwirrende, vielschichtige Persönlichkeit einer Dichterin und Journalistin, die in den dreißiger Jahren weiten Kreisen in der Schweiz bekannt war. A. S. veröffentlichte mehrere Bücher, publizierte zahlreiche Artikel in allen großen Schweizer Zeitungen, war eine der ersten Schweizer Fotojournalistinnen. Sie entstammte einer der damals reichsten Schweizer Familien, sah auffallend aus, wurde von vielen Männern und Frauen verehrt und geliebt, reiste in der ganzen Welt herum. Ein interessantes und glückliches Leben?

Auf Fotografen lächelt diese unruhige und beunruhigende Frau fast nie: Sie zweifelte und verzweifelte an sich und der Welt. Nach ihrem frühen Tod im Jahre 1942 wurde sie von der Literaturszene rasch vergessen, obwohl sie sich zahlreichen Unbekannten und Bekannten unvergeßlich eingeprägt hatte: Erika und Klaus Mann, Carson McCullers, Therese Giehse, Albrecht Haushofer. Zwar erschienen einige Nachrufe, aber dann blieb es bis heute still um A. S. und ihr Schaffen. Ein Grund dafür ist das Verhalten der Mutter, mit der sie eine komplexe Haß-Liebe-Beziehung verband und die möglichst wenig an die schwierige Tochter erinnert werden wollte. Die Mutter zerstörte nach Annemaries Tod fast alle Tagebücher und Briefe, vermutlich auch Manuskripte, obwohl A. S. diese testamentarisch einer Freundin vermacht hatte. Diese erhielt dann doch einen großen Teil des ihr zugesicherten Nachlasses, der aber lange unzugänglich blieb.

Der Nachlaß bestätigt, daß die unbequeme Seite dieser Frau, z. B. das politische Engagement auf der Linken, Homosexualität und Drogensucht, in konservativen Zeiten das Verschweigen geradezu provozierte. Ihre journalistischen Arbeiten, Fotografien und Briefe zählen zu den ungewöhnlichsten und bittersten Zeugnissen der Schweizer Literatur und der ersten Hälfte dieses Jahrhunderts. Angst, Verzweiflung und Einsamkeit dominieren die Texte, die heute wie ein Störfaktor in der nach ›positiven Werten‹ strebenden Landi-Schweiz wirken. Wie kein anderes Werk einer Schweizer Schriftstellerin jener Zeit vermag dasjenige Annemarie Schwarzenbachs eine Brücke zur Gegenwart zu schlagen. Dazu kommt, daß sich A. S. über die Schweizer Grenzen hinweg intensiv gesellschaftlichen und kulturellen Strömungen aussetzte und diese Auseinandersetzung teilweise in ihre Arbeiten einfließen ließ.

Die Laufbahn der A. S. als Schriftstellerin beginnt mit dem Verlassen des Elternhauses und der Schweiz. Sie läßt sich im Herbst 1931 in Berlin nieder, wo sie im Schatten des aufkommenden Nationalsozialismus offenbar eine bohemehafte Welt entdecken will, die bereits dem Untergang geweiht scheint. Der »Lehrling des Lebens« (alle, auch die fremdsprachigen Zitate stammen, wenn nicht anders vermerkt, aus Werken und Briefen von A. S.) wählt sich als Führer durch die großstädtische Ober- und Unterwelt die kaum älteren Freunde Erika und Klaus Mann. Die selbstsichere und mutige Erika Mann, um die A. S. leidenschaftlich wirbt, wird zum Mittelpunkt ihres Lebens. Bei den »wie Geschwister nahestehenden Freunden« tritt sie in eine Art Lehre ein, die neben einer Verfeinerung des künstlerischen Sinnes und der Sensibilität für politisch-soziale Fragen als Resultat auch die sich fatal auswirkende Entdeckung der Drogen mit sich bringt.

Die eigentliche Sucht gilt jedoch dem von allen bürgerlichen Banden befreiten Leben und dem Schreiben. In Berlin ist A. S. »ganz besessen von Schreibwut«. Von den hier entstandenen Werken sind zwei der wichtigsten, die Romane ›Aufbruch im Herbst‹ und ›Flucht nach oben‹, leider verschollen. So bleibt als einziges dichterisches Zeugnis dieser Berliner Zeit die im Rowohlt-Verlag veröffentlichte ›Lyrische Novelle‹, einer ihrer besten Texte überhaupt. Die Geschichte einer (Frauen-)Liebe, in einer einfachen, rhythmischen Sprache geschrieben, mutet mit ihrer leicht morbiden Stimmung und dem Zwittertum der Hauptfiguren durchaus ›modern‹ an. Schon in diesem frühen Werk manifestiert sich die eigentümliche Schönheit einer Sprache, die in Opposition steht zur Bitterkeit der Aussage. Klaus Mann besprach die Novelle wohlwollend, kritisierte jedoch die »fast penetrante Atmosphäre von sozialer Sorglosigkeit«. So melancholisch und egozentrisch einige Figuren in diesem Buch wirken, so weisen doch ihre Unruhe und ihre Gequältheit auf die Konflikte der Autorin mit der sie bedrängenden Zeit hin.

A. S. reibt sich auf zwischen Einsamkeitssehnsucht und Verantwortungsgefühl für die Gemeinschaft. Die Verunsicherung durch die »Vermengung politischer Haltung mit geistigen Lebensformen«, die fehlenden bürgerlichen Lebensziele und die ernüchternde Liebe machen ihr schwer zu schaffen. Dieser stellt sie den »ungeheuren Vorzug der Freundschaft« und das Schreiben entgegen. Nur damit meint sie wenigstens eine »Illusion des Dauernden« erreichen zu können. Aber auch das Schreiben bezieht schon das Scheitern mit ein, weil es kein beständiges »Spiegelbild unseres unerlösten Daseins« ist. Das ausschweifende, selbstzerstörerische Leben der Dichterin wird erst auf dem Hintergrund einer fast unheimlich anmutenden Suche nach Wahrheit und dem Sinn der Existenz verständlich. Für sie nimmt sie physische und psychische Schmerzen auf sich, sucht sie doch »in allen Leiden der Welt einen Sinn, einen Gott, Wahres«. Sonst schon einer »feindlichen, imaginären und fruchtlosen Freiheit ausgeliefert«, wird sie nun auch noch von den zunehmend barbarischen Geräuschen des Berliner Alltags erschüttert. Die Machtergreifung Hitlers relativiert ihre persönliche Problematik, gibt ihr endlich einen Fixpunkt zum Handeln. Im Frühling 1933 schreibt sie an Klaus Mann: »Ein halbwegs geistig orientierter Mensch ... gehört natürlich in die Opposition ... Beteiligt sind wir alle. Sich abwenden ist eigentlich so gut wie Selbstaufgabe und Selbstmord.«

Von da an beginnt A. S. eine oft rastlose Tätigkeit als politische Journalistin und aktive Antifaschistin. Im Sommer 1934 besucht sie mit Klaus Mann den 1. Allunionskongreß der Sowjetschriftsteller in Moskau, wo sie ihre Sympathie für die gesellschaftlichen Entwicklungen in Rußland am praktischen Beispiel auf die Probe stellen kann. Mit geschärftem Blick für die Situation von benachteiligten und unterdrückten Menschen verfaßt sie danach auf ihren Reisen eine Reihe von sozialkritischen Reportagen, von denen einige heute noch durch ihre Wahrhaftigkeit berühren. Das Kernstück ihres politischen und journalistischen Engagements sind ihre (Foto-)Reportagen aus dem von Arbeitskämpfen und Armut geplagten Süden der USA zur Zeit der ›Großen Depression‹ (1936/37). A. S. begibt sich dort ›mitten in das Kampfgebiet‹: Sie besucht Fabriken, Kohlengruben, Arbeitersiedlungen, sogar ein Gefängnis. Die Textilindustriellentochter geißelt die unmenschliche Akkordarbeit in Textilfabriken, ist erschüttert von der »Rückständigkeit, Unfreiheit, Verseuchtheit und Unterernährung«. Eine andere Seite ihres politischen Engagements ist die konkrete Hilfeleistung. Neben der finanziellen Unterstützung von Emigranten soll A. S. nach dem Einmarsch der Deutschen in Österreich im März 1938 mehreren Flüchtlingen zur Flucht in die Schweiz verholfen haben.

Ihre Hinwendung zu den Unglücklichen der Welt macht jedoch ihr persönliches Unglück nicht kleiner. Klaus Mann erfaßte ihren Konflikt visionär, als er in seinem 1934 veröffentlichten Roman

›Flucht in den Norden‹ die Hauptfigur Johanna nach ihrem Vorbild gestaltete: eine aus Deutschland geflüchtete Kommunistin, die schwankt zwischen der Hingabe an die Liebe und jener an den politischen Kampf. Der im November 1934 stattfindende ›Pfeffermühle-Skandal‹ beschwört für A. S. noch einen weiteren Zwiespalt herauf: derjenige zwischen den beiden Manns und ihrer eigenen Familie. Kurz bevor die Frontisten bei einer Aufführung von Erika Manns Kabarett ›Die Pfeffermühle‹ in Zürich randalierten, hatte ein Parlamentarier Oberstkommandant Ulrich Wille, einen Bruder von Annemarie Schwarzenbachs Mutter, beschuldigt, mit Hitler und den militärischen Führern Deutschlands zu enge Beziehungen zu unterhalten, und seine Ersetzung gefordert. Laut Thomas Manns Tagebuch soll Mutter Schwarzenbach bei den Unruhen die Hände im Spiel gehabt haben, da sie geglaubt hatte, Erika Mann habe »die Bewegung gegen ihren Bruder Wille inspiriert«. Nach schweren Auseinandersetzungen mit der Familie und vor allem mit der Mutter setzt sich A. S. öffentlich für die ›Pfeffermühle‹ ein. Trotzdem fühlt sie sich in einem Niemandsland zwischen den beiden Parteien; Anfang 1935 unternimmt sie einen Selbstmordversuch. Einige Monate später schließt sie in Persien die Ehe mit dem französischen Diplomaten Claude Clarac, in der sie Immunität und Ruhe zu finden hofft.

»Persien ist kein Schicksal. Nur eine ganz große Erfahrung«, schreibt A. S. 1933. Und trotzdem führt sie ihr Weg schicksalhaft immer wieder, insgesamt viermal, dorthin, wo sie zeitweise »die Hölle an unfaßlichen Zuständen« erlebt. Dieses damals wie auch heute noch archaische Land prägt ihr Leben und Schreiben, wie Siam das eines anderen Schweizer Kulturflüchtlings und Paradiessuchers, des Dichters Hans Morgenthaler, durchdrungen hat. Persiens »tödliche Größe«, wo die Bewohner »entsetzlich einsam« sind, fasziniert und ängstigt A. S. zugleich. Aber gerade deshalb entfaltet sich ihr Schreiben dort wie an keinem anderen Ort; ihre Sprache gewinnt an Kraft und Poesie, indem sie die Fremdheit des Landes in ihre Bewegung und Bilder aufnimmt.

Dabei fängt es eher harmlos an. Die erste Reise nach Vorderasien (1933/34) hat noch etwas Touristisches an sich, trotz Mitarbeit an Ausgrabungen in Syrien und Persien. Es braucht die Nachwirkungen des Schocks durch den ›Pfeffermühle-Skandal‹, welche die beunruhigende Fremde Persiens und das aufgewühlte

Innere der Frau zu einem spannungsgeladenen Raum werden lassen. Die Fluchtburg der Ehe wird in Persien schnell zum Alptraum: Dazu plagt A. S. das Heimweh, die Trennung von den beiden Manns und der Tod eines geliebten Mädchens. Und wie soll sie ihren Konflikt zwischen »stoischer Einsamkeitsfreude« und Engagement für die politische Zukunft Europas lösen? Es kommt zu einer schweren Krise, die bis zur tiefsten Verzweiflung, zum Leiden am Menschsein, führt. Mittels Schreiben und Drogen, die »Folge einer tödlichen Lebensangst«, gewinnt sie einen Zustand der Betäubung, aber auch der schmerzlichen Hellsichtigkeit.

Ihre Erfahrungen in Persien und ihre vergeblichen Versuche, dort zu leben, beschreibt sie im Manuskript ›Tod in Persien‹ (1935/36) und in der wesentlich veränderten, erst 1940 publizierten zweiten Fassung ›Das glückliche Tal‹. In der ersten Fassung, einer poetischen Vorläuferin heutiger autobiographischer Krankheitsberichte von Frauen, hört man buchstäblich den »Herzschlag aller geängstigten Kreaturen«. Dort erscheint erstmals die Figur des Engels, der zum Sinnbild ihrer Androgynität, ihrer Position zwischen Himmel und Erde wird. Die zweite Fassung deutet die Ereignisse mehr aus einer verklärenden, symbolisierenden Distanz, obwohl die rauschhafte Sprache diese immer wieder in Frage zu stellen scheint. Ein weiteres Produkt dieser Zeit ist eine Sammlung von mehr als einem Dutzend Geschichten, die vielfach im Archäologenmilieu Syriens und Persiens spielen. Diese Texte gehören zu den überzeugendsten, weil in ihnen auch die sozialen Spannungen (Streiks, Emigrantenprobleme usw.) durchschimmern. In einer an Hemingway geschulten Sprache und Objektivität wird eine Welt vorgestellt, deren »Grundton syrisch und daher schwermütig und einsam« ist. Die Bewohner, oft vom Abenteuer der Selbstbegegnung träumende junge Leute, haben sich von Europa abgewendet und können seine Kultur und ihre Vergangenheit doch nicht vergessen. »Es ist alles so schwierig«, umreißt einmal ein Europäer diese Zerrissenheit in der unverständlichen Fremde. Der Satz zielt auch auf die Schwierigkeiten der Autorin mit ihrem unstillbaren Durst nach dem Absoluten und der damit verbundenen Einsamkeit.

Das Reisen, »ein konzentriertes Abbild unserer Existenz«, ist keine »Befreiung vom Alltag«, sondern »in Wirklichkeit gnadenlos«. Die Fahrt mit dem Auto nach Afghanistan ist eine einzige

Bestätigung dieser Feststellung. Mit der Schweizer Asienreisenden Ella Maillart bricht A. S. im Sommer 1939 auf, auf der Suche nach »Ländern, wo die Gesetze unserer Zivilisation noch nicht galten«. (Diese Reise ist im vorliegenden Buch ›Flüchtige Idylle‹ beschrieben.) Doch A. S., von ihren mehrmonatigen Entziehungskuren kaum genesen, wird von ihrer Vergangenheit und den Drogen bald wieder eingeholt. In Kabul erscheint A. S. der Ausbruch des Zweiten Weltkrieges wie ein Ausdruck einer persönlichen Niederlage. Denn ihre Weltanschauung, die nur durch den Schmerz die Essenz des Lebens zu erfassen meint, wird ihr in Afghanistan immer mehr zum Kerker: »Himmelschreiende Not, himmelschreiende Angst, keine Antwort.« Sie hält das Leben nur noch mit Schreiben aus. Daß sie, trotz ihrer Not, ihre journalistische Arbeit nie vernachlässigt, erstaunt nicht nur auf dieser Reise. Europa läßt sie einfach nicht los; sie »muß teilnehmen« an den Entscheidungen dort, in irgendeiner Weise. Im Januar 1940 kehrt sie zurück, ins Zentrum des Schreckens.

Sie fährt dann aber im Frühling 1940 in die vergleichsweise friedlichen USA. Doch gerade dort, unter den Emigranten, wird ihr ihre Heimatlosigkeit besonders bewußt. Auf der Suche nach einer neuen Heimat beginnt sie, ihre Aufsätze teilweise auf englisch zu schreiben. Doch der Glaube an sie ist so klein, wie die Resignation groß ist über die »winzig wirkungsvolle Mission ... unserer Sache mit der Feder« angesichts der Panzer und Flugzeuge der Nazis. Sie sieht für sich in der deutschen Sprache keine Zukunft mehr und möchte sie sich als Zugang zur alten Heimat doch bewahren. Dieser Widerspruch führt zu einer längeren Schaffenskrise. Ein Ausweg daraus könnte der bedingungslose Einsatz für den Antifaschismus sein, wenn nicht »eine Tat immer eine Verschuldung« wäre. Ihr rigoroses Gewissen läßt sie immer mehr an einer sauberen Grenze zwischen Freund und Feind zweifeln; ihre Teilnahme am Krieg in Europa besteht nun in der Solidarität und Identifikation mit *allen* seinen Opfern. Keine Neutralität! Aber an die der Schweiz legt sie den strengsten Maßstab. In einem Aufsatz, geschrieben im Juli 1940 nach der Kapitulation Frankreichs, heißt es, die Unabhängigkeit der Schweiz sei »eine Fiktion« in Anbetracht der von uns zu erfüllenden Bedingungen Hitlers. Deshalb und weil unserem Unbesiegtsein tragischerweise »jenes Moment des moralischen Beweises, der unsterblichen ...

Tat« fehle, seien wir in einer ähnlichen Situation wie die von Hitler besiegten Staaten.

Im Kampf gegen den Faschismus müsse sie mit ihrem Privatleben »sozusagen mit der linken Hand« fertig werden, hält Klaus Mann A. S. vor. Vor lauter »äußeren und inneren Gefängnissen« sind ihr jedoch beide Hände für die Bewältigung ihres Lebens gebunden. Statt dessen überfordert sie ihre Freunde mit ihrer Liebe und fühlt sich gleichzeitig derjenigen der jungen Carson McCullers zu ihr nicht gewachsen. Wieder der Kreislauf von Angst vor dem Tod im Leben, Schlaflosigkeit, Drogen. Im November stirbt der geliebte Vater. Als A. S. auch noch in der Liebe scheitert, kann sie in ihrer »verletzlichen Menschenhaut« den »Widerstand der Welt« nicht mehr ertragen: Eine Reise durch die Hölle von verschiedenen Irrenhäusern in und um New York beginnt. »Du bist am Ende, aber dann ist die Hilfe am nächsten«, schrieb sie einmal in Persien. Und in der Tat gelingt ihr die Flucht aus einer bewachten Anstalt wie durch ein Wunder. Zum erstenmal ist sie stärker als die Angst einflößende Umwelt – der erfüllte Traum vom Verlassen des gepeinigten Ich? Das Erlebnis verarbeitet sie später mehrmals dichterisch, als müßten die Worte die Spur der Befreiung für immer ziehen. Zuletzt lassen sie die Ärzte einer Klinik nur unter der Bedingung frei, daß sie die USA verlasse. »Wund vor lauter gedemütigtem Stolz«, fährt sie im Februar 1941 zurück; reist aber, auch auf Druck der Mutter, bald wieder ab, in den Belgischen Kongo.

Hat die katastrophenreiche »Flucht ins Unerreichbare« endlich ein Ende? Da müßte zuerst die unheilbare Krankheit, das Leben selbst, ein Ende haben. Der Kongo empfängt A. S. zu ihrer Überraschung unfreundlich. Die trotz der erwähnten Zweifel überzeugte Antifaschistin wird in der Hauptstadt Léopoldville unter anderem beschuldigt, eine Nazispionin zu sein. Sie kann deshalb ihre Absicht, »über das Leben und die Fortführung des Krieges in afrikanischen Kolonien zu schreiben« und als Kriegskorrespondentin nach Ägypten zu gehen, nur beschränkt oder gar nicht realisieren. Internierung und Ausweisung drohen.

Wieder hilft ihr ein ›Wunder‹, als sie an die Gerechtigkeit der ihr »dienenden Institutionen«, der Welt überhaupt, nicht mehr glauben mag. Eines Tages sieht sie einen Baum mit »solcher Inbrunst« an, wie »ein Versunkener den Schimmer von Gottes Antlitz« geschaut haben muß. Im Augenblick dieser »mystischen Verschmelzung« fühlt sie sich befreit von »jenem Zwiespalt zwischen dem sehnsüchtigen Geist und der enttäuschenden Welt« (Albert Camus). Denn sie hat durchs verletzliche Ich das »wahre, unzerstörbare Selbst« erkannt und so gelernt, »die Furcht vor irdischen Gewalten zu überwinden«. Der mit diesem Erlebnis einsetzende »wunderbare Prozeß« bringt A. S. endlich Hoffnung und Selbstvertrauen. Er bedingt allerdings eine nur dem eigenen Gewissen verpflichtete meditative Denk- und Lebensweise.

A. S. zieht sich für einige Monate an einen ruhigen Ort in den Bergen zurück. Dort schreibt sie den Roman ›Das Wunder des Baums‹, der ihre Schwierigkeiten und Erfahrungen im Kongo mit dem Irrenhaus- und Fluchterlebnis in Amerika verknüpft. Der zu lange Text hat in seinen besten Passagen »the truth and quality of dreams«. Mit gestärktem Mut kehrt sie nach Léopoldville zurück. Um den »grotesken Verdächtigungen« ein Ende zu machen und überhaupt ausreisen zu können, legt sie ihr Manuskript der belgischen Kolonialregierung zur Zensur vor. Diese stößt sich zwar am darin gezeichneten Bild ihres Landes, gibt A. S. aber dann doch die Ausreisegenehmigung. Im Sommer 1942 ist sie wieder in Sils, in dieser »himmlischen Landschaft«, aber auch diesem »sinnlosen Berg-Exil«.

Das Wunder des Baums ist einmalig. Doch die Erinnerung an jenes »wohl tödliche Glück« treibt A. S. in Sils unwiderstehlich zu dem Ort, wo keine Wunder mehr nötig sind. Und wo das Toben des Kriegs im Innern nicht mehr widerhallt. Die Dichterin macht sich auf diesen Weg mit der Macht und Ohnmacht des Wortes. Kommt die Erlösung buchstabenweise? Die neue, völlig veränderte Fassung des Afrikaromans ist aber eher ein langes Gebet für etwas, »was vielleicht nicht mehr unsere Zunge ist«. Und doch: »Wir müssen uns auf die Sprache besinnen.« Das Prosagedicht von A. S. ist ein Musterbeispiel für ihre späten Werke, wo die Sprache vor allem an ihrem zu hohen Anspruch scheitert. Unübersehbar ist jedoch der Aufbruch zu neuen Bildern, ein Überschreiten aller Grenzen: »Und wo das Weiche erwacht, das Strömende, der Gesang … Wir möchten … zerfließen.« – »Wie lange hause ich schon an den äußersten Flüssen des Paradieses?« klagte A. S. einst. Ihr Gedicht ist nun selbst ein Fluß, der dem Paradies zuströmen möchte.

Am 7. September 1942 will A. S. auf dem Weg nach Silvaplana einer Freundin zeigen, wie gut sie freihändig Fahrrad fahren kann. Dabei stürzt sie und schlägt mit dem Kopf gegen einen Stein. In ihrem letzten Text heißt es: »Er möchte... spüren, wie seine ausgebreiteten Arme und Beine weit im Leeren schwimmen, und sein Gesicht, das auf Steinen liegt und im Dunkeln, möchte er den vorübereilenden Wolken, dem offenen Himmel zukehren.« Nach dem Unfall erholt sich A. S. nicht mehr, ist immer weniger sie selbst. Am 15. November stirbt sie in Sils.

Roger Perret

Zeittafel

Arier dringen nach Persien vor	ca. 1400 v. Chr.
Achämeniden-Herrschaft	550–330 v. Chr.
Xenophons Zug der Zehntausend	402 v. Chr.
Eroberungszug Alexanders d. Großen	330 v. Chr.
Seleukiden	330–200 v. Chr.
Parthisches Reich	200 v. Chr.–222 n. Chr.
Sassaniden-Reich	22–650 n. Chr.
Hsuan-Tsang in Afghanistan	630 n. Chr.
Beginn der islamischen Eroberungen	637 n. Chr.
Kalifat der Abassiden	750–949 n. Chr.
Harun al Raschid stirbt	809 n. Chr.
Imam Reza stirbt	819 n. Chr.
König Kabus (Ziriden-Dynastie 928-1042) stirbt	1012 n. Chr.
Mahmud von Ghasni herrscht	998–1030 n. Chr.
Seldschuken-Herrschaft	1037–1197 n. Chr.
Die mongolischen Ilkhane	1221–1387 n. Chr.
Sultan Üldscheitu stirbt in Sultanieh	1316 n. Chr.
Timuriden	1369–1500 n. Chr.
Gauhad Schad, Schwiegertochter Timurs, stirbt in Herat	1556 n. Chr.
Safawiden in Persien	1501–1736 n. Chr.
Usbeken erobern Herat	1506 n. Chr.
Babur erobert Kabul	1504 n. Chr.
Kadscharen	1798–1925 n. Chr.
Schah Reza Pahlewi	1925–1944 n. Chr.

Höhen und Entfernungen

Simplon-Paß	2009 m
Kop-Paß (Pontisches Gebirge)	ca. 2800 m
Ararat	5156 m
Kandewan-Paß (Elbursgebirge)	ca. 2990 m
Firuskuh	ca. 2070 m
Demawend	5670 m
Bamian	ca. 2580 m
Schibar-Paß	ca. 2980 m
Kabul	1797 m

Genf–Istanbul		2815 km
Trapezunt–Persische Grenze		645 km
Grenze–Täbris (via Choi)		285 km
Täbris–Teheran		630 km
Teheran–Gumbad-i-Kabus		490 km
Gurgan–Schahrud		195 km
Schahrud–Meschhed		508 km
Meschhed–Afghanische Grenze		250 km
Islam Kaleh–Herat		122 km
Herat–Masar-i-Scherif		821 km
– Kala-Nau	160 km	
– Bala-Murghab	115 km	
– Maimeneh	172 km	
– Andchoi	136 km	
– Balchv	214 km	
– Masar	24 km	
	821 km	
Masar-i-Scherif–Kabul (direkt)		756 km
– Heibag	144 km	
– Do-au	219 km	
– Bamian (ca.)	80 km	
– Bend-i-Emir	77 km	
– Bamian-Kabul	236 km	
	756 km	
Kabul–Peschawar (Indien)		402 km
		7919 km

Entfernungen auf der Südstrecke:

Herat–Kandahar	540 km
Kandahar–Kabul	515 km

Literatur

(Die angegebenen Verlage befinden sich in London,
wenn kein anderer Ortsname angegeben ist)

Armstrong: Lord of Arabia, 1934, Barker.

Aurobindo Ghose: Gedanken und Einblicke. Arya Publ. House, Calcutta 1932. Deutsche Übersetzung von Alwina v. Keller, 1943, Zürich, Rascher.

Babur: Memoirs, trans. John Leyden, 1827.

Boveri, Marg.: Vom Minarett zum Bohrturm, 1939, Atlantis Verlag Zürich

Bretschneider: Medieval Researches, 1910, Kegan Paul.

Brown, J. P. and Rose, H. A.: The Darvishes, 1927, Oxford Univ. Press.

Browne, E. G.: Year Amongst the Persians, 1926, Cambridge Univ. Press. – *Literary History of Persia,* 1920, Cambridge Univ. Press.

Byron, Robert: Road to Oxiana, 1937, Macmillan.

Darmesteter, J.: Zend Avesta, 1895, Oxford.

Donaldson, B. A.: The Wild Rue, 1938, Luzac.

Filmer, Henry: Pageant of Persia, 1937, Kegan Paul.

Firdausi: Shah Nameh, Jules Mohl, 1838-78, Paris, Bibliothèque Nationale.

Grote, G.: History of Greece, vol. IX, Murray, 1856.

Grousset, René: In the Footsteps of the Buddha, 1932, Routledge.

Hamilton, Angus: Afghanistan, 1906, Heinemann.

Herrlich, A.: Land des Lichtes, 1938, München, Hirth und Knorr.

Ibn Batuta: Travels, 1929, Routledge.

Komroff: Contemporaries of Marco Polo, Cape, 1928.

Maillart, E. K.: Turkestan Solo, Rowohlt, Berlin, 1939.

Mann, Thomas: Der Zauberberg, Beermann-Fischer Verlag, Stockholm.

Malcolm, Sir John: History of Persia, 1815, Murray.

MacGregor, C. M.: Central Asia, part. IV, Calcutta, 1871, Gov. Print.

Nicholson, R. A.: The Mystics of Islam, 1914, London.

Pallis, Marco: Peaks and Lama, 1939, Cassell.

Polo, Marco: Travels, Dent's Everyman's Library, 1914.

Pope, A. U.: Introduction to Persian Art, 1930, Peter Davies.

Reitlinger, G.: A Tower of Skulls, 1932, Duckworth.

Stratil-Sauer: From Leipzig to Kabul, 1929, Hutchinson.

Sykes, Sir Percy: History of Persia, 1915, Macmillan.

Sykes: History of Afghanistan, 1940, Macmillan.

Tarik-i-Rashidi: Sir Denison Ross, 1895, Low.

Tolstoij, Leo: Krieg und Frieden.

Trinkler: Through the Heart of Afghanistan, 1928, Faber and Gwyer.

Xenophon: Anabasis. Übersetzung von Dr. M. Oberbreyer, Leipzig, Reclam.

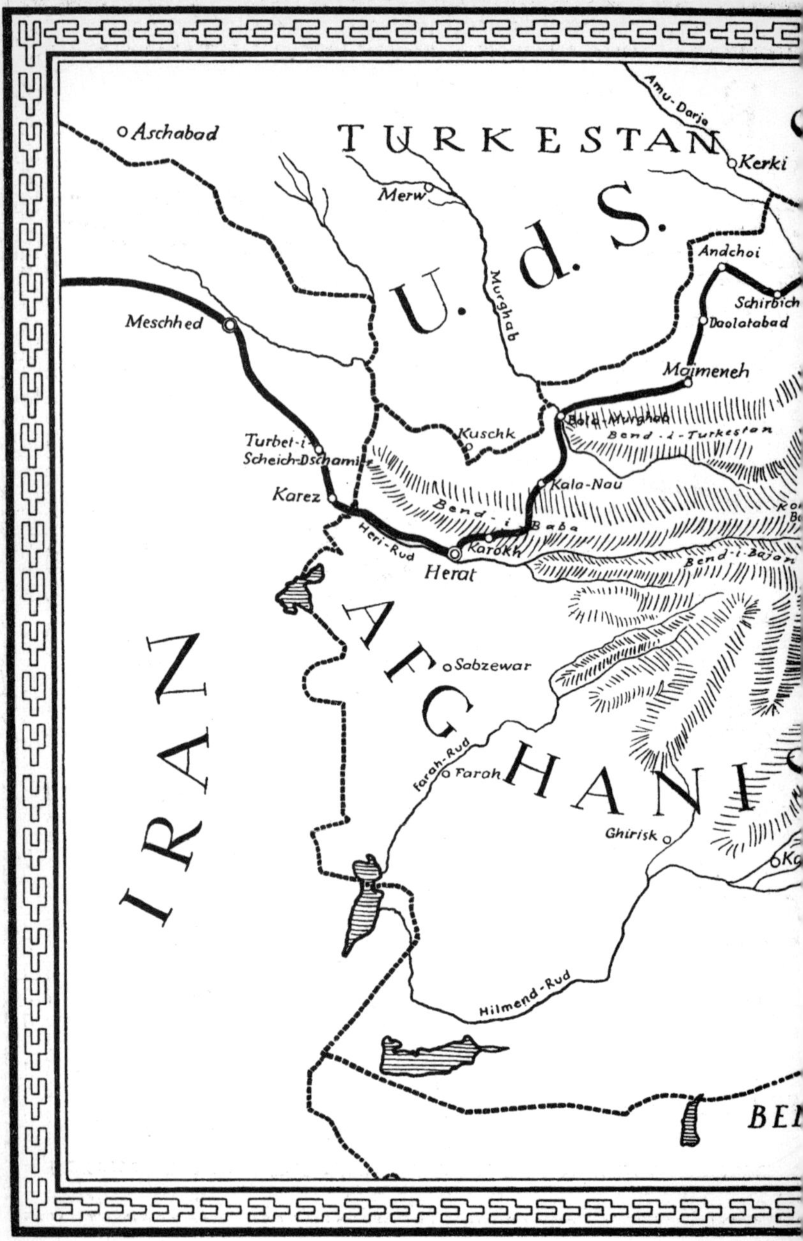
TURKESTAN
U. d. S.
Aschabad
Amu-Darja
Kerki
Merw
Murghab
Andchoi
Schirbich
Daolatabad
Maimeneh
Meschhed
Kuschk
Bend-i-Turkestan
Turbet-i-Scheich-Dschamir
Kala-Nau
Karez
Bend-i-Baba
Heri-Rud
Karokh
Herat
Bend-i-Bajan
AFGHANI
IRAN
Sabzewar
Farah-Rud
Farah
Ghirisk
Hilmend-Rud

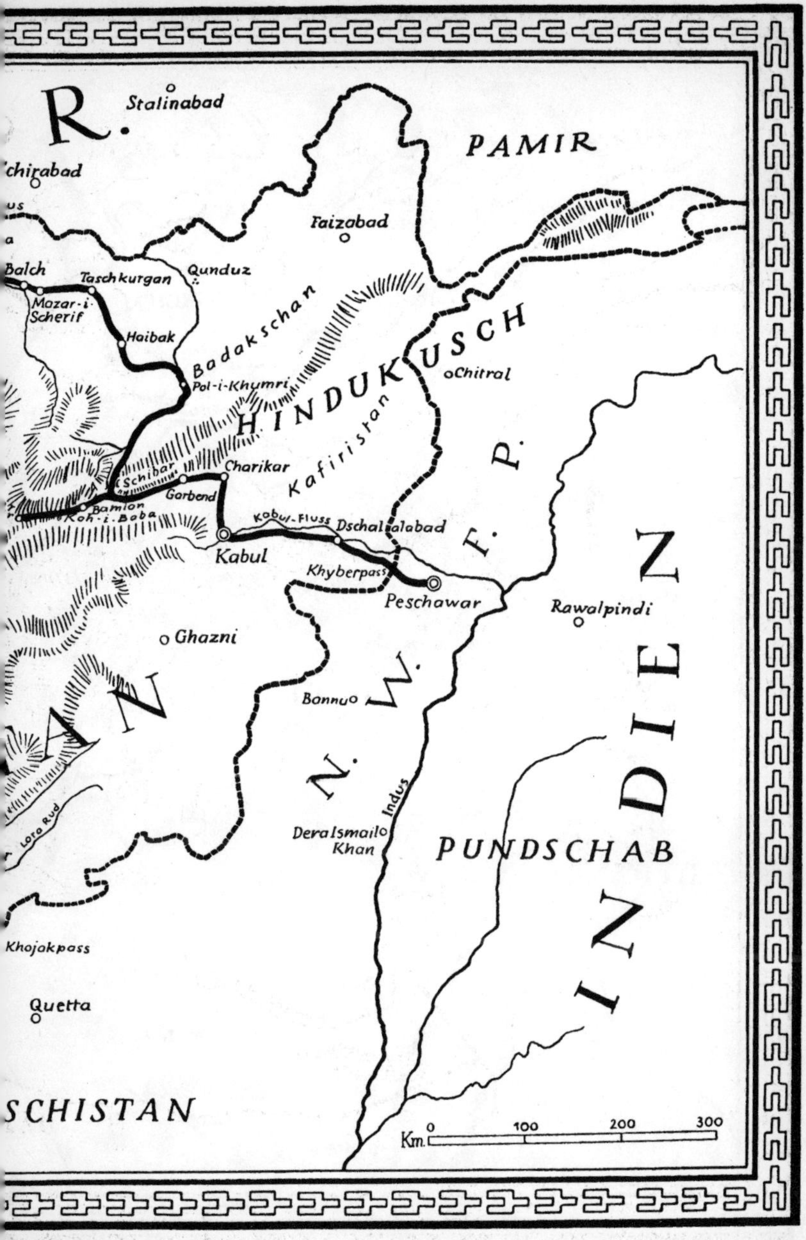
R.
Stalinabad
PAMIR
Faizabad
Balch
Taschkurgan
Qunduz
Mazar-i-Scherif
Haibak
Badakschan
HINDUKUSCH
Chitral
Pol-i-Khumri
Kafiristan
Charikar
Schibar
Garbend
Bamian
Koh-i-Baba
Kabul-Fluss
Dschalalabad
Kabul
Khyberpass
Peschawar
Rawalpindi
Ghazni
N.W.F.P.
Bonnu
Indus
Dera Ismail Khan
PUNDSCHAB
INDIEN
Lora Rud
Khojakpass
Quetta
SCHISTAN
Km. 0 100 200 300

Odessa
Dnjepr
Rostow
Don
Wolga
U
d
Astrachan
Kaspis
Bukarest
Kuban
Schwarzes Meer
Istanbul
Elbrus
Grosny
GEORGIEN
Sinope
Samsun
Tiflis
Kura
Kerasun
Trapezunt
Ankara
Erserum
Eriwan
Baku
Izmir
TÜRKEI
Bajazet
Ararat
Choi
Täbris
Aleppo
Mossul
Sultanieh
SYRIEN
Mittelländisches Meer
Tigris
Damaskus
Kermanschah
Bagdad
IRAK
Jerusalem
TRANSJORDAN.
Tigris
Port Said
Kairo
Euphrat
Nil
Basra
ÄGYPTEN
Rotes Meer
SAUDI-ARABIEN
Medina
Er-Riad
Nil
Mekka

KASAKSTAN
Aral-See
Syr-Darja
AlmaAta
S.
S.
R.
USBEKISTAN
Amu-Darja
(Oxus)
Taschkent
Chiwa
CHINA
Buchara
Samarkand
TURKMENISTAN
Stalinabad
Pamir
Aschabad
Merw
Murghab
Andchoi
Balch
Kunduz
Gilgit
Gurgan
Schirbichan
Mosar-i-Scherif
Hindukusch
Meschhed
Maimeneh
Babol
Schahrud
Peschawar
Kabul
Rawalpindi
Torschis
Heri-Rud
Herat
Ghazni
AFGHANISTAN
IRAN
Isfahan
Farah
Girisk
Kandahar
Multan
Hilmend
Quetta
Kerman
INDIEN
Schiras
BELUTSCHISTAN
Indus
Hyderabad
Golf
Tschahbar
Karachi
MASKAT
Maßstab
0
500
1000
1500
2000 km